道路交通安全主动预警与智能化管控

陆键 王可 马小龙 杨轸 柳本民·著

METHOD AND PRACTICE OF
DRIVING BEHAVIOR SPECTRUM AND
STATISTICAL ANALYSIS

道路驾驶行为谱与统计分析方法及其应用

上海科学技术出版社

图书在版编目（CIP）数据

道路驾驶行为谱与统计分析方法及其应用 / 陆键等著. -- 上海：上海科学技术出版社，2023.1
（道路交通安全主动预警与智能化管控）
ISBN 978-7-5473-5919-3

Ⅰ.①道… Ⅱ.①陆… Ⅲ.①汽车驾驶－行为控制－统计分析－分析方法－研究 Ⅳ.①U471.1

中国版本图书馆CIP数据核字（2022）第223504号

道路驾驶行为谱与统计分析方法及其应用
陆　键　王　可　马小龙　杨　轸　柳本民　著

上海世纪出版（集团）有限公司
上海科学技术出版社　出版、发行
（上海市闵行区号景路159弄A座9F—10F）
邮政编码 201101　www.sstp.cn
上海盛通时代印刷有限公司印刷
开本 787×1092　1/16　印张 18.5
字数 320 千字
2023年1月第1版　2023年1月第1次印刷
ISBN 978-7-5478-5919-3/U·136
定价：110.00元

本书如有缺页、错装或坏损等严重质量问题，请向印刷厂联系调换

内容提要

本书针对道路驾驶行为研究，基于自然驾驶试验、驾驶模拟仿真、无人机高空视频技术等数据采集手段，从微观到宏观的各个层面对常见驾驶场景下的驾驶行为特征进行量化分析，从而构建驾驶行为谱的基础数据体系，可为不良驾驶行为的预警与干预提供技术支持。主要内容包括驾驶行为数据的采集、恶劣天气驾驶行为分析、驾驶行为谱的概念与组成、不良驾驶行为参数与风险阈值、驾驶行为特性分析、基于人工智能的不良驾驶行为识别等。

本书可作为从事交通安全与智能驾驶相关研究的科研人员的参考用书，也可作为高等院校相关专业研究生教材或教学参考用书。

丛书序

安全,是交通的永恒主题。近20年来,随着智慧公路、自动驾驶、车联网、车路协同等技术的兴起,主动安全防控也成为道路交通研究的重点方向之一,旨在通过车载、路侧设备实时检测不良驾驶行为与交通风险,对驾驶员进行主动预警与干预,从而避免交通事故发生。这对降低我国交通事故发生率,维护交通运输行业安全运营具有重大意义。

我国交通安全状况总体上处于事故稳中有降阶段,而美、日、德等发达国家已处于事故全面控制阶段。主动安全防控系统涉及交通参与者行为、车辆运行状况、道路状况等交通安全组成要素,涉及面广,内容复杂。与发达国家相比,我国在道路交通安全主动防控研究方面还有一定的差距,缺乏关键技术的突破、必要的分析平台和特殊的监测手段。特别是在适合中国国情的主动安全防控系统基础理论与应用技术研究方面,存在着明显的短板。

本丛书基于"十三五"国家重点研发计划项目"道路交通安全主动防控技术及系统集成"的研究成果,全面介绍了面向人、车、路的点、线、面相结合的综合防控干预成套理论与技术体系,包括驾驶行为谱表征方法、车辆运行安全隐患在线评估与预警方法、无线激光/微波混合传输技术等一系列覆盖城市道路和等级公路的交通安全综合主动防控体系关键技术与方法,具有前沿性和引领性。丛书兼顾交通安全主动防控的理论与应用,对交通数据采集、驾驶行为建模、人工智能辨识、道路风险评估、车辆主动安全等诸多方面都进行了深入的论述,并给出了具体的研究案例,具有科学性和实用性。这些内容,对相关从业者都具有一定的参考借鉴价值。

丛书编写团队聚集了我国一批优秀的交通安全研究工作者与工程应用专家，他们为我国交通事业的发展，特别是道路交通安全主动防控技术的研发和应用付出了辛勤的努力。这套丛书，就是他们创新性研发成果的生动展现。开卷有益，希望本丛书的出版，能为致力于道路交通安全主动防控工作的各位学生、教师、科研人员及工程技术人员提供一个入门的指导和有力的工具，共同促进未来我国道路交通安全主动防控技术向高效、精准、全方位服务方向健康发展，并通过一批重大科技成果、设备和装备的研发，孵化出与之相适应的新型产业体系，为我国道路交通安全水平的提升和建设人民满意、保障有力、世界前列的交通强国做出积极贡献。

2022 年 9 月 14 日

周伟：教授，交通运输部原总工程师、交通运输部专家委员会主任委员。

前 言

过去关于交通安全的管理方法和改善思路主要围绕交通事故展开,以减少事故为目标,常用的方法是道路和环境的改善、控制设施和系统的优化、突发事件的应急救援等,属于被动安全技术范畴。被动安全技术主要是在事故发生时或发生后,尽量减少事故伤害。主动安全技术是指在事故发生前的精确预警技术和事故发生前、发生中的主动介入技术。相对于被动安全技术减弱或缓解事故伤害的功能,主动安全技术可以在事故发生前及时监测潜在不安全因素,对驾驶员的驾驶行为进行预警或干预,保证行驶安全,因而具有重要的现实意义。驾驶员常常是引发交通事故的主要原因。从驾驶员角度解析驾驶行为机理,并据此评估特定场景下的交通风险,进而采取相应的管控措施,是提升道路交通主动安全防控技术的关键。

本书作为研究团队近几年成果的汇总,内容的创新性主要体现在以下方面:基于交通出行对象先验约束条件,开发了基于视频识别的道路多目标自动识别与道路交通行为信息自动提取技术;提出了基于人、车、路、环境四要素同步切片的道路交通行为谱表征方法及时间序列的行为谱模型,建立了基于风险度量方法的道路交通行为谱表征方法及其特征值提取技术;面向危险驾驶行为预警的需求,提出了多场景下基于人工智能的道路交通行为辨识与风险预测方法。

本书共分为8章。第1章介绍驾驶行为的研究背景、基本概念与国内外研究现状。第2章介绍驾驶行为数据采集与信息提取,主要包括驾驶模拟试验、道路交通环境与驾驶行为同步采集系统、基于高空视频处理的驾驶行为提取。第 3 章介绍恶劣天气下的驾驶行为特征与选择模型。第 4 章介绍驾驶行为谱分析及谱特征值分析方法，主要内容为驾驶行为谱与不良驾驶行为谱的组成、不良驾驶行为风险参数及阈值、驾驶行为谱特征值计算。第 5 章介绍基于无人机数据采集技术的车辆跟驰行为、变道行为的特征规律与安全性分析方法。第 6 章介绍基于自然驾驶试验的驾驶行为特性分析，包括驾驶行为时域特征、频域特征、时频域结合的特征与差异性分析方法。第 7 章是基于人工智能的不良驾驶行为识别，主要介绍基于聚类的驾驶行为分类方法，以及不良驾驶行为的风险标记与识别模型。第 8 章总结创新成果与技术展望。

丛书的出版得到"十三五"国家重点研发计划"道路交通安全主动防控技术与系统集成"的支持，笔者在此深表谢意。本书共 8 章，其中第 1、8 章由所有作者共同撰写，第 2 章主要由杨轸撰写，第 3 章主要由柳本民撰写，第 4、6、7 章主要由陆键、王可撰写，第 5 章主要由马小龙撰写。对于本书参考和引用的研究成果的作者也表示深切的谢意。希望本书的出版能为我国道路交通安全主动防控水平的提升提供理论和技术的支持。书中不足之处，希望广大读者批评指正。

陆　键

2022 年 9 月

目 录

第1章 绪论

1.1 研究背景 _3
1.2 基本概念 _4
 1.2.1 交通行为谱 _4
 1.2.2 驾驶行为谱 _5
 1.2.3 驾驶行为可采集信息 _6
1.3 国内外研究现状 _9
 1.3.1 驾驶行为采集技术 _9
 1.3.2 驾驶行为分析技术 _12
 1.3.3 恶劣天气下驾驶行为研究 _14
 1.3.4 不良驾驶行为识别技术 _19
1.4 技术难点与研究方法 _20

第2章 驾驶行为数据采集与信息提取

2.1 驾驶模拟试验 _25
 2.1.1 试验仪器 _25
 2.1.2 试验方案 _26
 2.1.3 静态场景设计 _27
 2.1.4 动态场景设计 _34
 2.1.5 预试验重要结论 _50
 2.1.6 平原区高速公路驾驶模拟试验 _54

2.2 道路交通环境与驾驶行为同步采集系统 _54
    2.2.1 系统方案 _54
    2.2.2 低成本替代方案 _65
2.3 基于视频处理的交叉口多目标交通行为提取 _69
    2.3.1 前景目标提取 _70
    2.3.2 基于KLT光流的目标跟踪 _71
    2.3.3 轨迹后处理 _78
    2.3.4 目标分类 _81
    2.3.5 案例分析 _83
    2.3.6 准确性检验 _84
    2.3.7 结果对比 _87

第3章 基于驾驶模拟试验的恶劣天气下驾驶行为分析

3.1 驾驶模拟试验与数据采集 _91
    3.1.1 典型道路交通情景构建 _91
    3.1.2 恶劣天气驾驶模拟试验 _92
3.2 恶劣天气下驾驶行为特征分析 _108
    3.2.1 驾驶行为特征分析 _108
    3.2.2 不同属性驾驶员行为特征分析 _127
    3.2.3 驾驶行为状态关键参数 _140
3.3 基于支持向量机的驾驶行为选择模型 _142
    3.3.1 基于支持向量机的跟驰风险识别模型 _142
    3.3.2 基于支持向量机的超车行为识别模型 _144
    3.3.3 基于支持向量机的弯道行驶轨迹预测模型 _147

第4章 驾驶行为谱分析及特征值分析

4.1 驾驶行为谱的组成 _155

4.1.1 环境指标 _155
4.1.2 单一交通行为指标 _157
4.1.3 多车相互状态指标 _158
4.1.4 驾驶行为谱特征参数 _159

4.2 不良驾驶行为风险参数及阈值 _162
4.2.1 不良驾驶行为的分类 _162
4.2.2 不良驾驶行为风险参数 _164
4.2.3 风险参数的阈值确定 _165
4.2.4 实例分析 _168

4.3 不良驾驶行为谱特征值 _171
4.3.1 不良驾驶行为谱与风险度量 _171
4.3.2 不良驾驶行为风险度量阈值 _173
4.3.3 不良驾驶行为谱特征值权重计算 _173

第 5 章 基于无人机数据的驾驶行为特征分析

5.1 数据采集 _179
5.2 跟驰行为特征规律分析 _181
    5.2.1 数据基本情况 _182
    5.2.2 不同距离条件下的速度相关性 _184
    5.2.3 不同车头时距下的速度相关性 _186
    5.2.4 速度与跟驰距离的关系 _187
5.3 变道行为特征规律分析 _187
    5.3.1 变道起终点与特征参数 _188
    5.3.2 变道行为特性分析 _190
5.4 变道行为安全性分析 _196
    5.4.1 基于 TTC 的安全性分析 _197
    5.4.2 基于 MTC 的安全性分析 _198
    5.4.3 指标计算结果讨论 _199

第6章 基于自然驾驶试验的驾驶行为特征分析

6.1 自然驾驶试验 _205
6.2 驾驶行为时域特性分析 _207
 6.2.1 速度特征 _207
 6.2.2 加速度特征 _208
 6.2.3 角速度特征 _209
 6.2.4 差异性检验 _209
6.3 驾驶行为频域特性分析 _219
 6.3.1 加速度频域特征 _221
 6.3.2 角速度频域特征 _225
 6.3.3 差异性分析 _228
6.4 驾驶行为时频特性分析 _229

第7章 基于人工智能的不良驾驶行为识别

7.1 基于聚类的驾驶行为分类方法 _237
 7.1.1 相似性衡量 _238
 7.1.2 类间距离计算 _239
 7.1.3 聚类方法 _240
7.2 不良跟驰行为风险标记 _240
 7.2.1 跟驰样本提取 _240
 7.2.2 风险度量指标 _242
 7.2.3 车辆轨迹比较 _243
 7.2.4 不良跟驰行为的划分和标记 _244
7.3 不良跟驰行为识别模型 _246
 7.3.1 不良跟驰行为谱建立 _246
 7.3.2 行为谱关键参数提取方法 _247

　　　　7.3.3　机器学习算法 _248
　　　　7.3.4　智能识别的流程 _249
　　　　7.3.5　识别结果 _250
　　7.4　不良变道行为风险标记 _252
　　　　7.4.1　风险度量指标 _253
　　　　7.4.2　车辆轨迹比较 _253
　　7.5　不良变道行为识别模型 _257
　　　　7.5.1　关键参数提取方法 _257
　　　　7.5.2　机器学习算法 _258
　　　　7.5.3　智能识别的流程 _259
　　　　7.5.4　识别结果 _260

第8章　创新成果与技术展望

　　8.1　创新成果 _265
　　　　8.1.1　道路交通环境与驾驶行为同步采集装备 _265
　　　　8.1.2　基于高空悬拍视频处理的交通行为数据采集技术 _267
　　　　8.1.3　驾驶行为谱模型及特征值提取方法 _268
　　　　8.1.4　不良驾驶行为量化判别方法与辨识理论 _268
　　8.2　技术展望 _269

参考文献

第 1 章
绪　论

1.1 研究背景

我国每年发生道路交通事故约 50 万起,事故发生次数和死亡人数一直处于较高水平,万车死亡率和 10 万人口死亡率都在 5.0 以上,与发达国家相比还有很大的差距。2014 年 11 月国务院在全国实施公路安全生命防护工程,随后交通运输部发布了《公路安全生命防护工程实施技术指南》并在全国推广实施,取得了一定的成效。从实施的内容上看,主要针对诸如临水临崖、急弯陡坡等道路设施的隐患排查和工程改善,属于被动安全技术范畴。被动安全技术主要应用在事故发生时或发生后,以尽量减少事故伤害,其局限性在于未考虑不同驾驶员在面对同一行驶环境时所做出的不同行为,实际使用时可靠性不高,虽然能降低事故的伤害程度,却无法进一步避免事故的发生。

《国家中长期科学和技术发展规划纲要》将"重点开发交通事故应急处理技术,开发运输工具主动与被动安全技术、交通运输事故再现技术、交通应急反应系统和快速搜救技术"等交通安全问题列入了科研研发重点领域。主动安全技术是指基于先进的防范措施、避免事故发生的技术。相对于被动安全技术减弱或缓解事故伤害结果的功能,主动安全技术可以在事故发生前及时监测潜在不安全因素,对驾驶员的驾驶行为进行预警或干预,保证行驶安全。因此,发展主动安全技术更具现实意义。

交通事故频发,驾驶员是主要原因之一。有研究通过分析交通事故统计数据发现,我国因驾驶员原因导致的交通事故占 90%以上;国外也有研究表明,由驾驶员因素直接导致的交通事故约占 65%,而与驾驶员因素相关的交通事故约占 95%。因此,迫切需要从驾驶员角度解析驾驶行为机理,并据此评估特定场景下的交通风险,进而采取相应的管控措施,以提升道路交通安全管理水平。

进行针对驾驶员的驾驶行为研究,需要从微观到宏观的各个层面对常见驾驶场景下的驾驶行为特征进行量化分析,从而构建驾驶行为的基础数据体系。在生物学中,生物学家通过对动物正常行为进行细致、全面的观察来研究动物习性,并将记录行为的数据资料称为行为谱。类似的,也可通过对驾驶行为的全面观测,建立相应的驾驶行为谱来研究驾驶行为。

开展交通行为谱的研究,需要进行交通行为的数据采集、行为特性分析与预测、交通行为谱参数提取、数据库建库与应用分析、基于驾驶行为谱的不良交通行为识别与验证等方面研究,从而形成交通行为谱的成套理论与技术。

1.2 基本概念

1.2.1 交通行为谱

交通行为的深入研究需要从微观到宏观,在不同层面上对不同区域和环境下的行为特性进行量化研究,从而形成一个完整的体系。由此,交通行为谱的概念应运而生。吴超仲教授曾提出:交通行为谱应该是全面记录行人、机动车驾驶员和非机动车驾驶员在交通过程中行为个性的一个基础的数据体系,这个数据体系既包括微观上的可操作行为、驾驶行为,还有行人行为,也包括宏观上的出行行为。

交通行为谱的概念源于生物学、生态学中所谓的行为谱。行为谱(ethogram)是一种动物正常行为的全部记录或名录,积累这方面的资料是行为学家的基本任务之一。行为学家通过生物学中的行为谱掌握动物正常行为的充分资料来研究动物习性。这里有两点需要引起重视:第一,动物的正常行为应该是排除个体差异,反映该种类动物共性的一般化行为;第二,动物的行为具有物种的特异性,并且可以通过对动物行为资料的充分调查分析来研究动物的特异行为。类似的,在研究人的交通行为特性时,可以通过对交通参与者/出行者的交通行为(如行人过街、非机动车的行为、机动车驾驶员的驾驶行为等)资料进行调查分析,来研究具体交通条件和情景下的行为特性,这里的交通行为也应该是排除特异性的交通参与者/出行者中普遍存在的基本特性。

交通行为谱的研究对象是交通参与者。在每一个管理决策或某一项管理设施的背后,必有某些关于人性本质及行为的假设,因此,基于实现个人效用最大化,同时追求心理、生理上的满足等基本人性假设,借鉴管理学和经济学对人的研究方法,在交通行为和心理研究中,有的也用"交通人"的概念来表示这一概念化的人。"交通人"是根据交通行为研究的目的,基于人一般的、普遍的交通行为特点,对交通行为主体的心理和行为等属性做抽象化、概念化的假定。"交通人"抽象化假定的是现代交通系统中人普遍存在的基本特性,排除了那些不具普遍性的个性行为特性,如固执或偏执的行为特性。

在交通行为研究中,交通参与者的人性假设也可以从社会学、心理学中得到支撑。从社会学角度来看,交通行为是社会活动的衍生需求,并且受当时社会规范、道德和法律、法规等社会制度的约束。学习或模仿是交通行为建立的基础,交通参与者之间存在必然的互动和协作关系,这表明宣传教育、交通参与者社会背景、法律制度、社会规范等可以成为交通行为的影响因素。从心理学角度来看,每个交通行为个体都具有正常且稳定的心理特性,交通行为是有限理性行为,表明交通参与者现在的行为可以解释,未来的行为可以预测。

1.2.2 驾驶行为谱

交通行为研究大体可以分为基于机动车驾驶行为的研究和基于其他交通行为的研究。驾驶行为按照研究角度和内容的不同可分为宏观和微观两大类:微观层面的驾驶行为仅包括驾驶员在各种生理状态下的具体操作表现,如变道、超车、跟驰行为等,主要研究内容包括各种条件下的变道、超车等微观行为特征及其对交通系统效率的影响;宏观层面的驾驶行为不仅包括驾驶员的各种操作行为,还包括其产生原因、行为结果,主要研究内容包括影响驾驶员安全的行为特征,包括从宏观角度分析各种驾驶行为(如疲劳、酒后、分神及超速等行为)的产生原因、表征宏观驾驶行为的指标及影响机理。

基于驾驶员的驾驶行为量化指标主要包括驾驶员感知行为表征指标、判断行为表征指标和操控行为表征指标。

1) 驾驶员感知行为表征指标

驾驶员的感知行为是指通过视觉、听觉等对道路环境、交通事件等外部信息的获取过程。驾驶员的视觉感知是对前方物体的远近、颜色、视野及光亮的反应。车辆在交通系统中运行时,约80%以上的信息依靠视觉获得。眼睛的视觉特性与道路交通安全有密切关系,因此对驾驶员眼动规律的分析是把握驾驶员感知特征的关键。基于眼动规律的指标主要有眨眼频率、注视点,以及由此引出的视点分布范围、注视区域分布比例等指标。

2)驾驶员判断行为表征指标

在影响驾驶员判断特性的各种因素中,最重要的判断行为表征指标是驾驶员对道路情况变化的反应时间、距离及速度估计,以及注意力水平指标。

3)驾驶员操控行为表征指标

驾驶员的操控行为可通过方向盘操作、挡位操作、转向灯操作、制动和加速踏板操作等方面的指标来表征。通过方向盘转角大小可判定车辆是否存在变道、转弯等行为的发生;通过对方向盘转角的离散程度分析,还可对驾驶员的操控稳定性进行评估。方向盘转角的离散程度可以用方向盘转角标准差来度量。挡位操作可用换挡频率来表征,换挡频率指单位时间内的换挡次数。转向灯操作是确保行车安全的一项重要措施,同时也是车辆横向运动的重要表征指标,以单位时间内驾驶员使用转向灯的次数即转向灯使用频率来表征。制动踏板行程反映了驾驶员使用制动踏板的轻重程度,是表征驾驶行为特征的重要参数。制动踏板行程数据通过制动踏板行程传感器进行采集。加速踏板操作可使用加速踏板开启百分比来描述。

从运动学角度来看,基于车辆运行状态的驾驶行为量化指标包括车辆的位置坐标、轨迹特征,以及对应的车速、加减速度等;从交通安全角度来看,包括车辆的跟驰、变道、超车的频率,以及引申得出的跟驰、变道、超车的模式;从宏观角度来看,还包括车辆的碰撞风险、事故的发生频率,以及驾驶员心率、脑电等生理指标等。

相对于基于机动车驾驶行为的研究,基于其他交通行为如行人过街、交通枢纽的应急疏散、非机动车驾驶行为等的研究较少,目前还缺乏成熟的、系统的量化指标。

1.2.3 驾驶行为可采集信息

驾驶行为可采集信息涵盖范围较广,主要包括车辆行驶状态信息、驾驶员注视点信息和周边车辆感知信息等方面。

1）车辆行驶状态信息

车辆行驶状态包括车速、发动机转速、前轮转角的挡位等信息，可以通过在车辆不同位置安装对应传感器获得。自制传感器虽然可以通过调试达到较高的精度且不受车厂通信协议的影响，但技术门槛高、消耗时间精力大且稳定性较差，不适合进行驾驶行为层面的数据分析。随着 CAN(controller area network)总线和车载自诊断系统(on-board diagnostic，OBD)的普及，越来越多的研究者通过车内 OBD 接口直接接入车辆 CAN 总线来获取车辆状态参数。CAN 总线是一种通信协议，是汽车计算机控制系统的标准总线。OBD 系统最早出现于 20 世纪 80 年代，原本是用于诊断汽车故障的程序，如今随着系统的不断发展完善，OBD-Ⅱ已经可以读取各种各样的车辆基本信息，包括 CAN 总线数据和控制器内部数据。CAN 总线数据包括车速、各种温度、轮速、发动机扭矩，加速踏板、制动踏板、挡位杆位置，空调等各种设备是否工作及故障信息等。控制器内部数据是指通过 CAN 总线向各控制器发送指令，控制器返回的相关数据。这种方式可以采集到丰富的数据，但采集数据所需的通信协议是保密的，非开发方一般无法采集。

2015 年，重庆大学赵聪借助 Open XC 平台开发了基于 CAN 总线接口的驾驶行为数据采集模块，Open XC 是一个软、硬件结合的开源平台，允许开发者从行驶的车辆中获得大量的车辆数据。该采集模块将采集到的数据通过 USB 传输至电脑端，并将其代入舒适度与油耗度模型中，通过与典型不良驾驶行为特征进行比较，利用分层次模糊评估方法对司机驾驶行为进行评估。2016 年，北京工业大学陈晨通过连接出租车 OBD 接口，成功采集到车辆的运行速度、瞬时油耗、扭矩等参数，利用网络连接数据中心进行存储和分析，从生态驾驶的角度对司机的驾驶行为进行评价，并开发了移动终端 APP 向司机发布数据和评价结果。市面上已经有较为成熟的 OBD 电子产品，如沈阳广成科技有限公司开发的 OBD 解码器，通过一根 USB CAN-OBD 接线将 OBD 接口与电脑 USB 接口相连，并由辅助软件配合对数据进行解码即可实时获取车辆 CAN 总线数据。

除上述通过传感器或 CAN 总线的检测方法外，也有学者利用智能手机内置传感器来采集驾驶行为数据，并且开发了相应的产品。2014 年，电子科技大学任静文开发了基于安卓智能手机的驾驶行为数据采集应用程序，利用手机传感器采集加速、转向数据,利用前置手机摄像头采集驾驶员面部和眼睛数据,利用后置摄像头采集车道和车距数据。大连东软思维科技发展有限公司开发的小牛助驾 APP 可以通过智能手机采集汽车速度、里程、加速度等信息,分析用户急加急减速、急转弯等危险行为并进行提醒。

2) 驾驶员注视点信息

驾驶员注视点信息的采集主要通过眼动仪实现。2009 年,华东师范大学徐静俭从平准注视次数、平均注视点时间和注视-扫描热点三方面对比了市面上常见的头戴式与非头戴式眼动仪的测试效果,结果表明头戴式眼动仪精度更高,适合做时间敏感度要求较高的试验;非头戴式眼动仪对试验者干扰较小,适合做长时间或高强度的试验。

3) 周边车辆感知信息

周边车辆感知信息主要指通过红外线、激光、雷达或视觉获取周边车辆位置、距离等信息。红外线传感器的优点是对车辆的识别不依靠车辆的颜色或纹理特征,且对阴影、噪声等不敏感,缺点是在炎热或阳光充足的情况下对车辆的识别会受到严重干扰。2002 年,Andreone 等利用红外线传感器对前方车辆进行检测、跟踪及距离估计,并提出基于车辆宽纵比的车辆识别算法,天气条件良好的情况下可成功检测出前方 25~100 m 范围内的车辆。

与红外线测量相比,雷达测距受外界环境影响较小,且测量结果更加精确,可达到毫米级,但具体精度要视雷达的频率与系统设计水平而定。车辆检测中常用的车载雷达包括毫米波雷达和激光雷达两种:毫米波雷达运行可靠,受天气、光照等外界条件影响较小,但成本较高;激光雷达结构简单,测量精度高,但测量环境要求苛刻。2003 年,Wang 等提出了基于雷达测距的移动物体同步定位方法,并使用多元交互模型对移动物体进行多假设追踪,解决了车辆在高速行驶过程中对周围移动物体的定位问题。

但雷达只能感知障碍物距离,无法得知障碍物具体是什么,而视觉识别对此提供了很好的补充。2005 年,顾柏园等整理了常见的基于视觉的前方车辆探测算法,包括利用车辆线性几何特征或车辆边缘对称性的算法、光流法、模板匹配法及神经网络训练法。同时指出依靠视觉信息虽然可以准确地识别车辆周围的物体种类,但对于物体距离的判断多依赖算法,其准确性往往难以保障,因此越来越多的研究开始采用多传感器信息融合技术。Steux 等采用信息融合系统识别目标物体的准确位置。系统将 4 种不同图像处理结果

第 1 章　绪　论

与雷达测距结果进行融合,基于不同的目标特征生成一系列潜在位置点,最后采用交互算法找到目标的真实位置。系统能够以 25 fps 的效率进行实时监测,并且在各种特殊路况下都取得了较好的结果。

2013 年,吉林大学邹博维将雷达测距和视觉识别相结合,利用多传感器对车辆交通环境进行感知,包括使用毫米波雷达和激光雷达对车辆周围障碍物进行测距,使用视觉系统对车道线和前方障碍物进行检测;研究通过固定物体标定对 3 个采集设备的坐标系进行了统一,发挥各传感器的优点,完善了周边车辆信息感知体系。

2001 年,弗吉尼亚理工大学交通研究所启动了 100-Car 计划,利用 100 辆自然驾驶车辆采集各种特殊情况(如车辆碰撞、接近碰撞、车辆侧滑或急加急减速等)下的驾驶员行为和车辆参数。100-Car 计划分 3 阶段进行,最终采集到了超过 3 200 000 km 的近 43 000 h 的驾驶数据,包含事件发生前的操作行为、诱发因素、事件类型和应急操作,以及车速、车头时距、碰撞时间和驾驶员反应时间等数据。

1.3　国内外研究现状

1.3.1　驾驶行为采集技术

驾驶行为主要包括车辆纵、横向运行速度、加速度、方向等。针对驾驶行为采集的技术,主要有自然驾驶试验、模拟仿真试验及高空视频图像处理等技术。以下就此三类驾驶行为采集技术分别进行介绍。

1) 自然驾驶试验

自然驾驶是指人类驾驶员在非特定试验设计限制下,在真实道路场景中驾驶机动车。驾驶员在自然驾驶时不会收到完成指定驾驶任务的试验指令,而是根据自身需求驾驶机动车。为了采集驾驶员受干扰最小的自然状况下的最真实的驾驶行为特征,需要开展真实环境下的自然驾驶研究。进行自然驾驶研究时,要先在车辆上安装监测、记录设备和先进数据采集系统,驾驶员只需按照日常习惯进行驾驶,数据采集系统即可监测、记录自然驾驶状态下的数据。

美国很早就开展了大规模的自然驾驶试验,目前具有代表性的自然驾驶项目有:弗吉尼亚理工大学交通研究所在 2001 年开展的 100-Car 自然驾驶研究、美国交通运输研究委员会在 2010 年开展的当时世界上规模最大的 SHRP2 自然驾驶项目。Olsen 等采集了 16 位驾驶员 10 天的自然驾驶数据,对变道频率与驾驶的注视特性进行了行为分析;Zhao 等针对美国的自然驾驶数据,分析了强制变道与自由变道的变道持续时间、车间距离等特征。而在国内,同济大学也在 2012 年启动了自然驾驶研究项目,该项目为测试车辆安装自然驾驶研究数据采集设备,监测和记录驾驶员在自然状态下的真实驾驶行为,并深入分析研究驾驶员的驾驶行为、道路环境及交通流特性。刘瑞等使用自然驾驶数据研究了驾驶员驾驶行为的统计学特性,选用能描述驾驶员驾驶行为特征的参数,如车辆的纵向加速度、侧向加速度、横摆角速度和速度来进行研究,最后使用驾驶行为特征参数的条件分布来研究它们之间的相互影响;王雪松等从 60 689 km 的自然驾驶数据中提取了 1 613 个跟车行为片段,并分析了前向避撞预警(forward collision warning,FCW)系统对跟车行为两个重要参数——车头时距和反应时间的影响。

2) 模拟仿真试验

为创造安全的驾驶环境并采集特定驾驶场景下的特定驾驶行为数据,驾驶模拟等虚拟现实技术得到广泛的应用。通过先进的计算机技术和设备,驾驶模拟器可以高度还原驾驶环境中的光照因素、路面湿滑状态及侧风等环境,为研究特殊驾驶员群、特殊路段的交通问题提供安全的试验环境。国外较早开始了驾驶模拟器的研究。1985 年,奔驰公司研发了当时世界上规模最大的驾驶模拟器,其搭载了一个六通道的视景系统,且使用的六自由度平台及支持数英尺的横向运动的基座使其更加符合汽车真实运动;2008 年,福特公司研制的 VIRTTEX 驾驶模拟器,借助 VR 技术来模拟真实的驾驶环境,并利用生理测试仪和摄像头来记录驾驶者的测试反应,从而优化车辆的安全性能。在国内,吉林大学汽车动态模拟国家重点试验室研制的 ADSL 驾驶模拟器具有高速仿真运算、无风险极限工况模拟等性能;同济大学建立的 8 自由度驾驶模拟器能够模拟各种复杂驾驶和极限驾驶环境,可用于研究人、车、路三者间的相互作用。

3) 高空视频图像处理技术

自然驾驶试验与驾驶仿真模拟试验关注驾驶员个体行为数据的采集,而在采集大规模交通行为数据方面,目前国内外研究多采用基于线圈、GPS 或人工点选视频的方法来获取交通参数。这些采集方法有着各自的局限性:传统人工观测或录像观测的手段获取的数据频率低、误差大,只能支持较为宏观的统计分析研究;线圈数据只适用于车辆,且成本较高;GPS 数据的设备不易安置,且数据的精度较差。近年来随着计算机视觉技术的快速发展,通过无人机高空拍摄视频作为一种新兴的交通数据来源,具有信息量大、可溯源、鲁棒性强等特点,可获得高频率、低误差的数据,能准确直观地描述交通行为,在近些年得到了愈加广泛的应用。无人机航拍能够记录车辆的行驶轨迹,还能够记录驾驶环境数据,包括交通流状况、车道数、天气状况等。通过车辆的行驶轨迹,能够得到车辆行驶的速度、车间距离、变道次数、变道距离等参数。但由于道路交通状况复杂,交通参与者的特点多样,提取目标运动状态的难度较大。

视频处理技术主要包括两个步骤:目标检测与目标跟踪。目前常用的目标检测与跟踪算法主要分为两类:运动法和特征法。常用的运动法有背景差法、帧差法和光流法。Chen 等采用改进的"三帧差法"检测车辆,通过放大帧间图像的差异一定程度上解决了"空洞"问题,但对于环境变化的鲁棒性仍然较差。针对传统 LK(Lucas-Kanade)光流法不能稳定跟踪快速移动目标的问题,聂小燕提出利用分层光流场对运动车辆进行识别跟踪。试验表明算法对目标的大尺度运动检测取得了较好预测结果,且运动车辆转弯和移动时角点始终稳定可靠。基于特征的目标检测是指通过提取目标的某项特征,如阴影、颜色、形状、轮廓等,对目标进行辨识。Li 等利用小波变换提取目标的空间特征点,然后用马尔科夫随机场进行运动估计,最后联合颜色和纹理似然函数进行目标跟踪,该算法在背景变化的情况下仍能提高运动目标的检测与跟踪性能。Prasad 等提出了一种在未知背景中检测和跟踪目标的算法,即根据目标的颜色特征为目标建立感兴趣边界,通过目标颜色边界与背景的不同实现运动目标的识别与跟踪。宋晓琳等利用局部二值模式(local binary patterns,LBP)纹理特征和改进的 Camshift 算法对车辆进行识别与跟踪,利用背景图像 LBP 纹理和当前帧图像 LBP 纹理提取前景,再利用改进的 Camshift 算法对目标进行跟踪,在帧间移位较大和有光照的情况下仍能较好地实现检测与跟踪。

驾驶行为采集技术除了以上三类外,还包括人工采集法、地感线圈采集法、红外线采集法等。当然,现阶段的各种采集技术都会有不足,譬如自然驾驶试验虽然具有最高的结果可信度,但试验控制程度是最低的,驾驶模拟试验恰恰与之相反;视频处理在交通领域的应用尚属于起步阶段,各种算法的适用性、鲁棒性还比较差。另外,国内虽然在驾驶员行为特征分析方面取得了一定成果,但关于驾驶员行为数据库的建立、开发还不太成熟,研究的广度和深度有限,所以迫切需要结合各种采集技术,互相取长补短,实现驾驶行为海量数据采集的全面性、准确性和实时性。

1.3.2　驾驶行为分析技术

关于驾驶行为的研究目前大致可划分为六种类别:个体驾驶行为研究、危险驾驶行为研究、转向与变道行为研究、驾驶行为类别划分、驾驶员身体状态研究,以及关于驾驶行为的综合分析。

关于个体驾驶行为研究,任春燕采集并分析驾驶行为与驾驶动作模式的数据,利用主成分分析法研究驾驶行为及其对应的驾驶操作动作模式之间的关系;设计了针对不同特征主成分和各个特征向量组合的神经网络算法,实现了个性化驾驶行为的识别。赵晓华等分析了不同道路情况下的酒后驾驶行为,发现饮酒对驾驶员各种操作行为均有不同程度及不同层面的影响,尤其是踩踏操作方面的影响;同时利用混合高斯隐马尔可夫模型(GHMM)对驾驶行为进行建模,主要对速度、横向位移、加速踏板、制动踏板、转向盘5个参数进行描述。Chen等认为驾驶行为与驾驶员的性格特征具有很强的相关性,应该建立驾驶员个体的驾驶行为体系;并建立了驾驶员的驾驶习惯图(driving habit graph,DHG),并对不同驾驶行为进行建模。

关于危险驾驶行为研究,彭金栓等将以跟车过近和非正常变道为导向的车道偏离为典型的危险驾驶行为作为研究对象,筛选识别的表征参数,并确定表征参数的判定阈值及识别时窗;构建神经网络-贝叶斯滤波器识别模型,选取待识别样本,对危险驾驶行为进行辨识,并对模型的识别效能进行评价。张维等研究了具有潜在危险性的不良驾驶行为,利用分层结构的驾驶行为模型建立了不良驾驶行为的识别和评价算法。Eboli等利用速度与加速度两个变量,以车辆轮胎与路面之间的最大摩擦系数为安全阈值,进行驾驶行为安全性分析,并利用该方法建立了不同速度条件下加速度的安全范围,从而对驾驶行为安全性进行评价。

关于转向与变道行为研究,王雪松等为研究驾驶员的变道特征,包括变道频率、变道动机、注视行为及转向灯使用情况,基于自然驾驶试验采集的驾驶员行为和车辆运行数据,通过车道偏移值对变道事件进行识别,提取特征变量。杨殿阁等针对汽车转向和变道行为,通过加装汽车转向盘转角传感器,结合车载总线通信技术获取汽车行驶状态信息,基于汽车转向运动学推导车辆行驶状态与汽车行驶轨迹之间的映射关系,进一步建立汽车行驶方向向量模型,提出以车身轴线转角和最大转向盘转角为特征量的支持向量机线性分类器。Hou 等利用贝叶斯分类法(Bayes classifier)和决策树(decision trees)算法对车辆变道行为进行预测,并开发出一套变道辅助系统。杨晓芳利用 NGSIM 数据,从后车车辆入手,研究由于车道变换引起的后车车辆的驾驶行为,建立了车道变换在半过渡期对后车的影响模型。

关于驾驶行为类别划分,祝俪菱等认为从驾驶轨迹的角度,驾驶行为可分为车辆跟驰行为、变道准备行为和变道执行行为。她采用 NGSIM 数据,提出以目标车辆与周围车辆间距差、速度差和目标车辆速度、位置为特征向量的基于支持向量机的分类模型,模型的整体预测精度高达 98.41%。Li 等把驾驶行为状态划分为 12 种类别,建立了不同驾驶行为之间的 12×12 的转换矩阵,共包含 144 种状态转换;再利用最大条件似然方法,将 12 种驾驶行为简化为 5 种驾驶行为,分别为自由驾驶、接近、近距离跟驰、受限的左车道变换和受限的右车道变换;并利用随机树分类器(random forest classifier)对驾驶行为类别进行划分。

关于驾驶员身体状态研究,主要从人的角度出发进行研究,目前主要借助先进的仪器、设备对驾驶员在不同道路环境下心理和生理状态的反应进行监测,从心电、脑电、肌电、眼动等角度开展相关的研究。毛科俊等在驾驶模拟舱中采用脑电仪采集驾驶员脑电数据,利用径向基神经网络构建驾驶疲劳预报系统,检验 Delta 波的预报效果,同时提取 Delta 波能量谱的全部极大值并通过多义线拟合,以有效地提高预报性能。Coetzer 等分别采用人工神经网络算法(ANN)、支持向量机(SVM)和自适应增强(AdaBoost)算法对眼动数据进行分类,发现 AdaBoost 算法对驾驶员疲劳实时监测效果最好。Bergasa 等采用眼睛闭合百分比(PERCLOS)、眼睛闭合时间、点头次数、脸部位置、注视点 5 个指标对驾驶员警惕性进行评价。

综上所述，目前关于驾驶行为的研究主要从人和车两个方面开展研究，主要是针对危险的驾驶行为进行研究，数据获取的手段分别为驾驶模拟和实车试验，其中以驾驶模拟采用较多，而实车试验的测试次数较少，将数据结果应用到实际环境中还需要进一步验证。

通过文献检索发现，学者们首先进行数据收集，之后采用不同的数学方法对数据降维、分类，并验证识别或分类方法的有效性。驾驶行为分类与识别中主要用到的数学方法有支持向量机、混合高斯隐马尔可夫模型、神经网络+贝叶斯滤波器、多级 HMM 分类器、主成分分析法等。在变量选择方面，采用多变量进行驾驶行为刻画，主要采用的变量有速度、加速度、横向位置、方向盘转角等。

总体来说，目前国内外关于驾驶行为特征识别的研究较为离散，不同驾驶行为特征的表达与提取方面缺少系统的研究。虽然已经有相关企业利用驾驶行为数据进行辅助驾驶，但目前仍然处于探索研究阶段，还未成熟。

1.3.3　恶劣天气下驾驶行为研究

在以往的研究中，驾驶行为特征数据主要分为两类：一类是车辆控制指标，如方向盘转角、制动踏板频率、车速、轨迹等；另一类是驾驶员生理、心理指标，如心率、脑电、眼动数据等。不同的驾驶行为数据往往对应着不同的驾驶行为特征。本书主要是基于车辆控制指标的研究，因此对基于驾驶员生理、心理指标的研究不做详述。

1.3.3.1　冰雪天气驾驶行为特征

与其他驾驶安全研究类似，冰雪天气驾驶行为研究的前提也是需要收集大量驾驶数据。国内外现有的驾驶安全研究主要是通过车辆控制指标数据将驾驶行为参数化，而较少采用基于驾驶员生理、心理指标进行研究。

1）冰雪天气驾驶行为参数化研究

冰雪天气驾驶行为参数化研究的重点集中于三类参数：一是车速、车距、交通流量等车辆运行情况相关参数；二是能见度、路面附着系数等与气象条件紧密相关的环境参数；三是反应时间、心率、紧张度等驾驶员生理、心理相关参数。

同济大学林雨、方守恩以雾天、雨雪天气能见度变化为依据提出灾害性天气动态视野实际可靠度算法,并结合交通环境、道路服务水平构建了灾害天气下高等级公路安全行车速度模型。同济大学蒋锐等提出综合考虑雨、雾、冰、雪等恶劣天气条件下车辆变道的安全模型,该模型以雾天驾驶反应时间模型与冰雪、雨天天气下的反向圆曲线变道模型为基础而构建,依据不同天气条件下的路面附着系数及不同能见度范围下的驾驶反应延迟时间,求解不同运行车速下车辆的最小车头时距,进而利用平均车头时距和车道流量的关系制定不同天气条件和能见度范围下禁止变道的车道流量控制标准。2016年长安大学赵亮等基于驾驶模拟试验,对雨雪天气下驾驶员的生理反应与操作错误的规律进行研究,试验结果表明驾驶员心律变化率与驾驶失误次数呈对数增长关系,雨雪天气可增加驾驶负荷,导致操作失误次数增加。程国柱等通过回归分析方法,对积雪路面摩擦因子与温度、湿度、积雪厚度、积雪压实度的相关性进行研究,发现积雪路面摩擦因子与湿度及积雪压实度的相关性较大,并由此建立三者的多元回归模型,同时,该团队还运用无线蓝牙系统分别对经验丰富及经验欠缺的驾驶员在静态、正常行车及冰雪路面行车这三种情况下进行相关生理参数的测定及分析,建立了积雪路面条件下驾驶员行车心理紧张度模型。这些针对冰雪天气道路交通安全的研究为驾驶员的行车安全提供了保障。

2)冰雪天气驾驶行为识别及预测建模

冰雪天气驾驶行为的建模研究主要分为驾驶行为识别及驾驶行为预测两个方面。驾驶行为识别主要是对已发生的驾驶行为数据进行分析,从中识别出特定的驾驶行为;而驾驶行为预测则是在驾驶行为识别的基础上,通过机器学习等方法对未发生的驾驶行为进行预测。

驾驶行为识别主要包括驾驶意图识别及具体操作行为识别。Aoude 等将贝叶斯滤波和支持向量机结合起来,利用方向盘转角、周围车辆速度等信息,识别在交叉路口靠近本车的车辆驾驶员的驾驶意图并通过设定安全阈值来设计避让算法。Takano 等通过随机时序信号采集驾驶环境、汽车、驾驶员的相关数据并以此建立隐马尔可夫模型,大量的驾驶数据使该模型形成一个驾驶模式源,通过驾驶数据比对实现驾驶行为识别。

驾驶行为预测主要包括对轨迹、车速、风险等的预测。Fitzsimmons 等基于线性混合效应模型构建城市、农村道路的弯道车速及轨迹预测模型,结论表明入弯时的车速和车辆横向位置对车辆弯道内车速、轨迹有显著影响。Kumajai 等提出了一种基于贝叶斯网络及树状图等概率统计手段的驾驶行为预测模型,该方法通过对过去已观测的驾驶行为及当下的驾驶行为进行分析与计算,预测未来可能发生的驾驶行为,将该方法应用到对制动这一驾驶行为的预测中获得了较好的结果。Kumagai 和 Akamatsu 通过以往观察到的驾驶行为数据及相应的车辆制动、加减速度指标对未来驾驶行为进行预测,将贝叶斯网络与联合树算法相结合进行概率推理,以交叉口停车为例,建立了驾驶员行为预测系统。

1.3.3.2　雾天驾驶行为特征

雾天天气下驾驶行为主要受能见度变化的影响,据此国内外许多学者展开了雾天天气下车速、车头时距、驾驶员反应时间变化等方面的研究。

1)雾天天气下能见度对车速的影响

很多学者通过实证数据和驾驶模拟试验研究了车速随能见度变化的变化趋势。高静如利用 G85 和 G5001 高速公路重庆段的历史数据研究能见度对车速的影响,结果表明大雾使 G85 高速公路重庆段的运行车速降低了 7%~61%,使 G5001 高速公路重庆段的运行车速降低 4%~29%。丁小平等的研究同样表明随着能见度降低,车辆的平均速度呈现整体下降的趋势,但能见度的降低与期望车速的下降并不成比例,当能见度从 250 m 降低至 50 m 时,车速的下降值仅为 10 km/h。在基于实证数据的研究方面,Hawkings 的研究表明,在轻雾天气下驾驶员会继续保持高速的行车状态,只有当能见度降低到约 150 m 时,驾驶员才会逐渐降低车辆的行驶速度,而当能见度降低到 100 m 时,车辆的平均车速会比无雾时下降约 25%~30%,且在一定范围内,能见度每降低 50 m,车辆行驶速度约下降 15%。

在基于驾驶模拟试验的研究方面,Brooks 等利用驾驶模拟器研究在不同能见度下的车速,试验设置了五种能见度情况,采集并分析速度分布情况,研究结果显示除非能见度非常小,驾驶员并不十分愿意降低速度。Hoogendoorn 等利用驾驶模拟器对比了晴天和 150 m 能见度的雾天天气下驾驶员的驾驶行为,研究发现雾天天气下的车速明显小于晴天。陈秀峰等利用驾驶模拟器分析了 500 m、200 m、80 m、50 m、30 m 这五种能见度下的车速,平均车速随着能见度的降低先上升再下降,但是下降幅度并不明显。赵佳利用驾驶模拟器设置了晴天、轻雾（250 m 能见度）、大雾（50 m 能见度）这三种能见度，驾驶员在上坡、下坡、直角弯道、S 形弯道上自由行驶，研究发现轻雾天气下车速最快，其次为晴天，大雾天气下车速最慢。综合以上研究，从整体趋势上而言，车速随着能见度的降低而下降，当能见度很低时，速度降低，但不同学者对速度下降幅度的研究结果并不一致。

能见度降低会导致驾驶员对周围环境的感知能力下降，从而导致驾驶员对车速的感知能力下降，一些学者对此种现象进行了研究。Pretto 认为人们在雾天由于能见度的降低会高估驾驶车速。Cavalloi 利用驾驶模拟器研究雾天对驾驶员车速感知的影响，结果表明能见度并不影响驾驶员对车速的感知。张文斌等通过 3D Max 建模对不同雾浓度下驾驶员对车速的感知进行评估，研究发现在低能见度下（能见度 < 40 m），驾驶员会高估实际车速，在高能见度下（能见度 > 130 m），驾驶员会低估实际车速。从以上研究来看，雾天天气下能见度变化对驾驶员对车速感知的影响并没有统一的结论。

雾天天气也会增大驾驶员之间的差异性。Broughton 等利用驾驶模拟器研究驾驶员在雾天天气下跟驰行为的差异性，研究表明在雾天前车高速行驶的情况下，后车驾驶员的跟驰行为明显分为两种：一种是远远落后于前车，以较慢的速度行驶；一种是能够跟随前车行驶，尽管此时的车头时距小于安全车头时距。Wille 利用 IZVW 驾驶模拟器研究晴天和 50 m 能见度的雾天天气下的车速情况，发现雾天天气下同一驾驶员的车速波动增加，Wille 认为雾天天气下车速波动增加主要由低能见度、低速度和跟驰行驶三个因素引起，雾天天气下车速波动增加更易引起交通事故和交通堵塞。袁春岭等利用历史数据对城市道路的车速运行特性进行统计分析，发现当能见度较高时（光照度 > 10 000 lux），整体车速波动范围较小；当能见度较低时（光照度 < 500 lux），整体车速波动范围较大。该结论印证了低能见度下事故率升高的原因。以上研究表明，随着能见度的降低，车速波动性上升，不同驾驶员之间的差异性增大。

2）雾天天气下能见度对车头间距和车头时距的影响

一些学者认为雾天天气下车辆的车头时距和车头间距会减小，以更好地跟随前车行驶。Saffarian 利用驾驶模拟器研究为何雾天驾驶员希望保持更小的车头间距，该研究设置的雾天能见度为 40 m，研究表明当驾驶员恰好可以看到前车的时候，感受到的风险最小，并且对车辆的控制能力最佳。Caro 等研究发现,小车头间距和高前车加速度可以让后车驾驶员更好地判断前车行驶状态的变化。在相同车头间距和前车加速度的情况下,由于浓雾天气(能见度为后车仅能看到前车尾灯)下能见度降低,驾驶员需要更长的时间来判断前车的行驶状态,为了减少对前车状态的判断时间,浓雾天气下行驶车辆的车头间距往往比晴天更小。Boer 等的研究也认为雾天天气下驾驶员对车头间距的判断能力下降,同时需要更长的时间来判断前车的行驶状态,为了弥补这种不足,后车驾驶员会尽量靠近前车行驶,以加强对车头间距的控制和减少判断时间。以上研究的条件都是能见度非常小(<50 m),研究者认为当能见度非常小时,驾驶员会尽量保持与前车较小的车头时距和车头间距,以更好地判断前车行驶状态,跟随前车行驶。

还有一些学者的研究与以上研究的结论并不一致,他们认为车头间距和车头时距受能见度影响较小。赵佳的研究认为,当前车在驾驶员视野之内时,能见度对驾驶员的车头间距影响较小。一些学者的研究表明,车头间距和车头时距随着能见度的降低而增大,Hoogendoorn 等利用驾驶模拟器对比了晴天和 150 m 能见度的雾天天气下驾驶员的驾驶行为,研究发现低能见度下车头间距增大。对于雾天天气下车头间距和车头时距的研究结论并不一致,但综合以上学者的研究,可以得出雾天天气下驾驶员希望尽量保持前车在自己的视野范围内以尽快判断前车的行驶状态。

3) 雾天天气下能见度对驾驶行为的其他影响

一些学者研究了低能见度对避撞行为的影响,大部分学者认为雾天天气下驾驶员的反应时间增加,其与前车碰撞的可能性也增加了。Boer 等的研究发现,在雾天天气下,当前车的行驶状态发生改变时,比如减速,驾驶员改变其行驶状态的反应时间比晴天时的反应时间长,加之雾天跟车距离较近,与前车相撞的概率也会增加。Hogema 研究了雾天驾驶员的避撞行为,雾天对于驾驶员紧急避撞行为的影响主要是对避撞的反应时间、减速、避撞方式选择等的影响,在前方突发交通状况后,由于雾天的能见度较低,驾驶员对突发事件的感知能力下降,驾驶员采取避撞措施的反应时间会延长。赵佳研究了雾天驾驶员的紧急避撞行为,在一个交叉路口前,当车头时距为 3.5 s 时(此时驾驶员距路口的距离恰好与能见度相同),驾驶员对前方路口突然出现的行人采取紧急制动行为时,研究表明雾天天气下能见度越低反应时间越长,同时为了弥补反应时间变长,驾驶员的紧急制动减速幅度变大。

除了研究能见度对紧急避撞行为的影响，Hoogendoorn 等还研究了能见度对驾驶员正常跟驰时加减速行为的影响，研究发现在低能见度下驾驶员跟驰时的平均加减速度都会减小。还有一些学者对低能见度下驾驶员的心理状态进行了研究。骆勇等通过对驾驶员的调查发现：约 70% 的驾驶员在进入雾区时心理过度紧张，约 85% 的驾驶员在雾天开车时感到疲劳。

1.3.4　不良驾驶行为识别技术

近年来，国内外许多研究致力于使用安装多种传感器的车辆进行自然驾驶试验，通过试验数据进行危险驾驶行为识别。例如，一些学者为自然驾驶车辆配备车载摄像头以捕捉驾驶员的视频图像，并从传感器等硬件获得加速踏板、制动踏板、车轮转向、车辆速度、加速度和偏航率等信息；也有一些研究采用驾驶模拟器来监测在预设计的驾驶环境中的驾驶行为。还有一种采集方法为视频监控，即利用先进的计算机视觉技术，从路侧或高空俯拍的交通流视频中提取车辆行驶轨迹，可以获得车辆的位置、速度、加速度等信息。与前两种方法相比，视频监控的优势在于以较低成本提供海量的交通环境数据和车辆轨迹数据。Murphey 等根据包括速度、加速度在内的纵向数据，将驾驶员分为激进型、温和型和冷静型。横向数据，即偏航率、与车道线的距离、侧向加速度，也被用来识别驾驶行为。因此，使用视频中提取的车辆轨迹数据，结合依赖大数据的机器学习算法，可以训练有效的驾驶行为识别模型。

危险驾驶行为研究的一大难题就是很难观察到真实的交通事故和事故车辆的驾驶行为。例如，美国 SHRP2 自然驾驶研究共包含 41 478 条驾驶记录，而撞车记录只有 102 条。为了衡量无事故情况下的驾驶安全水平，常采用一些碰撞风险指标，如碰撞时间（time to collision，TTC）、车头时距（headway）和避免碰撞减速度（deceleration rate to avoid a crash，DRAC）等。Mahmud 等比较了碰撞风险指标之间的优缺点，如 TTC 不能很好地处理车辆跟驰时相对速度为零的问题，并且需要假设前车和跟驰车辆的速度都是恒定的。由 Kitajima 等首先提出的碰撞裕度（margin to collision，MTC）评估的是在前车和跟车都突然减速的情况下的碰撞可能性；空间距离和停车距离之差（difference of space distance and stopping distance，DSS）和紧急减速碰撞的潜在指数（potential index for collision with urgent deceleration，PICUD）进一步考虑跟车车辆减速的反应时间;空间距离和停车距离之差的时间积分(time integral of difference of space distance and stopping distance, TIDSS)通过对某一时间段内 DSS 与危险阈值之间的差值进行积分,计算出车辆的综合碰撞风险。

随着人工智能的发展,国内外的研究人员逐步将机器学习算法应用在分心驾驶、疲劳驾驶等研究中。Berndt 等通过融合多背景和复杂信息下的驾驶行为数据、生理数据等,构建驾驶行为的 HMM 识别模型,识别精度良好。神经网络算法在图像识别方面的应用较多。Molchanov 等利用卷积神经网络,通过提取驾驶员手部动作图像特征,来识别驾驶员的操作行为。Wang 等利用耦合神经网络的算法,对驾驶员面部表情进行特征学习和训练,从而识别疲劳驾驶。除此之外,AdaBoost、LGBM 等集成式学习算法的应用也进一步扩展,通过将多个弱学习器提升为强学习器,进一步提高危险驾驶行为的识别精度。这些算法对于驾驶行为的样本数量要求较高,而支持向量机算法在较小数量样本的应用中识别准确度较高,可以通过搜索网格法、遗传算法等进行算法的参数优化,在驾驶行为的分类识别研究中应用较多。

1.4　技术难点与研究方法

1) 基于高空悬拍视频处理的交通行为信息提取技术

针对无人机或高空固定机位俯拍交通视频,需要研发一种适用于路段及交叉口全对象(车辆、行人和非机动车)的轨迹和运动参数自动采集方法。目前国内外的同类技术包括采用帧差法和光流法,都难以解决目标停滞情况下的目标识别,难以做到多目标运动信息同步提取,对目标被遮挡情况下的识别鲁棒性较差。

2) 驾驶行为谱理论及特征值提取方法

需要系统性地研究驾驶行为谱的构建方法,规定具体指标与特征参数的计算方法与流程,为将来系统性地开展我国驾驶行为方面的研究提供理论支撑。目前国内外初步提出了驾驶行为谱的理念,但整体研究方法缺乏系统性,未能将风险度与行为谱进行关联,缺乏对驾驶行为连续变化特征的刻画描述。建模依托的数据量小，仅能对个别驾驶行为进行分析。

3）不良驾驶行为量化评价方法与辨识理论

不良驾驶行为的量化评价和分类对于不良驾驶行为辨识模型的可靠度和准确度有直接的影响，是一个关键难点。目前的研究中，对于驾驶行为的评价主要包括主观评价和客观评价两种。主观评价主要通过自我评价调查问卷、专家打分等方法测评驾驶行为；客观评价的方法大多基于交通事故后果的严重程度。目前广泛使用的自我评价调查问卷和专家打分的方法过于主观且耗时，不适合实时识别的智能交通需求。客观评价又往往依赖某些实际应用中难以实时采集的参数，比如驾驶员生理、心理数据或操控动作数据。因此，需要提出一种基于风险和海量观测数据的不良驾驶行为客观评价方法，结合依赖大数据的人工智能算法，实现高精度、实时的不良驾驶行为辨识。

第 2 章
驾驶行为数据采集与信息提取

本章重点介绍驾驶行为数据采集技术方面的研究,包括三个方面:驾驶模拟场景构建与数据采集、基于视频处理的驾驶行为提取、道路交通环境与驾驶行为同步采集系统。

2.1 驾驶模拟试验

2.1.1 试验仪器

试验仪器:同济大学 8 自由度驾驶模拟平台,如图 2-1 所示。

图 2-1 自由度驾驶模拟器

同济大学 8 自由度驾驶模拟平台由虚拟场景系统、驾驶系统和动力平台系统构成：

虚拟场景系统由 5 架工程级高清投影仪组成，提供 180°沉浸式等比例虚拟场景；驾驶系统为法国雷诺汽车等比例驾驶座舱；动力系统提供 8 自由度加速度模拟。

驾驶模拟虚拟场景依靠 SCANeR Studio™、EICAD ver3.0、Cinema4D、Sketchup、Python_Script 等平台联合设计。

2.1.2 试验方案

通过研究自然驾驶试验的录像，总结驾驶员从起步到停车的所有操作，将驾驶操作分为基本型、过渡型两种：基本型是指驾驶员在无干扰的条件下，以匀速或近似匀速的状态固定在一条车道上行驶的驾驶行为；过渡型是指由于道路条件的变化、交通事件的突变而导致的两种基本型驾驶行为之间的过渡操作。基本型驾驶行为在整个行程中占比较高，尤其是在自由行驶时；过渡型驾驶行为的产生往往需要一些触发事件。根据自然驾驶试验录像和其他行车记录仪资料整理得到各种过渡型驾驶行为对应的触发事件见表 2-1。

表 2-1 过渡型驾驶行为与触发事件

过渡型驾驶行为	减 速	加 速	变 道	转 向
触发事件	1. 前方慢车 2. 无法变道 3. 满足期望车速 4. 等待变道时机 5. 行人与非机动车	1. 变道后行驶至期望速度 2. 变道行为中目标车道后方有车	1. 前方车辆慢 2. 交通组织、车道封闭 3. 交叉口 4. 匝道出入口	交叉口

根据表 2-1 的结果，触发条件可以分为三大类：

（1）道路条件的变化，如几何条件变化、交叉口（被动型）；

（2）交通条件的变化，如周边车辆的相互作用（被动型），如图 2-2 所示；

（3）驾驶员的行驶路径发生变化，如交叉口车道选择、立交出入口、收费站等（主动型）。

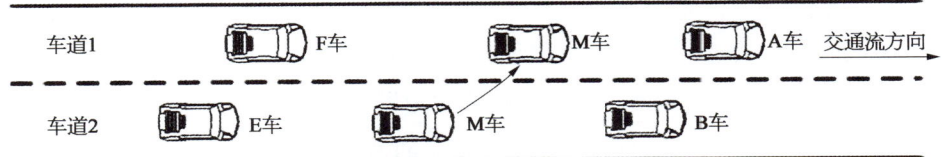

图 2-2 周边车辆的相互作用

同一个触发条件可能引发不同的驾驶员选择不同的过渡型驾驶行为,但通常基于 3 个基本目的:避免碰撞、路径选择、追求理想车速。

综上所述,试验用的场景可通过静态和动态场景两个部分来进行过渡型驾驶行为的触发设置。

静态场景主要是道路几何条件:曲线半径、纵坡坡度、车道数、车道宽度等。

动态场景主要包括:交通流条件,如自由流、稳定流、阻塞流;客货比;触发条件,如前方及两侧车辆减速、变道等。

2.1.3 静态场景设计

整个试验分为 5 个主要部分:平原区高速公路、山区高速公路、国省干线公路、农村公路和城市道路。平面分布如图 2-3 所示。

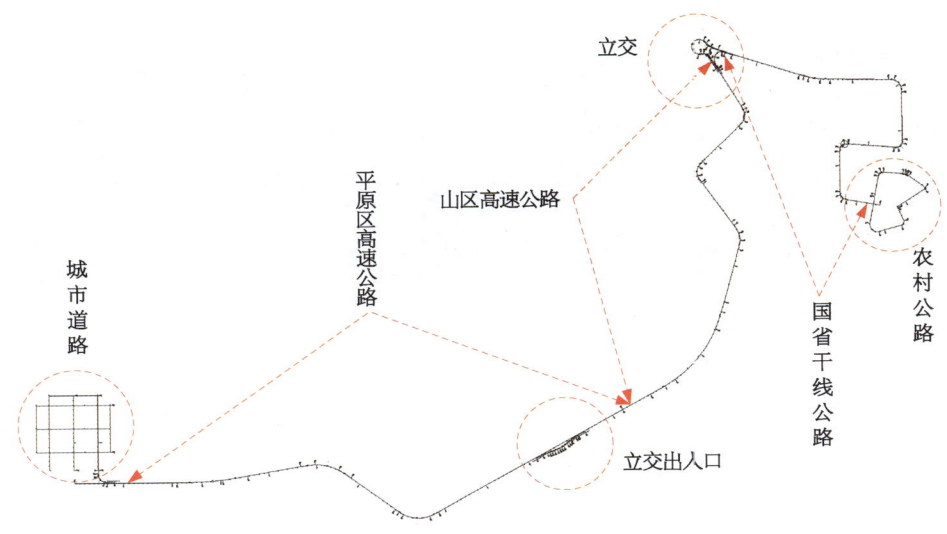

图 2-3 静态试验场景平面分布图

试验路线为:

(1) 车辆从平原区高速 0 桩号处开始上行;

(2) 进入立交出口,经过匝道后由入口返回主线;

(3) 进入山区高速过渡段(横断面由双向八车道逐步变化成双向六车道,最后变成双向四车道),随后驶入山区高速公路;

(4) 车辆由立交驶出山区高速公路进入国省干线公路;

(5) 经平交口进入农村公路;

(6) 绕行后原路返回下行,在平原区高速公路起点附近经匝道进入城市道路。

2.1.3.1 平原区高速公路

平原区高速公路(图 2-4)的设计车速为 120 km/h,匝道的设计车速为 60 km/h。

图 2-4 平原区高速公路 3D 场景

1) 路线平面

路线平面包含 3 段平曲线,半径分别取《公路路线设计规范》(JTG D20—2017)规定的极限最小半径、一般最小半径和不设超高最小半径设计值。

2) 纵断面

《公路路线设计规范》(JTG D20—2017)规定,设计车速为 120 km/h 的平原区高速公路的纵坡取值在-3%~3%之间,驾驶员在视觉上无法感受到明显的纵坡变化。故模拟场景的纵坡设置为0。

3)横断面

横断面为双向八车道,设计尺寸见表2-2。

表2-2 平原区高速公路横断面尺寸

名　　称	一般路段宽度/m	立交匝道宽度/m
土路肩	0.75	0.75
左侧硬路肩	3	1
右侧硬路肩	3	3
行车道	3.75	3.5
中间带	2.5~3	0
车道数	8	1

2.1.3.2 山区高速公路

山区高速公路(图2-5)的设计车速为80 km/h。

图2-5 山区高速公路3D场景

1) 路线平面

路线平面包含4处平曲线,半径分别取《公路路线设计规范》(JTG D20—2017)规定的极限最小半径、一般最小半径和不设超高最小半径设计值。其中,取极限最小半径的平曲线有两处,其中一处是为了研究"极限最小半径"平曲线与竖曲线组合路段的驾驶行为差异。

2) 纵断面

为了研究竖曲线半径较小导致视距受限状态下的驾驶行为差异,在直线段设置"极限最小半径""一般最小半径"竖曲线各一处。此外,设置"极限最小半径"平曲线和"极限最小半径"竖曲线"平包竖"组合一处。其余路段的纵坡设置为0。

3) 横断面

横断面为双向四车道,设计尺寸见表2-3。

表2-3 山区高速公路横断面尺寸

名　称	宽度/m	名　称	宽度/m
土路肩	0.75	中间带	2.5~3
硬路肩	3	车道数	4
行车道	3.75		

2.1.3.3　国省干线公路

国省干线公路(图2-6)的设计车速为60 km/h。

1) 路线平面

路线平面包含5处平曲线,半径分别取《公路路线设计规范》(JTG D20—2017)规定的极限最小半径、一般最小半径和不设超高最小半径设计值。其中,取极限最小半径的平曲线有三处,其中一处是为了研究"极限最小半径"平曲线与竖曲线组合路段的驾驶行为差异,还有一处是为了研究横向净距受限条件下的驾驶行为差异。

2) 纵断面

为了研究竖曲线半径较小导致视距受限状态下的驾驶行为差异,在直线段设置"极限最小半径""一般最小半径"竖曲线各一处。此外,设置"极限最

图 2-6　国省干线公路 3D 场景

小半径"平曲线和"极限最小半径"竖曲线"平包竖"组合一处。其余路段的纵坡设置为 0。

3）横断面

横断面为双向两车道，设计尺寸见表 2-4。

表 2-4　国省干线公路横断面尺寸

名　称	宽度/m	名　称	宽度/m
土路肩	0.75	行车道	3.5
硬路肩	0.5	车道数	2

2.1.3.4　农村公路

农村公路（图 2-7）的设计车速为 30 km/h。

1）路线平面

路线平面包含 6 处平曲线，根据《公路路线设计规范》（JTG D20—2017）规定的极限最小半径、一般最小半径和不设超高最小半径设计值，每种半径的平曲线各设置两处，其中有一处不包含缓和曲线。设置通视极限最小半径和视距受限极限最小半径平曲线各一处。

图 2-7 农村公路 3D 场景

2）纵断面

整个区域内纵坡均设置为 0。

3）横断面

横断面为双向两车道，横断面尺寸见表 2-5。

表 2-5 农村公路横断面尺寸

名 称	宽度/m	名 称	宽度/m
土路肩	0.75	车道数	2
行车道	3		

2.1.3.5 城市道路

城市道路（图 2-8）等级分为四类，快速路的设计行车速度为 60~80 km/h，主干路的设计行车速度为 40~60 km/h，次干路的设计行车速度为 40 km/h，支路的设计行车速度为 30 km/h。

1）路线平面

城市道路均为直线，不设平曲线。区域内有一横一纵 2 条主干道，设计车速为 60 km/h，主-主交叉口转角半径 25 m；次干道 2 条，均为横向，设计车

图 2-8 城市道路 3D 场景

速 40 km/h,主-次交叉口转角半径 15 m,次-支交叉口转角半径 15 m;支路 2 条,均为纵向,设计车速 30 km/h;港湾式公交车站入口渐变段 15 m,出口渐变段 20 m,车站全长 45 m;外围的小路用于掉头,不进行试验,采用支路标准设计。

2) 纵断面

所有城市道路纵坡设置为 0。

3) 横断面

主干道横断面为双向六车道,次干道横断面为双向四车道,支路横断面为双向两车道。均设有人行道和非机动车道。尺寸见表 2-6。

表 2-6 城市道路横断面尺寸

名　称	主干道宽度/m	次干道宽度/m	支路宽度/m
人行道	4	4	3
非机动车道	2.5	3.25	3.5
机动车道	3.5	3.5	3.5
中间带	4	4	2
机动车道数	6	4	3

2.1.4 动态场景设计

动态场景根据不同类型道路中常见的工况类型归纳选定。

2.1.4.1 高速公路典型场景预研究试验

高速公路主要驾驶行为包含:变道行为、超车行为、匝道出入口行为。

车辆在高速公路上行驶时,驾驶行为主要受局部交通流(相邻车辆)的影响,如图2-9所示。

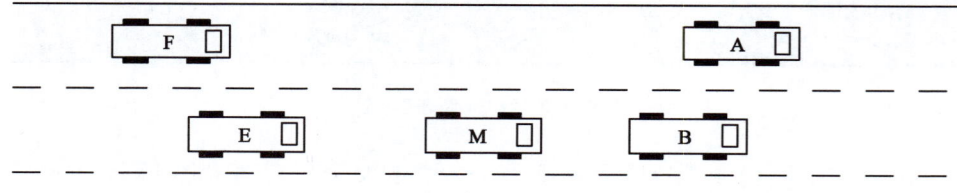

图2-9 高速公路动态场景示意图

图2-9中,M车为研究对象。对M车的驾驶行为构成影响的变量主要有3种:

(1) A、B、E、F 4辆车的速度;

(2) A、B、E、F 4辆车与M车之间的纵向相对距离;

(3) A、B、E、F的车型。

变量的名称及含义见表2-7。

表2-7 变量名称及含义

变量名称	含 义
V_A	A车的速度
V_B	B车的速度
V_E	E车的速度
V_F	F车的速度

续 表

变量名称	含 义
L_{MA}	A 车与 M 车的相对距离
L_{MB}	B 车与 M 车的相对距离
L_{ME}	E 车与 M 车的相对距离
L_{MF}	F 车与 M 车的相对距离
K_A	A 车的车型
K_B	B 车的车型
K_E	E 车的车型
K_F	F 车的车型

现假设本车道和目标车道为两列互不干涉的交通流,车辆之间均以某种"理想车距"跟驰,可作如下假设:

(1)在超车变道的时段内,假设各车道交通流状况相似,A、B、F 车速基本一致,M 和 E 的车速基本一致;

(2)F 与 A、M 与 E 保持固定车距;

(3)L_{MB} 根据初始条件的不同由驾驶员自主选择,待测量。

因此,可以将变量进行合并,令 $V_A = V_B = V_F = V_{ABF}$,$V_M = V_E = V_{ME}$。合并后的变量名称及含义见表 2-8。

表 2-8 合并简化后的变量名称及含义

变量名称	含 义
V_{ME}	M、E 车的速度
V_{ABF}	A、B、F 车的速度
L_{ME}	M、E 车的距离
L_{BF}	B、F 车的相对距离
L_{AB}	A、B 车的相对位置(A 在 B 后为负、A 在 B 前为正)
K_A	A 车的车型
K_B	B 车的车型

续 表

变量名称	含 义
K_E	E 车的车型
K_F	F 车的车型

若在各个静态场景中均用穷举法设置变量值进行试验,会导致试验难度大、耗时长,后期数据分析工作量大。为了简化研究过程,设计了预研究试验,旨在找出动态场景中各变量对驾驶行为决策产生差异化影响的临界值。

预研究试验主要研究车辆的变道、超车、跟驰行为,找出确定各变量临界值的依据。静态场景为 10 km 长的双向六车道高速公路直线段,车道宽度 3.75 m、硬路肩宽度 3 m、中间带宽度 4.5 m。

试验共选取 22～44 岁的驾驶员 30 名,其中男性驾驶员 24 名、女性驾驶员 6 名,驾驶员信息见表 2-9。试验所采集的数据类型见表 2-10。

表 2-9 驾驶员信息

驾驶员编号	性 别	年 龄	驾 龄
1	男	23	3
2	男	25	5
3	男	23	3
4	女	28	5
5	女	24	2
6	女	23	2
7	男	22	3
8	男	25	4
9	男	23	4
10	男	23	3
11	男	23	3
12	男	24	2
13	女	33	7
14	女	24	3

续 表

驾驶员编号	性 别	年 龄	驾 龄
15	男	24	4
16	男	25	5
17	男	27	2
18	男	24	2
19	男	33	8
20	男	23	4
21	男	22	2
22	男	23	3
23	男	41	8
24	女	26	4
25	男	38	9
26	男	44	11
27	男	28	4
28	男	25	3
29	男	25	3
30	男	33	4

表 2-10 试验数据类型

数据通道	通道标签	车辆ID	单 位	释 义
1	time	—	s	模拟器时间
2	vehicleID	—	—	被测车辆ID
3	speed	0	km/h	车速
4	accel	0	m/s^2	行驶方向加速度
5	offset	0	m	车辆轴线偏离车道边缘线距离
6	lane	0	—	车道号
7	accel_Pad	0	%	加速踏板
8	brake_Pad	0	%	制动踏板

续表

数据通道	通道标签	车辆ID	单位	释义
9	shift_indic	0	—	方向灯指示
10	dis_a	0	m	试验车与本车道前车的距离
11	dis_b	0	m	试验车与目标车道前车的距离
12	dis_c	0	m	试验车与目标车道后车的距离
13	Radius	0	m	试验车所在桩号的平曲线半径
14	speedof_1	0	m/s	本车道前车速度
15	distance1_2	—	m	本车道前车与目标车道前车距离
16	distance1_3	—	m	本车道前车与目标车道后车距离
17	offsetroad	0	m	试验车偏离道路中线距离
18	offsetlane_wheel	0	m	试验车左前轮偏离车道边线距离
19	offsetroad_wheel	0	m	试验车左前轮偏离道路中线距离
20	steering	0	°	方向盘转角
21	steeringwheelspeed	0	°/s	方向盘角速度
22	CoG position/X	0	—	车辆质心位置 X
23	CoG position/Y	0	—	车辆质心位置 Y
24	CoG position/Z	0	—	车辆质心位置 Z
25	speed/X	0	m/s	车辆沿车体坐标系 X 方向速度
26	speed/Y	0	m/s	车辆沿车体坐标系 Y 方向速度
27	speed/Z	0	m/s	车辆沿车体坐标系 Z 方向速度
28	CoG Acceleration/X	0	m/s^2	车辆沿车体坐标系 X 方向加速度
29	CoG Acceleration/Y	0	m/s^2	车辆沿车体坐标系 Y 方向加速度
30	CoG Acceleration/Z	0	m/s^2	车辆沿车体坐标系 Z 方向加速度
31	Intersection Id	0	—	车辆所在交叉口编号
32	Lane gap	0	m	车辆中轴线至车道边线距离

续表

数据通道	通道标签	车辆 ID	单位	释　　义
33	Lane type	0	—	车道类型
34	Road abscissa	0	m	路段桩号
35	Road angle	0	°	道路偏向角
36	Road gap	0	m	车辆中轴线至道路中线距离
37	Road Id	0	—	路段编号
38	CoG position/X	1	—	车辆质心位置 X
39	CoG position/Y	1	—	车辆质心位置 Y
40	CoG position/Z	1	—	车辆质心位置 Z
41	speed/X	1	m/s	车辆沿车体坐标系 X 方向速度
42	speed/Y	1	m/s	车辆沿车体坐标系 Y 方向速度
43	speed/Z	1	m/s	车辆沿车体坐标系 Z 方向速度
44	CoG Acceleration/X	1	m/s^2	车辆沿车体坐标系 X 方向加速度
45	CoG Acceleration/Y	1	m/s^2	车辆沿车体坐标系 Y 方向加速度
46	CoG Acceleration/Z	1	m/s^2	车辆沿车体坐标系 Z 方向加速度
47	Intersection Id	1	—	车辆所在交叉口编号
48	Lane gap	1	m	车辆中轴线至车道边线距离
49	Lane type	1	—	车道类型
50	Road abscissa	1	m	路段桩号
51	Road angle	1	°	道路偏向角
52	Road gap	1	m	车辆中轴线至道路中线距离
53	Road Id	1	—	路段编号
54	CoG position/X	2	—	车辆质心位置 X
55	CoG position/Y	2	—	车辆质心位置 Y
56	CoG position/Z	2	—	车辆质心位置 Z

续 表

数据通道	通道标签	车辆ID	单 位	释 义
57	speed/X	2	m/s	车辆沿车体坐标系 X 方向速度
58	speed/Y	2	m/s	车辆沿车体坐标系 Y 方向速度
59	speed/Z	2	m/s	车辆沿车体坐标系 Z 方向速度
60	CoG Acceleration/X	2	m/s^2	车辆沿车体坐标系 X 方向加速度
61	CoG Acceleration/Y	2	m/s^2	车辆沿车体坐标系 Y 方向加速度
62	CoG Acceleration/Z	2	m/s^2	车辆沿车体坐标系 Z 方向加速度
63	Intersection Id	2	—	车辆所在交叉口编号
64	Lane gap	2	m	车辆中轴线至车道边线距离
65	Lane type	2	—	车道类型
66	Road abscissa	2	m	路段桩号
67	Road angle	2	°	道路偏向角
68	Road gap	2	m	车辆中轴线至道路中线距离
69	Road Id	2	—	路段编号
70	CoG position/X	3	—	车辆质心位置 X
71	CoG position/Y	3	—	车辆质心位置 Y
72	CoG position/Z	3	—	车辆质心位置 Z
73	speed/X	3	m/s	车辆沿车体坐标系 X 方向速度
74	speed/Y	3	m/s	车辆沿车体坐标系 Y 方向速度
75	speed/Z	3	m/s	车辆沿车体坐标系 Z 方向速度
76	CoG Acceleration/X	3	m/s^2	车辆沿车体坐标系 X 方向加速度
77	CoG Acceleration/Y	3	m/s^2	车辆沿车体坐标系 Y 方向加速度
78	CoG Acceleration/Z	3	m/s^2	车辆沿车体坐标系 Z 方向加速度
79	Intersection Id	3	—	车辆所在交叉口编号
80	Lane gap	3	m	车辆中轴线至车道边线距离

续 表

数据通道	通道标签	车辆ID	单 位	释 义
81	Lane type	3	—	车道类型
82	Road abscissa	3	m	路段桩号
83	Road angle	3	°	道路偏向角
84	Road gap	3	m	车辆中轴线至道路中线距离
85	Road Id	3	—	路段编号

预研究试验动态场景有以下4种。

1）场景1

场景描述：驾驶员在高速公路上行驶，前方车辆的车速低于驾驶员的理想车速时，驾驶员在合适的距离变道超车（图2-10、图2-11）。

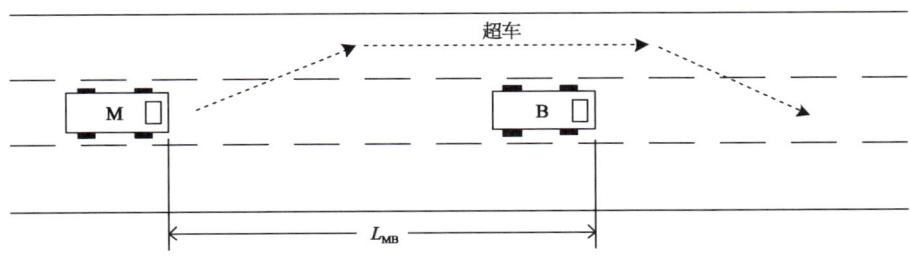

图2-10 场景1示意图

图2-11 试验场景1

试验目的:找出驾驶员在交通状况良好时的变道理想距离 L_{MB}。

试验中的动态场景变量取值见表 2-11。

表 2-11 场景 1 变量取值

设计车速/(km·h^{-1})	V_B/(km·h^{-1})
60	60
80	80
120	100

2)场景 2

场景描述:右侧车道慢行车辆在前方距离 X 处变道,驾驶员采取适当的措施避让并完成超车(图 2-12、图 2-13)。

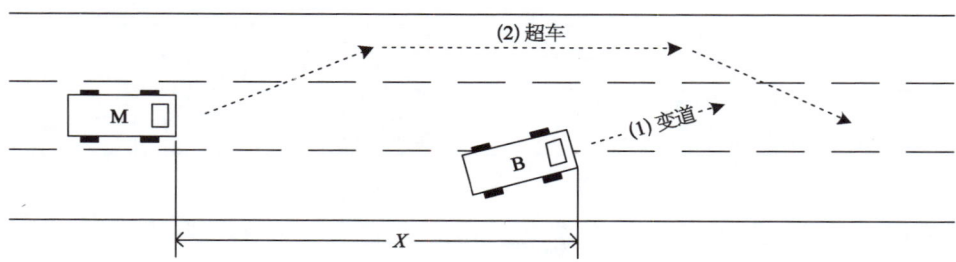

图 2-12 场景 2 示意图

图 2-13 试验场景 2

试验目的：证实不同车速下理想变道距离 L_{MB} 的合理性，找出影响驾驶员行为差异化的 L_{MB} 临界值，分析差异化驾驶行为的数字特征。

试验中的动态场景变量取值见表 2-12。

表 2-12　场景 2 变量取值

设计车速/(km·h^{-1})	V_B/(km·h^{-1})	变道位置/m
60	60	200
80	80	150
120	100	100
120	100	50

3) 场景 3

场景描述：本车道前方有车辆 B，超车道前方有车辆 A，A、B 的车速均低于驾驶员的理想车速且 $V_A = V_B$（图 2-14、图 2-15）。

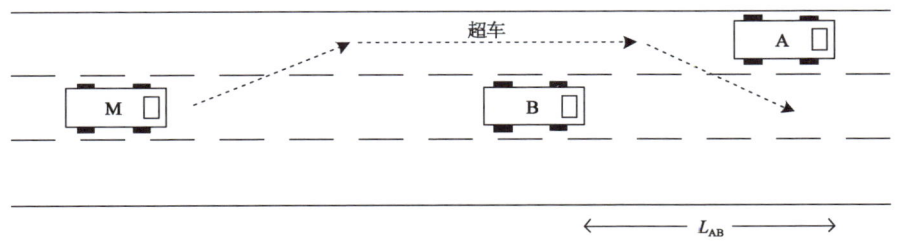

图 2-14　场景 3 示意图

图 2-15　试验场景 3

试验目的:找出 L_{AB} 取不同值时驾驶员的决策差异,研究超车或跟驰行为的数字特征。

试验中的动态场景变量取值见表 2-13。

表 2-13 场景 3 变量取值

设计车速/(km·h^{-1})	V_B/(km·h^{-1})	L_{AB}/m
60	60	10
80	80	20
120	100	30
120	100	40
		50
		60
		70
		80

4)场景 4

场景描述:本车道前方有车辆 B,超车道前方有车辆 A,超车道后方有车辆 F,A、B、F 的车速均低于驾驶员的理想车速且 $V_A = V_B = V_F$(图 2-16、图 2-17)。

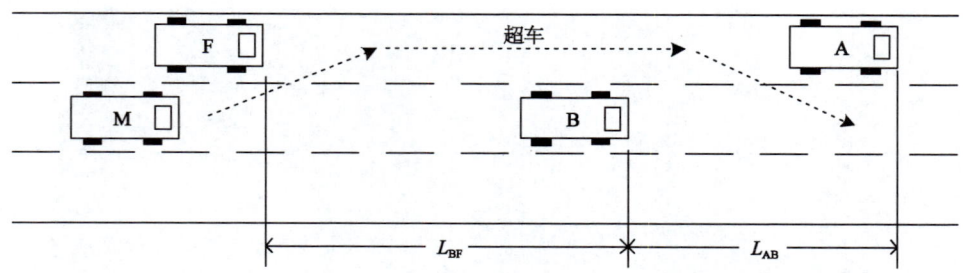

图 2-16 场景 4 示意图

试验目的:找出 $L_{AB} = L_{BF}$ 取不同值时驾驶员的决策差异,研究超车或跟驰行为的数字特征。

试验中的动态场景变量取值见表 2-14。

图 2-17 试验场景 4

表 2-14 场景 4 变量取值

设计车速/(km·h^{-1})	V_B/(km·h^{-1})	$L_{AB}=L_{BF}$/m
60	60	10
80	80	20
120	100	30
120	100	40
		50
		60
		70
		80

2.1.4.2 平原区高速公路典型场景

1) 典型场景 1~4

平原区高速公路的典型场景及变量取值参考预研究试验中的研究结果制定,将预研究试验中引起驾驶员行为差异的各变量的临界值作为试验值,将 4 种典型场景安置在弯道、竖曲线、匝道出入口等静态场景中。

2) 典型场景 5

目标车道上无车辆,满足变道条件时,E 率先变道。E 变道前可看作跟驰行为,车速与 M 相当,控制变量为 L_{ME}(图 2-18)。

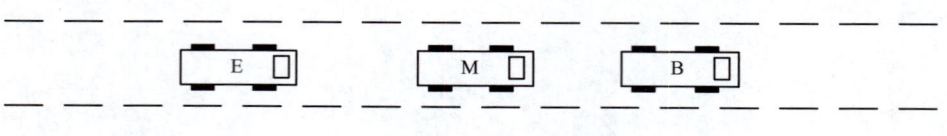

图 2-18 后方车辆超车场景

动态场景变量取值见表 2-15。

表 2-15 场景 5 变量取值

设计车速/(km·h^{-1})	V_B/(km·h^{-1})	L_{ME}/m
80	60	10
120	80	30
	100	50

3) 典型场景 6

出匝道的驾驶行为为变道,情况与场景 1~4 类似,条件设置可参照执行(图 2-19)。

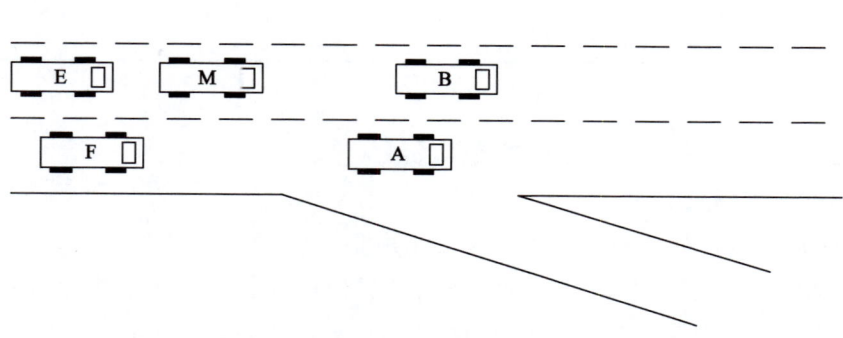

图 2-19 出口变道场景

4) 典型场景 7

入口加速车道汇入主线行为,情况与场景 1~4 类似,条件设置可参照执行。由于加速车道长度有限,属于限定时间的变道行为,试验时需采集变道位置(图 2-20)。

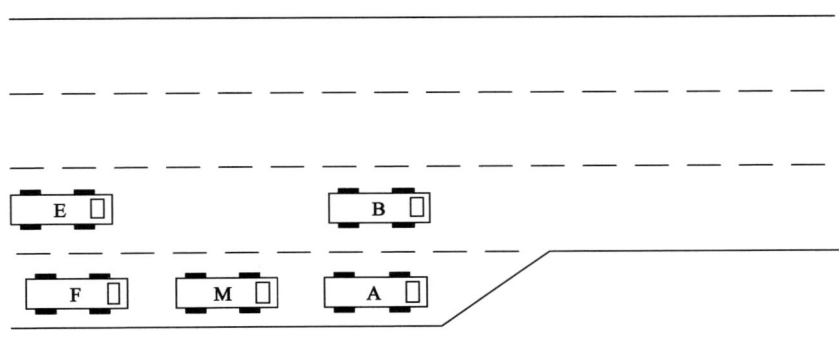

图 2-20　入口汇入主线场景

2.1.4.3　山区高速公路典型场景

山区高速公路场景除了研究与平原区高速公路一样的超车、变道行为外,还需要研究极限竖曲线半径、一般最小竖曲线半径处的驾驶行为。

超车行为、变道行为、匝道出入口行为的场景设置和变量取值和平原区高速公路一样。

2.1.4.4　国省干线公路典型场景

国省干线双车道公路场景的研究重点在于有对向干扰的超车问题(图 2-21)。

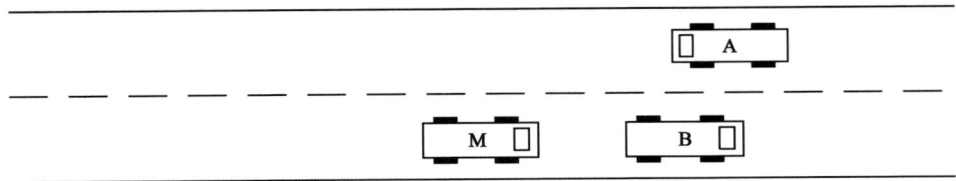

图 2-21　双车道公路的对向干扰超车场景

初始条件取决于 A 车与 B 车的相对距离及 A 车的车速。经过视频统计,双车道公路一次超车需要 6 s 左右,因此对向车辆距离的最小值为 100 m。V_B 可取 40 km/h。该场景中的变量取值见表 2-16。

表 2-16　对向干扰超车场景的变量取值

项　　目	L_{AB}/m	V_A/(km·h^{-1})
1	100	60
2	150	40
3	200	30

2.1.4.5　农村公路典型场景

农村公路场景于直线段路侧设置行人、非机动车,主要研究路侧行人、非机动车避让行为和视距受限处的转向行为(图 2-22)。

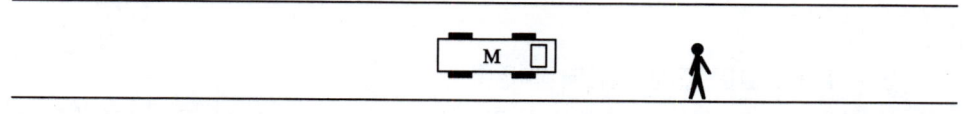

图 2-22　避让行为场景

2.1.4.6　城市道路典型场景

1) 典型场景 1

典型场景 1 属于距离限制型定向变道行为。变道的位置、决策与目标车道上 F 车的距离 L_{MF} 和车速 V_F 有关,可据此设置初始条件(图 2-23)。该场景中的变量取值见表 2-17。

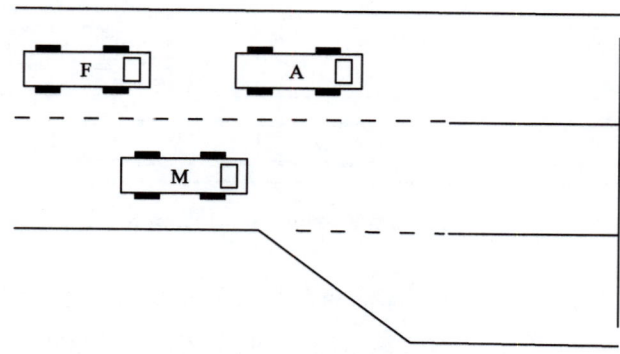

图 2-23　城市道路交叉口入口的车道选择行为

表2-17 城市道路交叉口场景变量取值

项 目	L_{MF}/m	V_F/(km·h^{-1})
1	10	30
2	30	40
3	50	60

2）典型场景2

为了研究驾驶员在公交车站避让公交车行为，变量为M车与A车距离为X时，A车启动（图2-24）。该场景中的变量取值见表2-18。

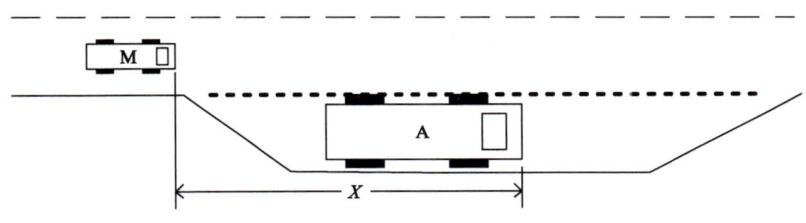

图2-24 避让公交车场景

表2-18 避让公交车场景变量取值

项 目	X/m	项 目	X/m
1	10	3	50
2	30		

3）典型场景3

典型场景3的变量为M车与行人之间的距离X时，行人突然横穿马路（图2-25）。该场景中的变量取值见表2-19。

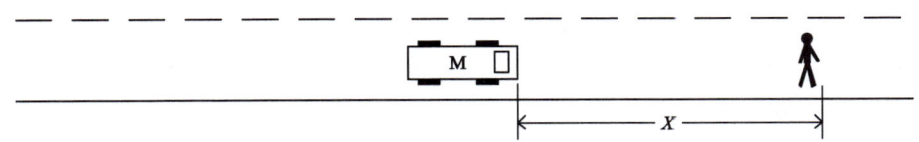

图2-25 行人横穿马路场景

表2-19 行人横穿马路场景变量取值

项 目	X/m	项 目	X/m
1	10	3	50
2	30		

4）典型场景4

驾驶员转向操作时有行人过马路，变量为行人的数量和速度（图2-26）。

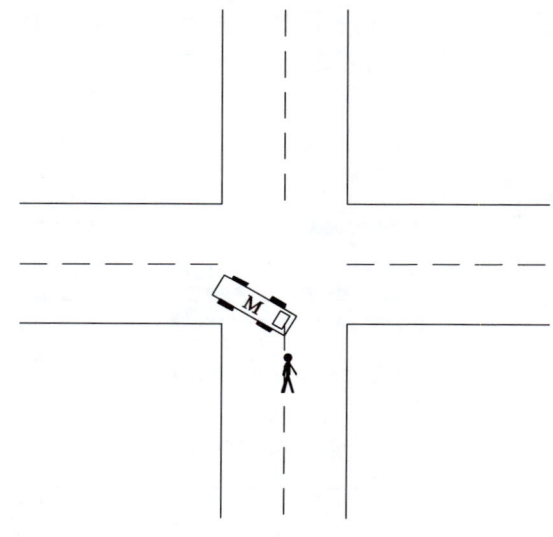

图2-26 转向时避让行人场景

5）典型场景5

驾驶员转向操作时有行人或非机动车在转向侧直行，变量为行人或非机动车的速度和距离（图2-27）。

2.1.5 预试验重要结论

平原区高速公路超车试验共分4个场景。预试验的场景1中，30名驾驶员在前车速度分别为100 km/h、80 km/h、60 km/h的条件下变道位置的频率直方图如图2-28所示。

图2-28中(a)、(b)、(c)分别对应前车速度为100 km/h、80 km/h、

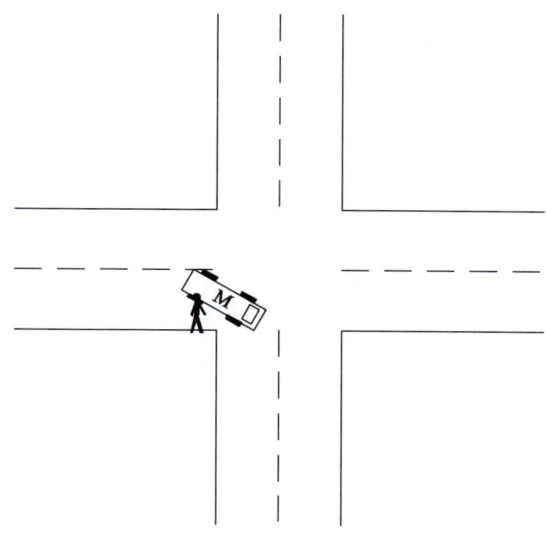

图 2-27 转向时避让内侧行人或非机动车

60 km/h 的行驶条件。可以推测变道距离的分布大致呈正态分布。将 3 种条件下的样本数据输入 SPSS,采用 K-S 法和 S-W 法进行正态性检验。结果见表 2-20。

因样本量较小,主要看 S-W 法的检验结果,可以看到 3 种条件下的样本检验 P 值均大于 0.05,故在 95% 水平下,样本服从正态分布。样本的均值、标准差见表 2-21。

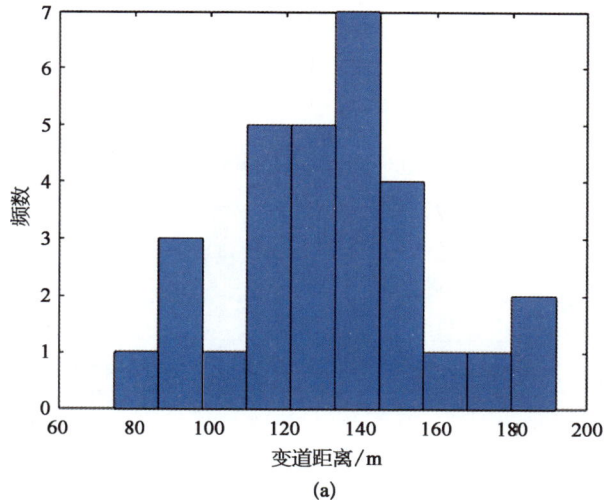

(a)

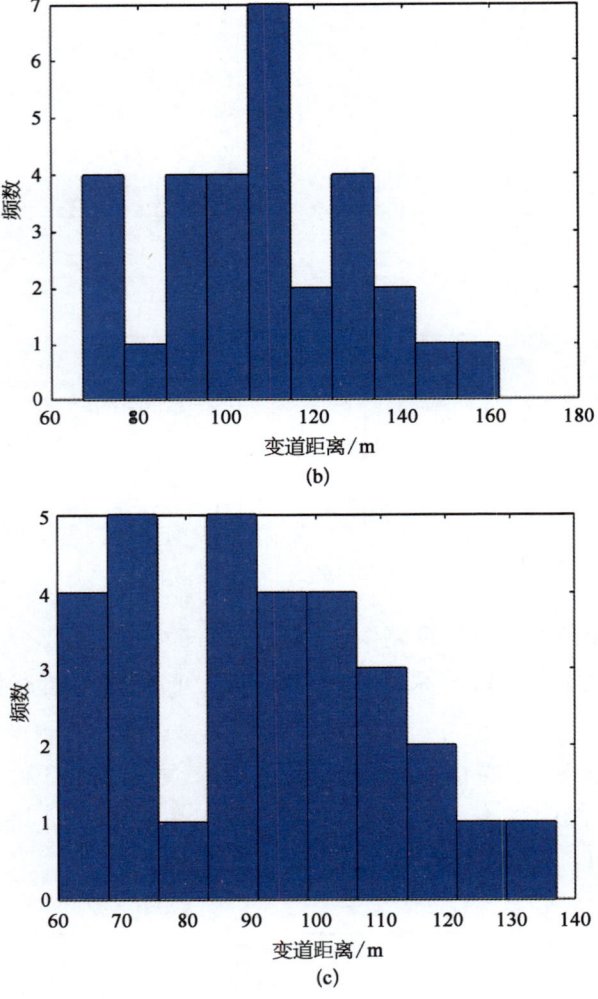

图 2-28 不同前车速度条件下的频率直方图

表 2-20 变道位置的分布检验结果

前车速度/ (km·h^{-1})	K-S 法			S-W 法		
	统计量	自由度 (df)	显著性 (Sig.)	统计量	自由度 (df)	显著性 (Sig.)
100	0.113	30	0.200*	0.977	30	0.742
80	0.097	30	0.200*	0.961	30	0.338
60	0.087	30	0.200*	0.972	30	0.584

表 2-21　样本均值与标准差

前车速度/(km·h⁻¹)	均值/m	标准差/m
100	131.0	26.001
80	107.7	20.823
60	91.1	20.011

因 3 种条件对应的设计车速分别是 120 km/h、100 km/h、80 km/h，变道的起始位置与运行车速有关。随着运行车速的降低，变道的起始位置也随之下降。在场景 1 中，由于超车道没有车辆干扰，可以随时变道。当前车速度较慢，进入驾驶员前方的某一个位置时，激发了驾驶员的变道决策。本试验中的变道位置是驾驶员自由选择的结果，因此可以看作驾驶员本身的一种特征属性。此处将这个位置定义为激发界限。

在场景 2 中，当前车变道时的位置不在驾驶员的激发界限内，驾驶员会继续保持速度向前行驶，直至到达激发界限附近才开始变道操作。当前车变道时的位置在驾驶员的激发界限内，驾驶员会毫不犹豫地立即采取变道操作，更加印证了变道位置是驾驶员本身的一种特征属性。

场景 3、场景 4 主要研究在不同的设计车速条件下，让有超车意图的驾驶员犹豫不决的 L_{BF} 或 L_{AB} 的临界值，取在特定的设计车速条件下，让接近 50% 的驾驶员选择跟驰而其余驾驶员选择超车时的 L_{AB} 或 L_{BF} 为临界值。结果见表 2-22。

表 2-22　临界距离

设计车速/(km·h⁻¹)	L_{AB} 或 L_{BF}/m	跟驰的驾驶员人数	超车的驾驶员人数
120	40	11	19
	30	18	12
100	40	8	22
	30	16	14
80	30	13	17
	20	23	7

以上结果表明，不同的设计车速条件下对应的临界距离大约是 35 m、30 m、25 m。

2.1.6 平原区高速公路驾驶模拟试验

根据预试验的结果，在设计车速 120 km/h 的条件下，在平原区高速公路的场景中选用预试验中的动态场景 4，测试不同半径条件对超车行为的影响。

试验共选取 23~30 岁的驾驶员 10 名，其中男性驾驶员 7 名、女性驾驶员 3 名。静态场景为双向六车道，车道宽度 3.75 m，硬路肩宽度 3 m，中间带宽度 4.5 m。平曲线共有 3 处，曲线半径分别取《公路路线设计规范》(JTG D20—2017)中设计车速 120 km/h 条件下的"不设超高最小半径""一般最小半径"和"极限最小半径"。试验动态场景为本车道前方有车辆 B、超车道前方有车辆 A、超车道后方有车辆 F。A、B、F 的车速均低于驾驶员的理想车速且 $V_A = V_B = V_F = 90$ km/h，B 车与 A、F 之间的距离 $L_{BA} = L_{BF} = 35$ m。

2.2 道路交通环境与驾驶行为同步采集系统

2.2.1 系统方案

道路交通环境与驾驶行为同步采集系统可用于采集小汽车、货运车辆、客运大巴等类型车辆的驾驶员驾驶行为，是可移植的数据采集系统，该系统由微型工控机、道路多维感知模块、激光雷达模块、GPS 模块、位移传感器模块、毫米波雷达等部件组成，利用激光雷达每秒产生约 120 万个三维点云坐标，含有 360°水平视场和 40°垂直视场，采用雷视道路多维感知模块同步处理车辆周边环境信息的方法，精度较高，适用于"两客一危"等重点车辆和数据精度需求较高的场合，也可移植到小汽车上进行数据采集。系统组成如图 2-29 所示。其中雷视感知一体机 2 台，分别放置在车架前向与后向，用于感知前后车辆信息；32 线激光雷达 2 个，分别放置

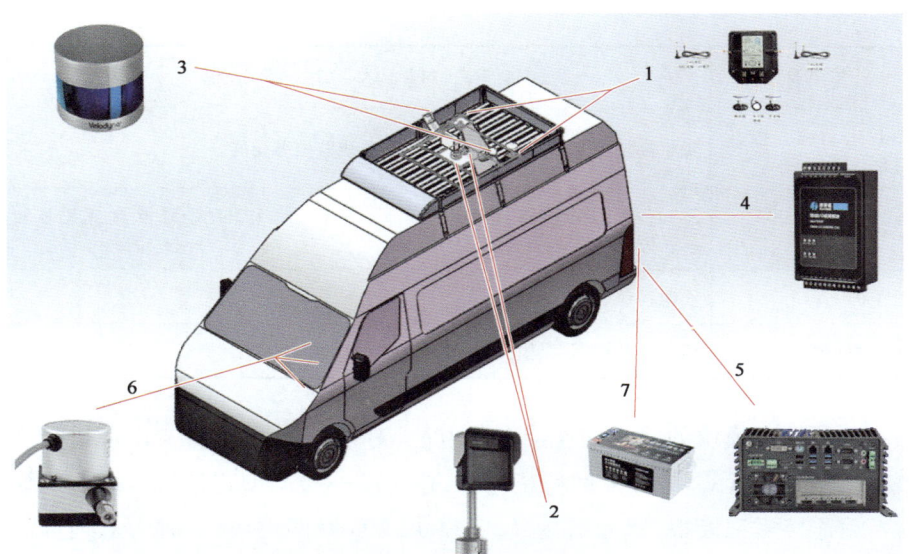

图 2-29 系统布置方案

1　图巨车载运动测量及组合定位系统；2　雷视 iDS-TCS40-JT 道路多维感知一体机；3　Velodyne 32 线激光雷达 VLP-32C；4　康耐德数模转换 I/O 联网模块；5　天迪高性能工控机；6　米朗位移传感器集成道路环境数据采集系统；7　24 V/100 Ah 磷酸铁锂电池

在支架两侧，用于检测两侧车辆相关信息；位移传感器 3 个，分别置于车辆驾驶员制动踏板、加速踏板的位移及方向盘转向（通过缠绕在转向杆上实现）。

2.2.1.1　系统总体逻辑设计

选用 32 线激光雷达、图巨车载运动测量及组合定位系统、雷视道路多维感知一体机、米朗位移传感器集成道路环境数据采集系统，其各部分基本功能见表 2-23。

表 2-23　各组成部分基本功能

名称	基本功能
雷视道路多维感知一体机	实现行人、车辆及非机动车检测和定位；支持多目标的位置、车道、速度、方向、轨迹等信息检测
激光雷达	32 个通道，200 m 的有效测量范围，双回波模式，每秒能够产生约 120 万个三维点云坐标，360°水平视场和 40°的垂直视场。安装在车体两侧，可采集相邻车道邻近区的车辆位置与状态

续 表

名　称	基 本 功 能
车载运动测量及组合定位系统	提供高精度车辆定位(坐标)、行驶路线监控等功能
位移传感器	感知位移的变化并转化为模拟信号(电压),可采集制动踏板、加速踏板的位移及方向盘转向
工控机	实时存储、分析数据
I/O 联网模块	组合各种数字量、模拟量,扩展采集的功能

电源处理模块的输入端连接车载电池,对车载电池的 24 V 电源进行变压和稳压,输出 24 V 和 12 V 的稳压电源,输出端连接微型工控机。微型工控机输入端连接雷视模块、激光雷达、GPS 模块、I/O 联网模块,同时为上述部件供电。其中,GPS 数据通过 CAN 口接入,I/O 联网模块、雷视道路多维感知一体机和激光雷达直接通过网口接入。系统布置逻辑框图如图 2-30 所示。

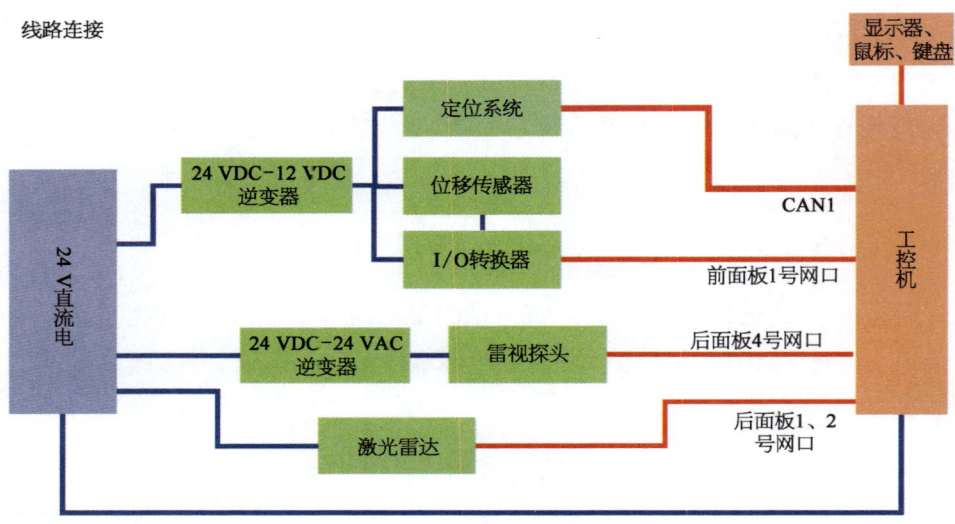

图 2-30 系统布置逻辑框图

2.2.1.2 系统各部分功能

1) Velodyne 32 线激光雷达

Velodyne 32 线激光雷达 VLP-32C 将更远的探测距离和 0.33°垂直分辨

率集成在一个更小的机身中。32 线激光雷达 VLP‑32C 是一个高分辨率传感器,在考虑汽车应用的同时保留了三维激光雷达的创新突破性,如 360°环绕视图实时三维数据,包括所有激光的发射角度、距离和校准反射率。

用于探测障碍物的 ESR 雷达是高频电子扫描雷达,发射波段为 76～77 GHz,同时具有中距离和远距离的扫描能力,体积:103 mm(直径)×87 mm(高),激光线数:32 线,测量范围:高达 200 m,范围精度:±3 cm(典型的),水平视场:360°,垂直视场:40°(-25°～15°),最小角分辨率(垂直):0.33°(非线性分布),角分辨率(水平/方位角):0.1°～0.4°。雷达实物图与其扫描范围定义如图 2‑31 所示。

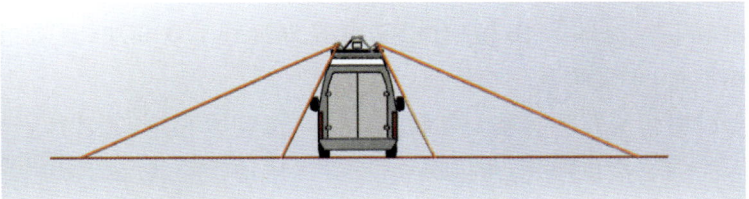

图 2‑31　Velodyne 32 线激光雷达扫描范围

Velodyne 32 线激光雷达的设备参数如下。

(1) 频率:采样频率可调,最低为 5 Hz,最高可达 20 Hz;

(2) 检测范围:最大检测距离 200 m;水平视场:360°;垂直视场:40°(-25°～15°);

(3) 精度:±3 cm;

(4) 分辨率:最小角分辨率(垂直)0.33°(非线性分布),角分辨率(水平/方位角)0.1°～0.4°。

在实际应用中,激光雷达可采集其探测方向前方障碍物的方位角、相对观测者位置、相对观测者速度等信息,结合高清摄像头采集的视频信息,能够对每个状态下的车辆周边实时道路条件与交通环境状态进行记录。数据可存为 txt 或 csv 格式。

2) 雷视道路多维感知一体机

选用雷视 iDS‑TCS40‑JT 道路多维感知一体机分别采集车辆前向与后向两个方向的道路交通信息,通过雷达检测目标信息与视频数据的融合实现更高的精度。支持双向四车道多目标轨迹跟踪检测及目标可视化。数据分别存为 avi、png 和 csv 格式。

雷视道路多维感知一体机的参数如下。

（1）检测距离：200 m（机动车）；

（2）测距精度：±0.1 m～±0.25 m；

（3）测速精度：误差 1 km/h 以内；

（4）车流量精度：≥95%；

（5）排队长度精度：≥90%；

（6）采样频率间隔 100 ms。

3）I/O 联网模块

采用康耐德 8 路 0～10 V 电压信号模拟量采集转以太网络 modbus TCP/IP 协议差分输入 16 位模数 AD 转换器远程 I/O 模块，具有组合各种数字量、模拟量、扩展采集的功能。

康耐德模数转换 I/O 联网模块的参数如下。

（1）接口形式：RJ45；

（2）通信协议：Modbus TCP；

（3）速度：10/100 M 自适应；

（4）传输距离：100 m；

（5）保护形式：PPTC+TVS。

4）车载运动测量及组合定位系统（GPS）模块

GPS 模块采用图巨车载运动测量及组合定位系统，能够实现车速、经纬度、航向、卫星时间等信息的测量和记录，可用于车辆定位和设定信号同步时间轴。

图巨车载运动测量及组合定位系统的参数如下。

（1）定位精度：单点定位误差不超过 0.03 m，0.08 m/s；

（2）频率：1～100 Hz；

（3）尺寸：156 mm×116 mm×64 mm；

（4）功率：5 W。

GPS 模块主要用于车辆速度和位置信息的采集。由于其数据刷新频率为 100 Hz，所以同步记录其卫星时间作为全部数据的时间轴信息。采用该时间轴对数据进行同步处理，能够使数据同步精度达到毫秒级。数据存为 txt 或 csv 格式。

5）传感器模块

传感器模块采用米朗 MPS－XS－1000MM－V1 拉绳位移传感器,用于检测对加速踏板、制动踏板和方向盘的操作频率。该模块能够对检测到的位移变化进行快速实时存储,满足基础分析的需求。数据存为 txt 和 csv 格式。

传感器的参数如下。

（1）线性度:0.3(%);

（2）线性范围:0~1 000 mm,0~500 mm,0~200 mm 三种规格;

（3）输出类型:模拟量输出。

6）微型工控机

微型工控机如图 2－32 所示。该模块能够对各路信息进行快速存储,具有通用性,维修性好且易于升级改造。其主要参数如下。

（1）主机:六核 i7－8700(3.2 GHZ)、32 G 内存,512 G 固态硬盘;

（2）尺寸:227 mm×261 mm×128 mm;

（3）操作系统:Linux、Windows2016、Windows10。

图 2－32　工控机

2.2.1.3　系统关键技术

1）系统时间同步

时间同步是通过对本地时钟的某些操作,达到为分布式系统提供统一时间标度的过程。在分布式系统中,由于物理上的分散性,系统无法为彼此间相互独立的模块提供统一的全局时钟,而是由各个进程或模块各自维护它们的本地时钟。由于这些本地时钟的计时速率、运行环境存在不一致性,因此即使所有本地时钟在某一时刻都被校准,一段时间后,这些本地时钟也会出现不一致。为了使这些本地时钟再次达到相同的时间值,必须进行时间同步操作。时间同步一向是设备集成中的一个重点和难点。常见的时间同步方法包括网络授时、卫星授时、无线电波授时等,不同的方法由于数据传输平均时间延误,也存在着不同的自身难以逾越的精度限制。

考虑到实际应用场景中,人类反应时间与车辆速度存在一定的限值,数据同步的精度不需要非常高,所以采用GPS卫星授时和工控机网络授时双时间轴的方式对设备进行时间同步,如图2-33所示。其中,GPS时间轴为主时间轴,工控机时间轴为副时间轴。GPS数据刷新率为100 Hz,故时间轴数据精度可达毫秒级。每次GPS数据更新时,在所有设备采集来的文件上(包括工控机系统时间轴文件)打上时间戳,以索引号的形式在数据中显示。后期可用时间戳与GPS时间轴进行比对,从而完成各设备的同步问题。当车辆行驶于不开阔地带甚至进入隧道时,GPS信号弱,则采用系统时间轴对各文件进行时间戳标定。

图2-33 时间同步策略

2) 视频数据实时预处理

此处采用了数字信号视频数据,视频数据量非常大,采用工控机即时存储将会较为简单,但为后续的数据分析和应用带来了很多麻烦,因而专题采用像素比照和机器学习的方法,对画面中的关键信息进行即时提取和存储,不改变视频记录的信息同时,将关键信息文件附加写入工控机中。如图 2-34 为部分关键信息记录文件。

```
//车道偏离输出信息
typedef struct _LDW_Output
{
    int     ldwCred;    //置信度:0:不可用;1:左;2:右
    float   ldwDis;     //越界距离
    float   ldwTtc;     //越界时间
    float   ldwWidth;   //车道宽度
} LDW_Output;
```

信 号	名 称	备 注
ldwCred	置信度	根据此信号判断输出是否可用,当为 1 时表示左侧,2 时表示右侧
ldwDis	越界距离	前轮外侧距离车道线的距离,可作为空间域车道偏离的判断因子
ldwTtc	越界时间	依据当前速度估计偏离车道所需时间
ldwWidth	车道宽度	根据两侧车道线计算得到的车道宽度

```
//前车预警输出信息
typedef struct _FCW_Output
{
    int     fcwCred;    //置信度:0:不可用;1:可用
    float   fcwDis;     //前车距离
    float   fcwTtc;     //相对碰撞时间
    float   fcwAttc;    //绝对碰撞时间
} FCW_Output;
```

信 号	名 称	备 注
fcwCred	置信度	根据置信度信号判断输出端口是否可用,当置信度为 1 时可用
fcwDis	前车距离	本车车头前端距前车尾部的距离
fcwTtc	相对碰撞时间	本车与前车保持当前相对车速时,预估的碰撞时间
fcwAttc	绝对碰撞时间	本车保持当前车速,假设前车为静止时,预估的碰撞时间

图 2-34 视频关键信息

2.2.1.4 设备使用安装

1) 激光雷达

接 24 V(DC)电源,网线接工控机后面板左数第一、第二个网口,对应 IP 分别为 192.168.1.101 和 192.168.1.102,网口号分别为 enp3s0 和 enp4s0。

传输检测步骤如下。

(1) 设置雷达与本机 IP:插入雷达网线,点击更改适配器选项,右键点击"以太网属性",点击"协议版本 4",IP 输入 192.168.1.102(默认 IP);

(2) 返回程序,点击"connect",点击"LSC32"中的"launch",将"Lidar IP"改成 192.168.1.200(默认),"Local IP"改成 192.168.1.102(对应网口 IP),点云数据端口号为 2368(自定),设备数据端口号为 2369(自定);

(3) 进入 Linux,查看以太网口的 IP 是否与 Local IP 相同,若要设置更多的雷达,则不能使用同样的 IP。

设备启动:终端输入"sudo su"和"roslaunch meta all_platform.launch"将所有设备一键启动(一键启动可将所有设备同时启动,包括雷达、雷视、GPS 和 IO),输入"rviz"打开雷达可视化系统,设置"Fixed Frame"名称为 laser_link,点击"Add"—"Bytopic"—"Point Cloud2"加一个话题,看多个雷达的重叠图像在 Add 中添加话题,单独看一个雷达的图像则在 Topic 选项下拉对话框中切换雷达,如图 2-35 所示。

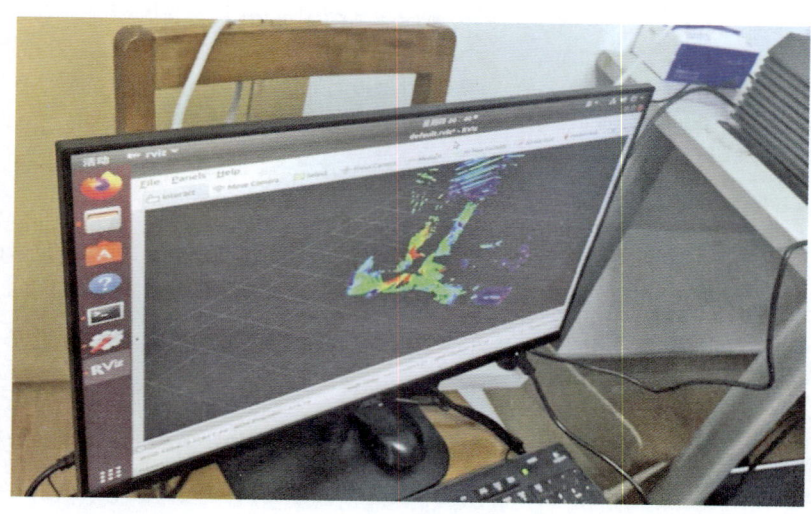

图 2-35 雷达点云数据

2) 传感器模块

位移传感器输出分别有棕色、蓝色、黑色和屏蔽四根线,其中棕色和蓝色分别接 12 V(DC)电源的正负极,黑色线连接 I/O 的输入 AI+,I/O 的 AI-连接 12 V(DC)电源的负极,I/O 的电源和 12 V(DC)连接,I/O 网线连接工控机前面板右边的网口,对应网口号为 enp1s0(图 2-36)。

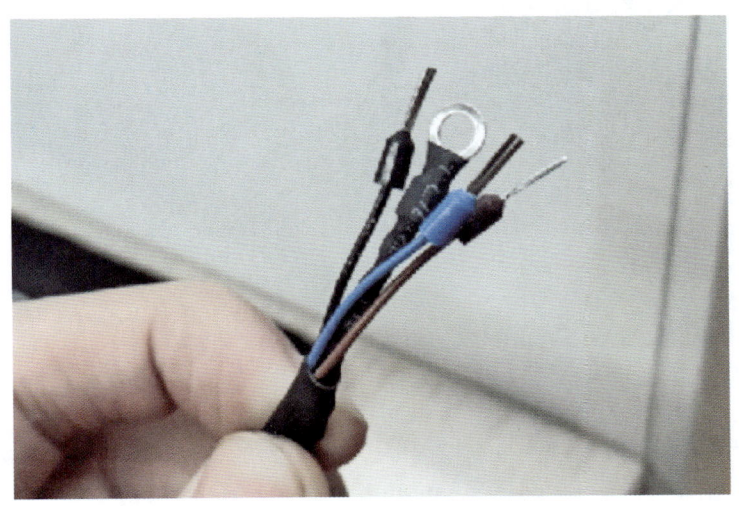

图 2-36 位移传感器接线

传输检测步骤如下。

(1) 在接线完成的情况下,使用万用表连接 I/O 的 AI-和 AI+,检查电压是否正常;

(2) 进入主文件夹"/td_ws/src/read_io_from_tcpip/src/read_io_from_tcpip_node.cc"检查服务器的 IP 号与 enp1s0 对应的 IP 号是否相同,若相同则必须修改其中一项,否则会导致连接失败(connection refused)。

设备启动:输入"roslaunch meta all_platform.launch",一键启动即可。

数据录入:在 Linux 系统内,完成一键启动后,拉动位移传感器拉绳,打开主文件夹"/data/IO/four_ports"观察传感器数据是否正常;或者 Windows 系统内,进入康奈德设备调试工具,刷新出对应 I/O 的 IP 地址,拉动位移传感器拉绳检测传感器数据是否正常。

3) 雷视模块

雷视摄像头接 24 V(AC)电源,网线接工控机后面板右数第一、第二个网口,雷视 IP 分别为 192.168.1.64 和 192.168.1.65(默认)。工控机网口 IP 可以分别为 192.168.1.62 和 192.168.1.63(自定),如图 2-37 所示。

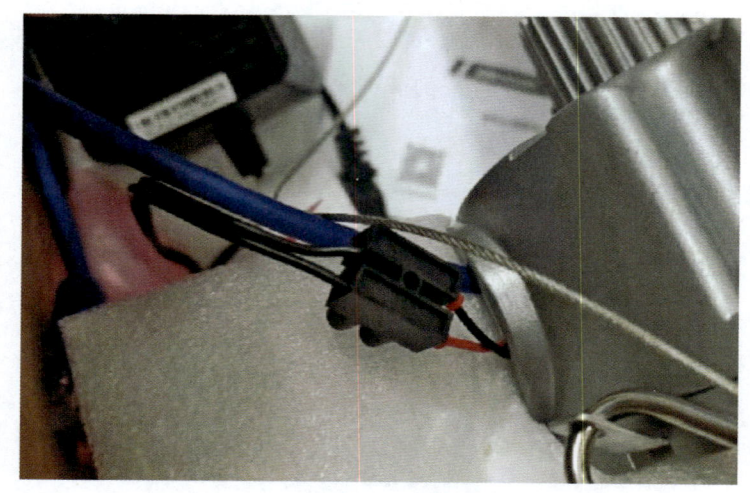

图 2-37 雷视接线

数据录入:在 data/hik 文件夹中录入采集到的信息,其中 image 文件夹中录入采集到的图片信息,hik 文件夹中录入时间戳文件,Info 文件录入采集到的信息。

4) GPS 模块

固定好蘑菇头天线,连接到控制器,控制器中间的线为电源、输出线,红黑线分别接 12 V(DC)电源正负极,绿黄线分别接 CAN HIGH 和 LOW,通过 DP 转接头接到工控机 CAN1 接口上,如图 2-38 所示。

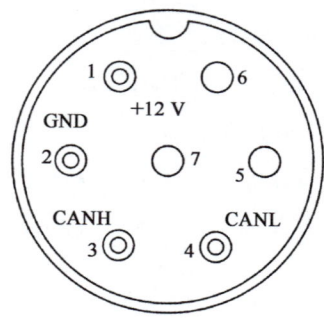

接口序号	管脚定义
1	+12 V
2	GND
3	CANH
4	CANL
5	NC
6	NC
7	NC

图 2-38 GPS 接线

数据录入：gnss 文件夹保存 gnss 相关信息；can0.csv 文件夹保存时间戳、CAN ID 及其对应的原始报文；gnss.csv 文件夹保存时间戳及原始报文解析后的数据。

2.2.2 低成本替代方案

低成本方案包括行车记录仪、电源处理模块、视频采集模块、陀螺仪、GPS 模块等部件，如图 2-39 所示。该方案与 2.2.1 节所示方案相比，减少了毫米波雷达部件，其周边环境信息的测量与采集只靠摄像头与视频处理模块进行，适用于数据精度要求相对较低的场合。但由于成本较低，适用于大规模试验。

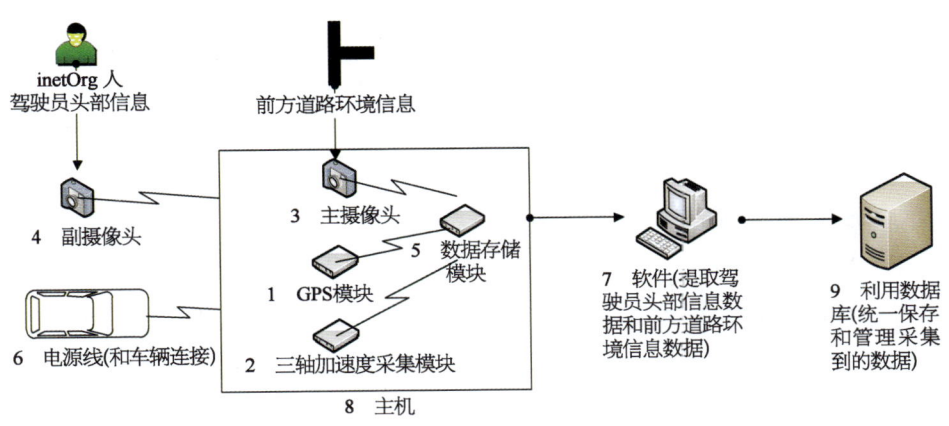

图 2-39 低成本设备系统布置

1 GPS；2 三轴加速度传感器；3 视频采集主摄像头；4 副摄像头；5 数据存储模块；
6 电源接线；7 数据提取软件

2.2.2.1 集成方法及功能设计

根据本项目的调查特点和需要，研制了一种低成本自然驾驶信息采集系统采集驾驶行为信息和道路环境信息，包括车辆的行驶速度、上下加速度、左右加速度、前后加速度、大地坐标 X、大地坐标 Y 和道路环境视频信息。然后使用配套开发的软件提取以上驾驶行为信息数据，并通过图像识别技术把道路环境视频信息中的要素定性地参数化处理，其中道路环境要素包括视觉曲率、有无开口、标志标线、周边视野、路侧防护、视点情况和路面条件等。

如图2-39所示，低成本自然驾驶信息采集系统包括GPS、三轴加速度传感器、视频采集主摄像头、副摄像头、数据存储模块、电源接线、数据提取软件，其中GPS和三轴加速度传感器固定在主机内部不可随意拆卸，三轴加速度传感器的三轴方向保持固定；主摄像头在主机前面，朝向和三轴加速度中的Y轴保持一致；副摄像头的支座连接在主机的底部，电源和数据传输使用一个连接线，使用USB的C型插头和主机相连，用于拍摄驾驶员的头部信息；电源接线连接主机和车辆的点烟器，接主机端使用USB的C型插头，接车辆端使用点烟器插头；以上信息包含GPS采集的大地坐标信息、车辆速度信息、三轴加速度传感器采集的三轴加速度信息，主摄像头采集的道路环境视频信息压缩成avi格式保存在数据存储模块中，数据存储模块使用MicroSD卡进行存储，插在主机一侧，用于数据的存储和提取；主机背面包含屏幕，可以实时显示主摄像头和副摄像头拍摄到的画面，屏幕下方有4个按钮（功能分别是屏幕锁定、设置视频拍摄格式、播放和截取画面），上面连接吸盘式的可旋转支座以便安装在车辆的前风窗玻璃上，侧面还有电源键。数据提取软件使用C++语言编写，用于把之前存储的avi格式的文件解压出大地坐标信息、车辆速度信息、三轴加速度信息和道路环境视频信息，通过结合使用halcon图像识别软件中的内置函数，对车辆前方道路环境中的视觉曲率、有无开口、标志标线、周边视野、路侧防护、视点情况与路面条件等信息进行定性分级评价；把前面获得的驾驶行为信息和道路环境信息再上传到数据中心的数据库中，进行统一管理。

2.2.2.2 设备使用安装

设备可以在客运车辆和小客车上进行安装，同步采集道路交通环境与驾驶行为数据，如图2-40所示。

2.2.2.3 设备基本参数

低成本的道路交通环境与驾驶行为同步采集设备的基本参数见表2-24。

图 2-40　低成本设备安装

表 2-24　采集设备基本参数

项　目	内　容	项　目	内　容
尺寸	长 8.19 cm×宽 6.57 cm×深 4.16 cm	录像模式	录像不间断,存储卡录满自动覆盖旧文件(受保护文件除外),单文件 256 MB
重量	122 g		1 080 p(1 920×1 080 像素),30 fps,约可录制 80 min
GPS	有		
屏幕	2.4 in TFT LCD		720 p(1 280×720 像素),30 fps,约可录制 180 min
镜头	F=2.0		
摄像范围	可视角度为对角线 110°		WVGA(848×480 像素),30 fps,约可录制 400 min
帧率	30 fps		
影片格式	avi(H.264 压缩技术)		720 p(1 280×1 440 像素),30 fps,约可录制 90 min(按 8 G 存储卡计算)
碰撞传感器	有,三段碰撞感应敏感度设定		

2.2.2.4　道路视觉环境信息分析软件

该软件使用 C++语言编制,并使用图像处理软件 HALCON 的函数库作为库文件,输入相配套的低成本自然驾驶信息采集系统采集的加密视频文件;输出以 csv 格式保存的驾驶行为信息数据和道路环境信息数据。选择好视频文件后主界面 1 和主界面 2 分别如图 2-41 和图 2-42 所示,主界面 1 中会

图 2-41 提取驾驶行为数据主界面 1

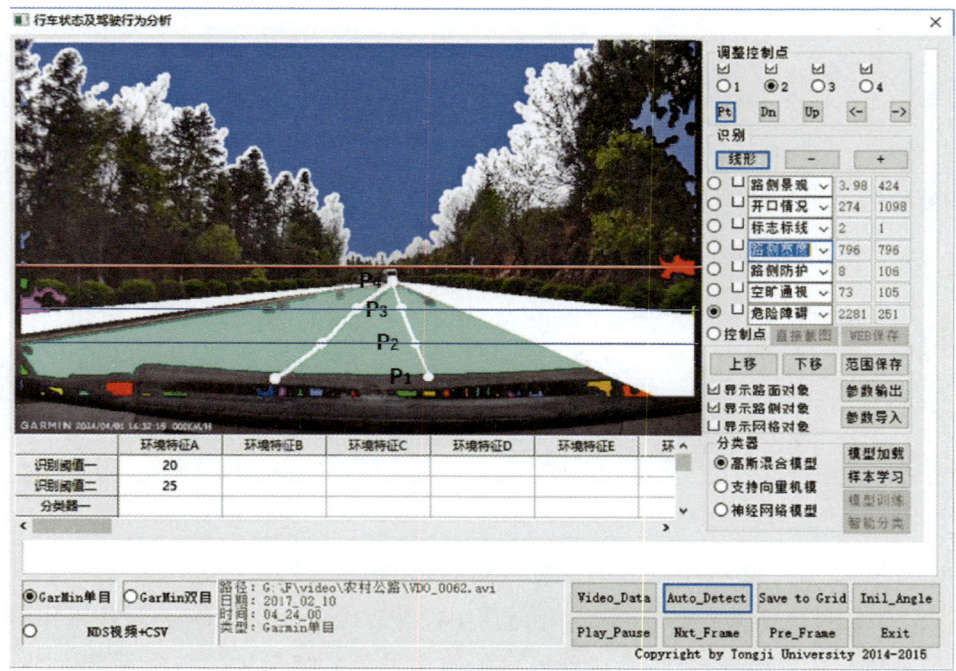

图 2-42 提取驾驶行为数据主界面 2

显示剩余的帧数、当前的帧数,并要输入当前道路的设计速度,列表左侧箭头指向当前帧数所对应的数据条目,列表会显示视频文件每秒(帧率为 30 fps)的上下冲击力、左右冲击力、前后冲击力、行驶速度、大地 X 坐标、大地 Y 坐标、方位角、对应帧号、高程,但此时的道路环境信息数据是空的,需要在主界面 2 对该秒所对应的道路环境画面进行数据提取并保存后,信息数据才能在主界面 1 中显示。主界面 2 屏幕显示当前时刻的前方道路环境画面。

2.3　基于视频处理的交叉口多目标交通行为提取

研究基于改进 ViBe 算法获取视频中运动目标前景,并进行形态学处理;然后设计基于 KLT 光流的目标跟踪算法,提取目标图像轨迹;最后对图像轨迹进行修正、分类和坐标转换,得到目标真实轨迹,并从中提取目标速度、加速度等运动参数,系统主要由前景提取—目标跟踪—轨迹处理—结果输出 4 个部分构成,其实现流程如图 2-43 所示。

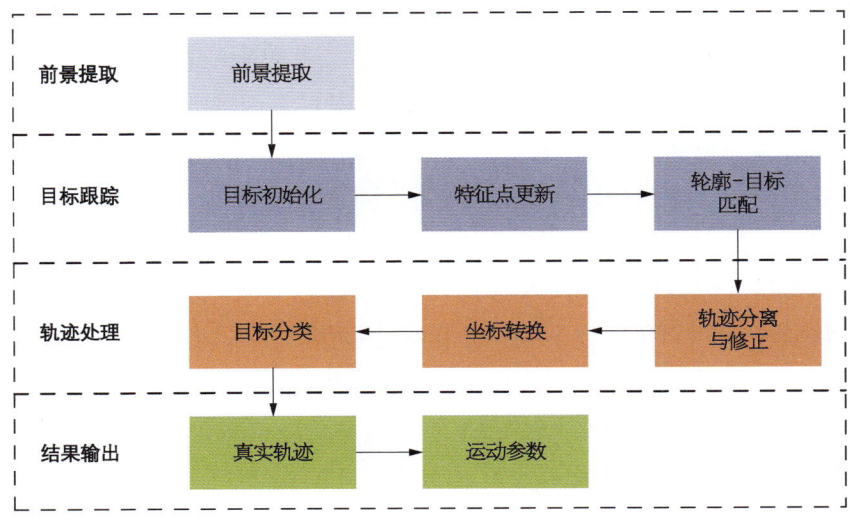

图 2-43　系统实现流程

2.3.1　前景目标提取

交叉口内人车混行,背景复杂,直接在全图中检测交通对象耗时严重,准确率也较低。常用解决方法是先通过背景建模提取前景区域,然后再对前景图像进行目标检测与跟踪。目前常见的前景提取方法有帧差法和混合高斯模型(GMM)法。帧差法对相邻两帧或三帧进行差分,保留差异较大的像素作为前景,计算量小且对运动变化敏感,但目标内部会留下空洞部分形成"鬼影",为后续目标跟踪带来诸多困难。GMM 法为每个像素点构建单个或多个高斯分布模型,通过计算概率确定像素点是否属于前景。GMM 法可适应背景的轻微变化,对光照与景物扰动有较好稳定性,但计算效率低,对高清视频处理速度较差,且对停滞目标的提取效果一般,当目标颜色与背景颜色接近时也会存在较大误差。

还可以采用 ViBe 算法提取视频前景。ViBe 算法是一种基于样本一致性的背景建模方法,采用随机更新和邻域更新的方法保证了样本值平滑的生命周期,使检测结果更为准确。作为一种新型的背景建模方法,ViBe 算法在交通视频处理领域应用尚不广泛。与 GMM 相比,ViBe 对背景扰动的稳定性较弱,但可较好地提取停滞目标和接近背景颜色目标的前景。本系统所构建的视频处理系统面向交叉口全对象,输入视频多为俯视拍摄,树木、电线等扰动较大的景物图像一般不会出现在交叉口内部,因此可通过设置感兴趣区较方便地排除背景扰动影响。另一方面,交叉口内行人与非机动车行为模式复杂,存在较多的停滞现象,且人群着装各异,易与地面背景混淆,这些因素使得 ViBe 十分契合本系统提取前景的需求。

ViBe 算法根据第一帧图像进行模型初始化,故第一帧中的前景目标会被误认为背景,导致目标离开该区域后会出现"虚假前景"现象(图 2 - 44),给后续目标检测带来干扰。为消除"虚假前景"现象,本系统采用 GMM 对 ViBe 进行改进。首先使用 GMM 训练视频前 500 帧图像,得到初始背景;然后以此初始背景作为 ViBe 的第一帧输入,重新训练背景并提取前景图像;最后对前景图像中的感兴趣区进行滤波和形态学处理,以消除噪声并增强前景目标连通性。

图 2 - 44 对比了使用 GMM 法、ViBe 算法和本系统使用的改进 ViBe 算法

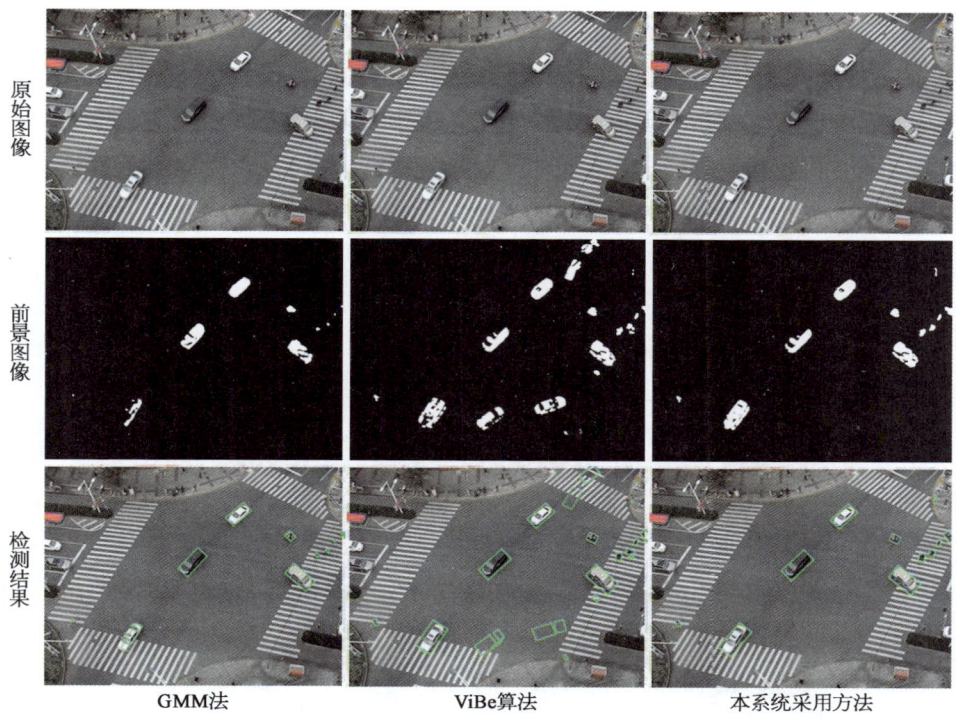

图 2-44　GMM 法、ViBe 算法、本系统采用方法提取前景效果对比

提取前景的效果。可以看到,GMM 提取的前景轮廓与目标相比有较为明显的缩水,不利于后续特征点提取;ViBe 算法由于存在"虚假前景",误将路面检测为运动目标;相比之下,本系统方法可较好地提取交叉口内全交通对象的前景,为后续的目标跟踪提供准确的前景输入。

2.3.2　基于 KLT 光流的目标跟踪

获得交叉口前景图像后,下一步工作是对前景中的目标进行识别和跟踪。利用连通性可将前景图像划分成诸多前景轮廓 C,一个轮廓内可能包含一个或多个目标 O。目标跟踪要做的就是将每一帧的轮廓与目标通过某种规则匹配起来,并对同一目标的轮廓变化进行动态更新。Kanade‐Lucas‐Tomasi(KLT)法是一种经典的光流估算差分方法。KLT 法包括特征角点检测和光流匹配两部分,特征点是指图像灰度值发生剧烈变化的点或者在图像边缘上曲率较大的点,稳定的特征点须具有良好的旋转不变性和缩放不变性。

光流匹配的原理是假定特征点的局部邻域内光流恒定不变,利用最小二乘对特征点邻域内所有像素求解基本光流方程。KLT法通过综合多个附近像素的信息,可以有效解决光流方程固有的模糊性问题,并且图像噪点和光照变化具有较强稳定性。本系统基于KLT光流,以特征角点P为媒介,实现轮廓C与目标O的动态匹配。匹配过程包括目标初始化、特征点更新、轮廓-目标匹配、目标属性更新4个步骤。

2.3.2.1 目标初始化

图像采集点如图2-45所示,轨迹提取效果如图2-46所示。

图2-45 视频采集点

首先检测第一帧图像中的特征点集合P_1,如式(2-1)所示:

$$P_1 = \{p_1^i \mid 1, \cdots, I\} \tag{2-1}$$

式中　P_1——第1帧的特征点集合;

p_1^i——第1帧的第i个特征点;

I——单帧特征点总数。

出于特征点性能的考虑,设置$\max(I) = 500$,并根据交叉口大小适当调整。

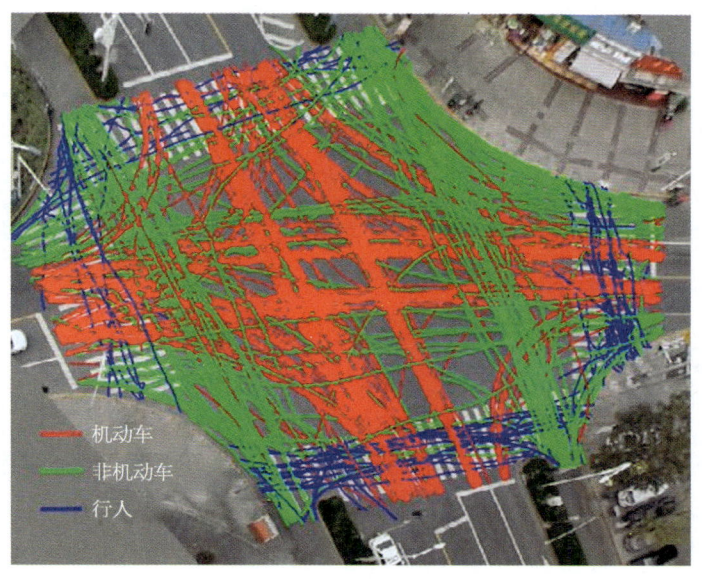

图 2-46 轨迹提取图

然后对前景轮廓依次编号,并分配给轮廓内的所有特征点,同一轮廓内的特征点拥有相同的轮廓编号,即

$$C_1 = \{C_1^j = j | j = 1, \cdots, J\} \qquad (2-2)$$

式中 C_n^j——第 n 帧的第 j 个轮廓;

J——单帧轮廓总数。

最后进行目标初始化,目标对象包含 5 个属性,分别为编号、时间序列、图像中心序列、图像面积和特征点集合,即

$$O^k = (k, O^k.frame, O^k.center, O^k.area, P^{O^k}) \qquad (2-3)$$

式中 k——固定常量,初始化后不可改变;

$frame$、$center$——动态一维数组,随每帧跟踪而添加;

$area$——可变标量,随每帧跟踪而变化;

P——动态多维数组,数组一行代表一个特征点随时间的光流跟踪结果。

由于第一帧默认不存在遮挡与分离现象,因此目标编号与轮廓编号呈一一对应关系,由此得到目标在第一帧包含的特征点集合如式(2-4)和式

(2-5)。

$$O(p_1^i) = C_1(p_1^i) \qquad (2-4)$$

$$P_1^{O^k} = \{p_1^i \mid p_1^i \in C_1^k\} \qquad (2-5)$$

之后便可根据目标对应的前景轮廓计算其中心与面积,并与其特征点一并保存,完成目标初始化。

2.3.2.2 特征点更新

从第二帧开始,每帧图像都以前一帧的特征点作为输入,并利用 KLT 光流进行跟踪,以得到更新后的特征点。为保证光流特征点的稳定性,通过反向检测去除前后匹配不一致的特征点,并添加由该帧图像新检测出的特征点 $p_{n+1,i}$,如式(2-6)、式(2-7)和式(2-8):

$$p_{n+1,i} = K(p_{n,i}) \qquad (2-6)$$

$$p'_{n,i} = K^{-1}(p_{n+1,i}) \qquad (2-7)$$

$$P_{n+1} = \{p_{n+1,i} \mid D(p'_{n,i}, p_{n,i}) < t_k\} \qquad (2-8)$$

式中　　$K(p)$——对点 p 进行正向光流跟踪;
　　　　$K^{-1}(p)$——对点 p 进行逆向光流跟踪;
　　　　p'——点 p 反向检测后的镜像点;
　　　　$D(p, p')$——两点之间的距离;
　　　　t_k——KLT 反向检测的稳定阈值。

t_k 越小,两帧间的匹配精度越高,但在视频分辨率较低时易出现目标丢失情况。

2.3.2.3 轮廓-目标匹配

轮廓-目标匹配是目标跟踪的关键所在,其匹配准确率直接影响跟踪结果。本系统以特征点 P 为媒介对每帧生成的前景轮廓与之前跟踪的目标进行匹配。对于第 n 帧图像($n>1$),可获得其前一帧图像中各目标的特征点集合 $P_{n-1}^{O^k}$,即特征点与目标的对应关系。之后更新特征点,根据特征点属于哪个轮廓判断目标与轮廓的对应关系,以一个特征点为媒介的匹配原理如

图 2-47 所示，称为一次 OPC 匹配。

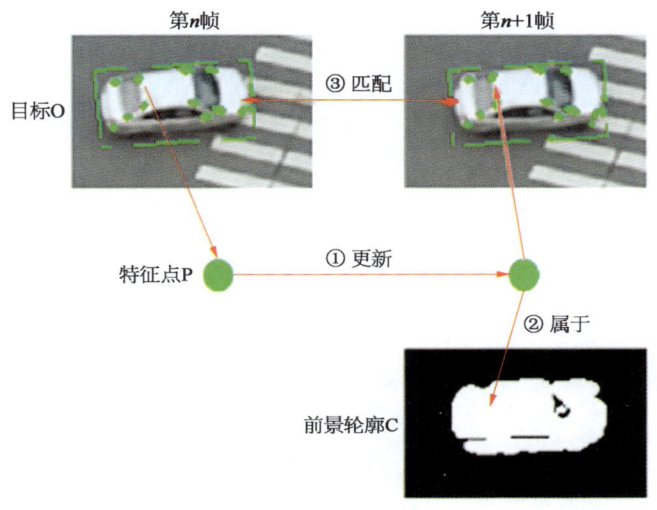

图 2-47 一次 OPC 匹配

实际进行检测时，一个目标往往具有多个特征点，这些特征点可能属于零个、一个或多个前景轮廓，同样地，多个目标的特征点也可能汇聚在同一轮廓内。根据 C-O 的映射关系可将匹配过程分为如下 5 种情况。

1）目标与轮廓一一对应

如图 2-48 所示，目标所有特征点更新后均处在同一轮廓内，且轮廓内无其他特征点，目标与轮廓完美匹配，是跟踪单个交通对象时的最理想情况，按

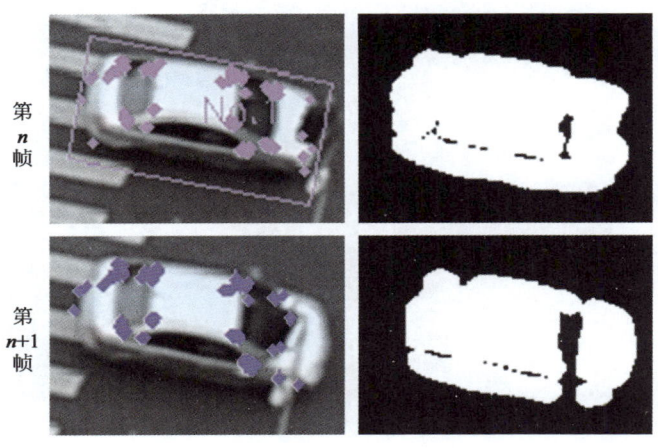

图 2-48 目标与轮廓一一对应

式(2-9)匹配。

$$O(p_{n+1}^i) = O(p_n^i) \qquad (2-9)$$

2）目标无对应轮廓

目标所有特征点均未出现在前景中,说明目标已离开交叉口,中断对目标的跟踪。

3）单目标对应多轮廓

如图2-49所示,目标的特征点存在于多个前景轮廓内。出现该情况有两种可能：

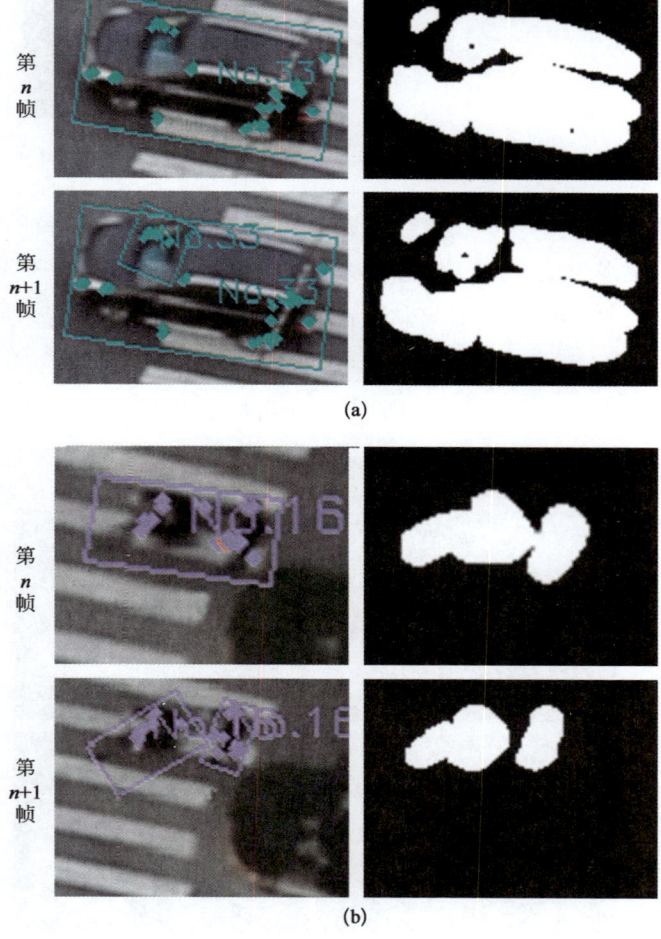

图2-49 单目标对应多轮廓

（1）同一目标的前景提取不完全,跟踪大面积目标时可能出现,比如深色车辆车顶颜色与路面过于接近时,ViBe 算法将同一辆车分成多了个前景,如图 2-46(a)所示;

（2）目标结群进入交叉口,且在交叉口内部分离,如图 2-46(b)所示。若要判断分离现象属于哪种情况需知道分离后的轨迹趋势,轨迹一致则分离轨迹属同一目标,反之则属于不同目标。因此,单目标对应多轮廓情况在跟踪过程中暂不考虑,待整体轨迹生成后再做处理。

4) 多目标对应单轮廓

如图 2-50 所示,多个目标的特征点全部集中在一个前景轮廓内,这是目标跟踪过程中最常见的一种情况。其形成原因有两种,一是特征点转移,即一个目标的特征点由于某种原因转移至另一个目标。如图 2-50(a)所示,由于道路环境复杂,图像中相似特征较多,一些弱特征点难以保证持续稳定的匹配,属于 KLT 法无法避免的系统误差。二是两目标轨迹交汇,发生遮挡现象,如图 2-50(b)所示。此时可利用动态面积分配法确定前景轮廓内包含的目标数量。

5) 多目标对应多轮廓

该种情况较为罕见,多为特征点转移和前景提取不完全同时发生所导致,因此可将其分解为多个情况,利用动态面积算法进行匹配。

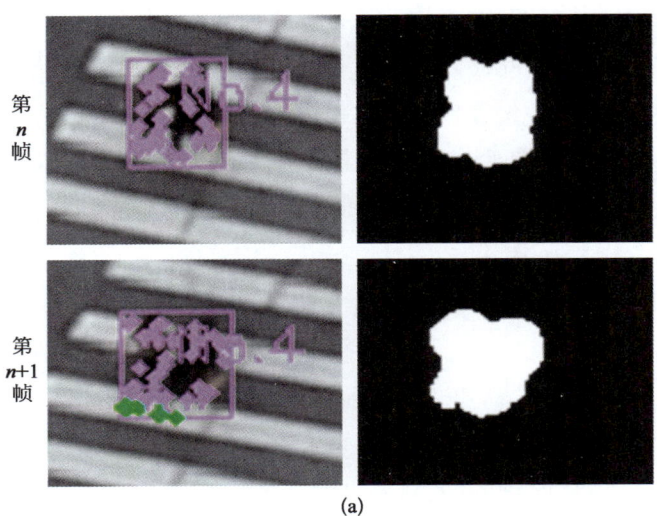

(a)

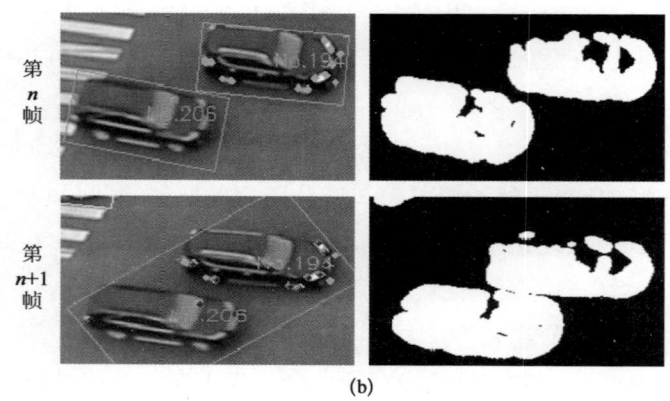

图 2-50 多目标对应单轮廓

2.3.2.4 目标属性更新

待上述匹配过程完成后,需对匹配后的目标属性进行更新。按轮廓包含目标数是否唯一可分为两种情况:

(1) 轮廓仅包含一个目标。此时轮廓内所有新旧特征点均重新分配给该目标,根据轮廓中心和面积更新目标中心和面积。

(2) 轮廓包含多个目标。若特征点所属目标仍在轮廓内,则仍分配给该目标;若不在轮廓内或为新检测的特征点,则利用动态规划思想按最小距离进行分配,即分配给与其距离最近的特征点所属目标,若不存在,则寻找与最近点最近的特征点,如此递归直至所有特征点均获得目标。此情况下目标面积不作更新,目标中心位置根据前两帧运动状态推演得到。

至此完成对一帧图像内所有目标的跟踪,以目标属性作为下一帧的输入,重复上述过程直到视频结束,即可得到交叉口全对象的初始轨迹,目标跟踪界面如图 2-51 所示。

2.3.3 轨迹后处理

2.3.3.1 轨迹分离

前文提到当目标结群进入交叉口时会产生轨迹分离现象,需根据分离轨迹的趋势进行后处理。处理方法为提取分离后的轨迹并对齐起始点坐标。

图 2-51 目标跟踪界面

设第 i 条轨迹为 $T_i = \{t_{ik} | k \in 1, \cdots, N(T_i)\}$ $T_i = \{t_{ik} | k \in 1, \cdots, N(T_i)\}$，坐标点 $t_{ik} = (x_{ik}, y_{ik})$ $t_{ik} = (x_{ik}, y_{ik})$，任选两条轨迹 T_i 和 T_j，使用 LCSS 算法计算二者相似长度：

$$\text{LCSS}(T_i, T_i) = \begin{cases} 0 & n = m = 0 \\ 1 + \text{LCSS}[Head(T_i), \\ \qquad Head(T_j)] & dist(t_{in}, t_{jm}) < \varepsilon \\ \max\{\text{LCSS}[Head(T_i), T_i], \\ \qquad \text{LCSS}[T_i, Head(T_j)]\} & 其他 \end{cases}$$

(2-10)

式中　m、n——轨迹长度；

　　　ε——相似阈值，默认为真实坐标系下 1.6 m（一般小汽车宽度）对应的图像距离，须根据图像分辨率和拍摄高度进行计算。

进一步可得到轨迹相似性 $\text{Sim}(T_i, T_i) = \text{LCSS}(T_i, T_i)/\min[N(T_i), N(T_j)]$。若两轨迹相似性较差，则认为发生了多目标轨迹分离，将原轨迹分为两条独立轨迹保存；反之，则认为发生同目标前景轮廓分离，任取其中一条轨迹保存。

2.3.3.2 轨迹修正

初始轨迹跟踪的是目标的图像中心，存在一定误差，相比而言特征点的稳定性更强，因此可用特征点对初始轨迹进行修正，即在保证第一帧坐标不变的情况下，利用特征点位移代替中点位移，根据是否存在轨迹分离现象修正过程可分为两种情况：

（1）若存在轨迹分离现象，则无法得知其特征点属于分离后的哪条轨迹，因此使用每帧与分离后轨迹最接近的特征点进行修正。

（2）对其他轨迹而言，特征点跟踪时间越长就说明其越稳定，因此以第一帧为起始，选取最长特征点序列进行修正，再以修正结束时刻为起点，循环此过程直至所有坐标修正完毕。

2.3.3.3 坐标转换

目前得到的所有轨迹均处于图像坐标系下，为计算目标的真实交通参数，还需要将图像坐标转换为地面坐标。不考虑边缘畸变的情况下，该问题可简化视平面投影问题，并通过透视变换进行求解，变换公式为：

$$\begin{bmatrix} x \\ y \\ w \end{bmatrix} = \begin{bmatrix} a_{11} & a_{12} & a_{13} \\ a_{21} & a_{22} & a_{23} \\ a_{31} & a_{32} & a_{33} \end{bmatrix} \begin{bmatrix} u \\ v \\ 1 \end{bmatrix} \quad (2-11)$$

$$x' = \frac{x}{w} = \frac{a_{11}u + a_{12}v + a_{13}}{a_{31}u + a_{32}v + a_{33}}$$
$$y' = \frac{y}{w} = \frac{a_{21}u + a_{22}v + a_{23}}{a_{31}u + a_{32}v + a_{33}} \quad (2-12)$$

式中 (u,v)——图像坐标；

(x',y')——真实坐标。

通过四组坐标点可标定转换矩阵 T，之后即可求解其他点的真实坐标，并得到目标真实轨迹，如图 2-52 所示。使用局部加权回归（Lowess）法对轨迹进行平滑处理，根据平滑后的时空轨迹即可计算目标速度，图 2-53 显示了目标的速度和加速度变化情况，可较为明显地看出目标启动—提速—稳速的行驶过程。

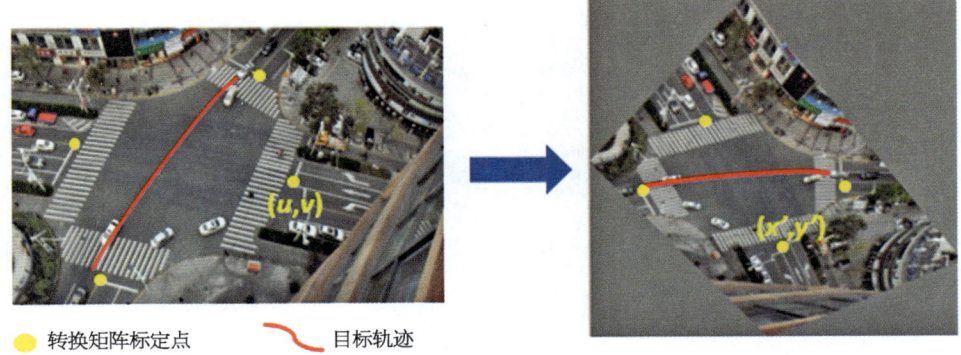

● 转换矩阵标定点　　　 目标轨迹

图 2-52　透视变换示意图

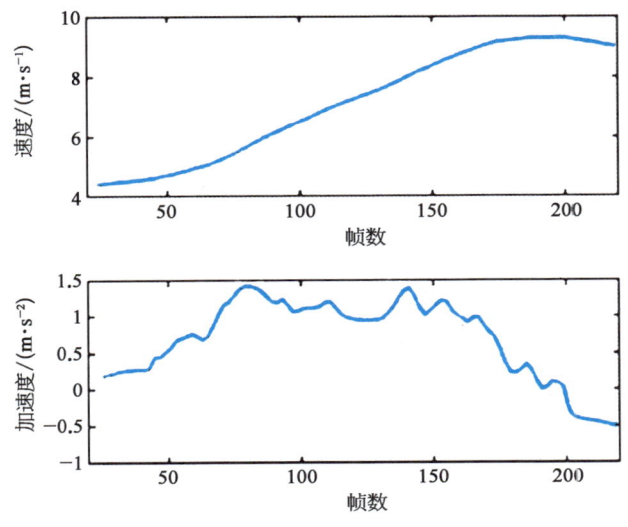

图 2-53　目标速度与加速度变化

2.3.4　目标分类

目标分类指根据目标的轨迹、速度和图像面积等属性判断目标属于机动车、非机动车或行人。首先考虑目标的一般交通行为，即机动车仅从机动车道驶出驶入，非机动车仅从非机动车道驶出驶入，行人仅在人行道活动，此时可根据轨迹起终点和分布情况判断目标类型,如图 2-54 所示。

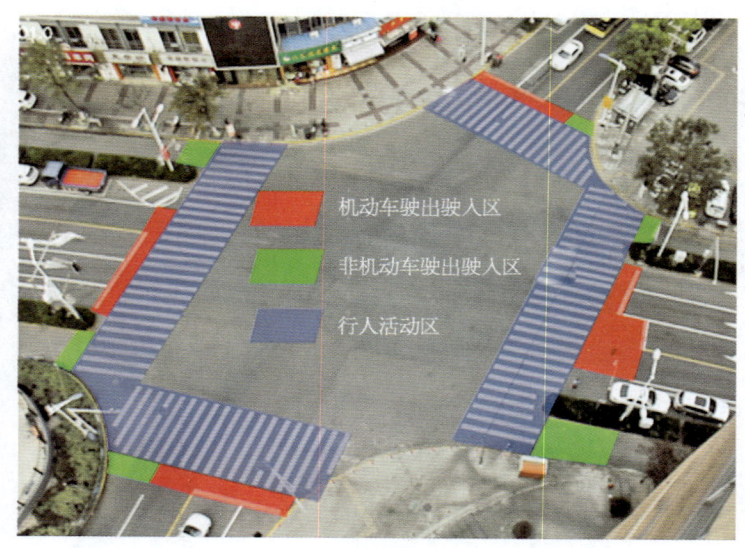

图 2-54　一般交通行为下的目标分类

但现实中并非所有交通对象都按规则行驶,因此还需建立规则对非一般行为产生的轨迹进行分类。对行人而言,由跟踪特征点生成的轨迹往往存在较大波动。当特征点位于手、脚等位置上时波动更加明显,故可以通过平滑前后轨迹的差异性大小辅以速度特征判别行人目标;对非机动车和机动车而言,二者轨迹均较为稳定,且在交叉口内的速度差异性也不明显,故考虑通过面积对二者进行分辨。目标非一般交通行为下的分类方法如式(2-13)所示。

$$diff(O) = \sum_i [Lowess(x_{oi}) - x_{oi}]^2 + \sum_i [Lowess(y_{oi}) - y_{oi}]^2$$

$$O.type = \begin{cases} p & if\ diff(O) < \varepsilon_d\ and\ O.vel < \varepsilon_{vel} \\ b & elseif\ O.area < \varepsilon_{area} \\ v & others \end{cases} \quad (2-13)$$

式中　ε_k——属性 k 的判别阈值,根据拍摄角度和高度进行标定。

整个轨迹后处理过程如图 2-55 所示,3 条曲线分别代表机动车、非机动车和行人轨迹。

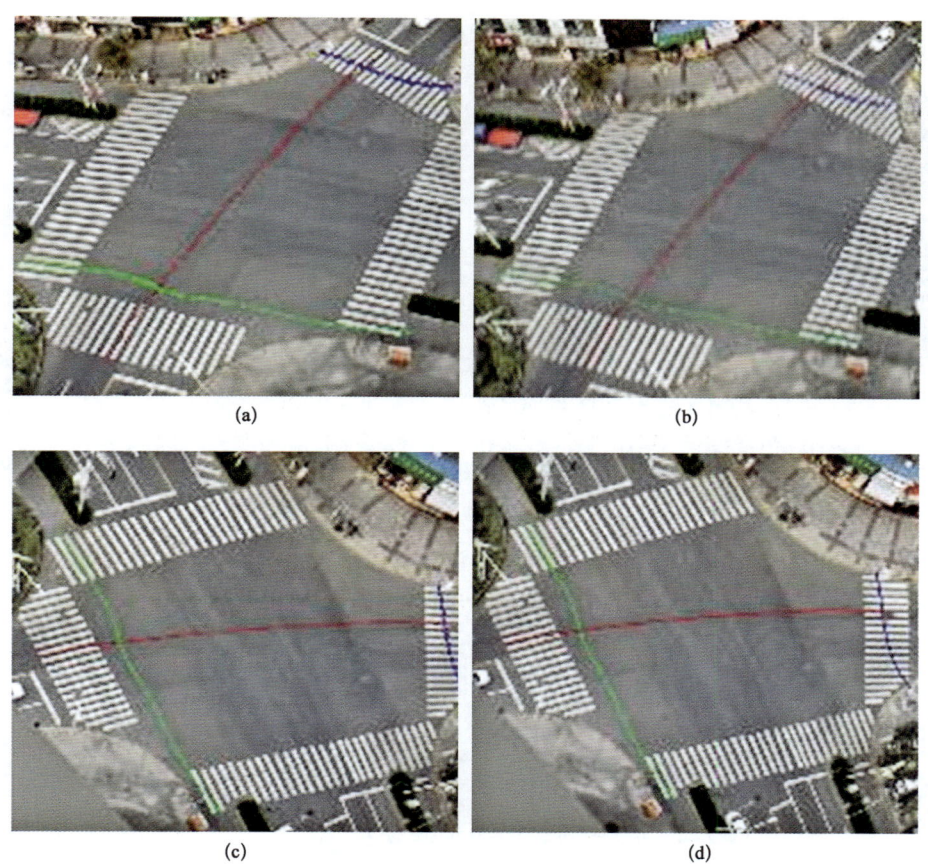

图 2-55 轨迹后处理
(a) 初始轨迹;(b) 特征点修正;(c) 真实坐标转换;(d) 平滑处理

2.3.5 案例分析

2.3.5.1 前期准备

输入视频的采集地点为某路交叉口。视频分辨率为 1 920×1 080,时长 5′52″,帧率 30 fps,共 10 560 帧。系统基于 OpenCV3.3,由 C++和 python 实现,并在搭有双核 Intel Xeon E5 处理器和 64 G 内存的工作站上运行。

2.3.5.2 处理结果

视频处理后共得到 483 条轨迹,其中机动车 175 条、非机动车 173 条、行人 135 条。目标轨迹分布如图 2-56 所示,速度分布如图 2-57 所示。

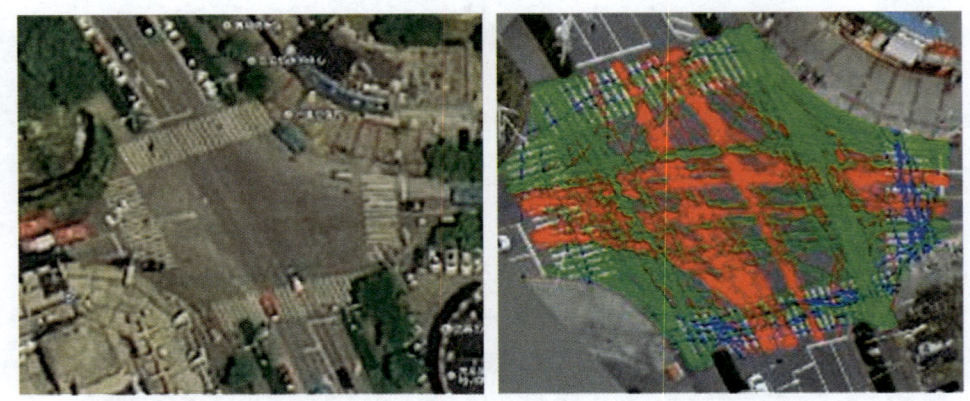

图 2-56 视频采集地点及轨迹分布图

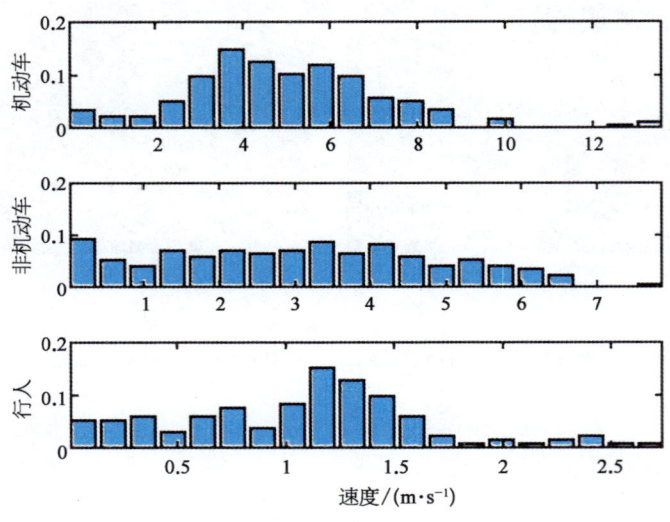

图 2-57 交叉口速度分布

2.3.6 准确性检验

2.3.6.1 轨迹准确性

对比人工观测轨迹结果与系统自动提取轨迹结果见表 2-25。

表 2-25 左半部分为观测误差矩阵,其中第一行表示:视频中实际出现

表 2-25 轨迹准确性检验

		系统捕获				捕获率	分类准确率	整体准确率
		机动车	非机动车	行人	背景	总计		
实际观测	机动车	162	10	6	2	180	98.77%	90.12%	88.89%
	非机动车	10	150	8	3	171	98.00%	88.00%	86.00%
	行人	3	12	120	5	140	95.83%	87.50%	83.33%
	背景	0	1	1	—	—	—	—	—
	总计	175	173	135	483	491	97.53%	88.54%	86.07%

机动车 180 辆,系统成功捕捉到其中 162 辆车的轨迹,误把 10 辆车标记为非机动车,6 辆车标记为行人,漏检 2 辆车(标记为背景)。右半部分为准确率计算表,其中捕获率指系统提取轨迹数(不分类别)与实际轨迹数的比值;分类准确率指系统提取到的轨迹中正确分类的比例;整体准确率指系统提取到的正确轨迹数(斜体)与实际轨迹数的比值。从捕获率来看,机动车和非机动车捕获率极高,均超过 98%,说明少有目标丢失的情况,而行人由于目标面积小,被误检为背景的概率大,捕获率较前两者略有降低。从分类准确率来看,机动车的分类准确率较高,超过了 90%,行人和非机动车由于其交通行为的复杂性,分类准确率有所降低。整体准确率是前两个评价指标的综合体现,机动车由于体积大,行为规律性强,整体识别准确率最高,达 88.89%,相应的,行人准确率最低为 83.33%,非机动车居中为 86%,系统的平准准确率为 86.07%。

2.3.6.2 速度准确性

为检验目标个体轨迹和速度的准确性,视频中安排了装有 GPS 和测速仪的机动车进行对照试验。试验车辆分别在交叉口进行左转、直行和右转操作,GPS 轨迹与系统提取轨迹如图 2-58 所示。可以看出视频提取的轨迹与实测 GPS 轨迹有较好的重合度,且左右转弯时轨迹重合度比直行时要高,这是因为转弯车速较低,从视频中可以获得更为密集的数据,系统的处理精准度也随之提升。图 2-59 对比了试验车辆的真实速度和系统采集速度,与轨迹相似,系统对转弯的车速捕捉相较直行更为准确。各转向速度准确率见表 2-26,各指标的计算如式(2-14)~式(2-17)所示。由表 2-26 速度准确

图 2-58　GPS 轨迹与视频处理轨迹对比

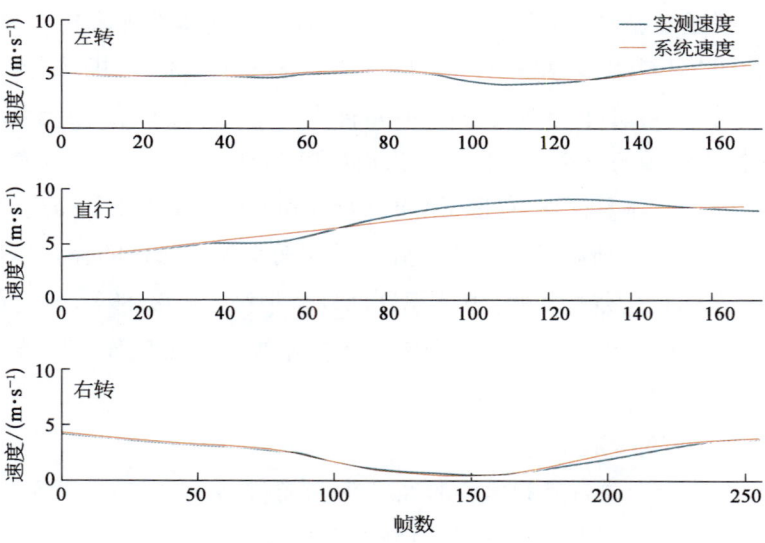

图 2-59　实测车速与系统提取车速对比

率可知,三条轨迹的速度准确率分别为 94.07%、85.01% 和 96.04%,平均准确率达 91.71%。

$$\overline{v_r} = \frac{\sum_{i=1}^{n} v_{r,i}}{n} \tag{2-14}$$

$$\overline{v_s} = \frac{\sum_{i=1}^{n} v_{s,i}}{n} \quad (2-15)$$

$$\overline{e} = \frac{|\overline{v_r} - \overline{v_s}|}{\overline{v_r}} \times 100\% \quad (2-16)$$

$$p = \frac{\sum_{i=1}^{n} 1 - \left|\frac{v_{r,i} - v_{s,i}}{v_{r,i}}\right|}{n} \times 100\% \quad (2-17)$$

式中　i——采样点序号；

　　　n——采样点总数；

　　　v_r——实际车速；

　　　v_s——系统车速。

表 2-26　速度准确率统计表

行　为	实际平均车速 $\overline{v_r}$ /(m·s^{-1})	系统平均车速 $\overline{v_s}$ /(m·s^{-1})	平均车速误差 $\overline{e}$ /%	整体准确率 p /%
左转	5.00	4.95	1.1	94.07
直行	6.68	7.02	5.1	85.01
右转	2.41	2.27	5.6	96.04
平均值	—	—	3.9	91.71

2.3.7　结果对比

表 2-27 列出了国内外交通视频处理研究的典型方法及其适用对象和准确性。由于研究对象和研究目的不同，各研究对准确性的检验指标有所差异，但仍具有一定参考价值。从表中可以看出，与其他研究成果相比，本系统提出的视频处理方法适用于交叉口内全体交通对象，在保持较高的轨迹计数与速度检测准确率同时，加强了对停滞和遮挡现象的鲁棒性。

表 2-27　国内外交通视频研究成果

视频处理方法	目标交通对象	准　确　性	停滞鲁棒性	遮挡鲁棒性
GMM 法	路段内车辆	未检验	较差	无
帧差法	路段内车辆	流量检测：81.61%	无	无
KLT 法	路段内车辆	流量检测：86.00%	较差	无
Adaboost+帧差法	路段内车辆	流量检测：94.42%	较好	较差
特征点+运动匹配	交叉口车辆	冲突检测：86.00%	较好	较差
特征点+区域匹配	停止线前车辆+行人	车辆等待时间：90% 行人过街数量：90%	较好	较好
ViBe 算法+OPC（本系统）	交叉口内车辆+行人+非机动车	轨迹计数：86.07% 速度检测：91.71%	较好	较好

第 3 章

基于驾驶模拟试验的恶劣天气下驾驶行为分析

本章通过设计驾驶模拟试验获取典型道路交通情景下的驾驶行为,研究高速公路跟驰过程中的跟驰车速、变道行为的选择和预测,以及山区公路直曲路段自由驾驶过程中的驾驶轨迹及速度保持的选择和行为预测,建立驾驶行为选择模型。

3.1 驾驶模拟试验与数据采集

3.1.1 典型道路交通情景构建

通过无人机拍摄或自然驾驶试验的方式获取恶劣天气下的驾驶行为数据存在难度,而驾驶模拟试验手段可以有效地模拟包括天气在内的道路交通情景。

典型道路交通情景主要指一些常见驾驶情景及潜在高风险驾驶情景,主要从道路设施条件、气候环境、交通状况和驾驶行为类型四个维度进行考虑,选取能覆盖主要驾驶情况和常见危险驾驶情景的典型道路交通情景进行研究。在道路设施条件的选取上,主要选取城市道路、山区公路和高速公路三种常见道路类型,鉴于不同等级城市道路的差异性,考虑城市主干道、城市次干道和城市支路三种道路等级;在气候环境的选取上,以晴天(能见度良好,路面状况良好)为常见驾驶情景,鉴于近年来恶劣天气频发给道路交通带来严重影响,以雾天、雨天、雪天和结冰天气为高风险驾驶情景;在交通状况的选取上,根据三相交通流理论,考虑堵塞流、拥挤流和自由流三种流态,对不满足三相交通流理论的路段则对应考虑堵塞、拥挤、畅通三种典型交通状况;在驾驶行为类型上,主要考虑自由驾驶、跟驰、变道和超车等常见或高风险驾驶行为。

研究设置了三组典型驾驶模拟情景(表3-1),包括高速公路晴天、雾天跟驰驾驶模拟试验,高速公路及山区公路直曲路段不良天气驾驶模拟试验,以及城市道路跟驰和超车驾驶模拟试验。

表3-1 模拟驾驶道路交通情景设置

道路情景	道路类型	天气状况	道路线形	交通状况	驾驶状态
道路交通情景1	高速公路	晴天、雾天	平直路段	自由流、拥挤流、阻塞流	自由驾驶、跟驰
道路交通情景2	高速公路、山区公路	晴天、雨天、雪天、结冰	平直路段、曲线段	自由流、拥挤流	自由驾驶、变道
道路交通情景3	城市主干路、次干路及支路	晴天	平直路段、曲线段	自由流、拥挤流、阻塞流	跟驰、超车

3.1.2 恶劣天气驾驶模拟试验

3.1.2.1 试验设备

1) 同济大学8自由度驾驶模拟器

同济大学8自由度驾驶模拟平台如图3-1所示,该平台由8自由度运动系统(5 m×20 m+6自由度运动系统)、视景系统、声音系统、数据采集系统、操作及反馈系统、安全控制系统组成。"8自由度"指的是当驾驶模拟器的运动系统开启时,驾驶模拟器可沿x、y、z方向微量平移及以x、y、z为轴微量转

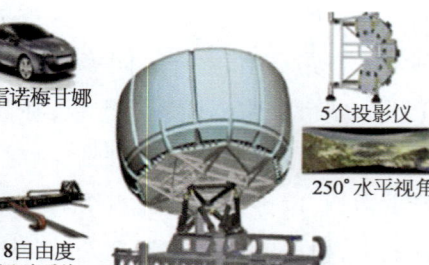

图3-1 驾驶模拟试验平台

动,同时可以在5 m×20 m 的钢轨上自由移动。该模拟器的驾驶模拟舱中放置了一辆完全真实的车辆,该车设置了包括方向盘、加速、制动在内的真实的力反馈系统,驾驶员可以感受到加、减速时的受力。视景系统由5个高清投影仪构成,车辆前方是一个250°的环形屏幕,后视镜为3块LCD屏,刷新频率是60 Hz,能逼真地模拟车辆驾驶过程。驾驶舱为封闭刚性结构,内置车辆为雷诺梅甘娜,车辆位于球体中央,加装方向盘、制动、换挡的力反馈设备及数据采集设备。

与该驾驶模拟试验平台配套的系统软件为法国OKTAL公司开发的SCANeR Studio™软件,软件提供3D场景设计、车辆动力学模型构建、试验情景设计、仿真试验、数据导出和分析等功能。用户可通过SCANeR Studio™软件来设计试验情景、控制驾驶模拟器、记录及导出数据等。该试验平台能够实时记录400多个参数,供用户导出后进行试验分析。

2) 高逼真度驾驶模拟器

高逼真度驾驶模拟平台如图3-2所示,除不具备8自由度驾驶模拟器的8自由度运动系统,其声音系统、数据采集系统、操作及反馈系统、安全控制系统皆与其相同。利用高逼真度驾驶模拟器进行驾驶模拟试验,除加、减速反馈功能和试验视觉效果与8自由度驾驶模拟器有一定差别外,其余仿真试验设计、数据记录与导出分析等功能与8自由度驾驶模拟器无异。

图3-2 高逼真度驾驶模拟器

8自由度驾驶模拟器可提供真实的动力学反馈和更为逼真的视觉效果,但综合考虑试验进度和成本,也存在如下缺点:① 其运动系统和视觉系统需要定期维修,用于试验分析的窗口期较短;① 系统每次开启和关闭耗时过长,增大了试验操作难度并增加了时间成本;③ 试验费用较高,原有预算不足以支撑获取足够的样本。在综合考虑了试验经济成本、人力成本和时间成本之后,决定在更需要动力反馈的高速公路驾驶模拟试验中采用8自由度驾驶模拟器进行试验,在对动力反馈需求不显著的城市道路驾驶模拟试验中采用高逼真度驾驶模拟器。

3.1.2.2 晴雾天气下高速公路跟驰驾驶模拟试验

首先完成了平原区高速公路(双向四车道,设计车速 120 km/h)的静态道路设施交通情景建模,通过设置能见度模拟晴天和雾天的驾驶情景,令测试车辆(后车)跟随指定车辆(由电脑生成)行驶,通过系统设置前车的运行轨迹来设计不同的跟驰状态,采集后车在前车状态变化下的各种驾驶响应和状态变化。利用8自由度驾驶模拟器进行试验,采集了27个不同职业、驾龄、年龄和性别的驾驶员样本。

1)试验环境设置

项目开展了晴天和雾天天气下的跟驰驾驶试验,设置了两种能见度:晴天能见度大于 10 km,雾天能见度为 80 m,如图 3-3 和图 3-4 所示。通过前

图 3-3 跟驰驾驶情景——晴天

图 3-4　跟驰驾驶情景——雾天

车的车速控制和周围车流模拟(设置前车、后车、旁车和对向行驶车辆)设置3种不同的交通状态,分别是自由流、拥挤流和阻塞流。根据能见度和交通流状态设置6种试验道路交通情景,分别是晴天—自由流、晴天—拥挤流、晴天—阻塞流、雾天—自由流、雾天—拥挤流和雾天—阻塞流。道路环境设置为双向四车道高速公路,限速 120 km/h。

后车、旁车和对向车辆的设置目的是营造更加真实的跟驰驾驶环境:

(1) 后车将跟随本车行驶,车头时距取值 2 s,本车驾驶员可以从后视镜中看到后车,增强本车驾驶的真实性;

(2) 旁车 1 的行驶轨迹同前车一致,旁车 2 将以 2 s 的车头时距跟车行驶。由于旁车 1 与前车的行驶轨迹相同,因此旁车的行驶轨迹与本车的行驶轨迹存在一定的同步性;

(3) 对向车辆限速 90 km/h,以一定概率选择跟车或变道行驶,当对向车辆距离本车的直线距离超过 500 m 时,对向车辆将消失,随后随机出现在本车 500 m 范围内的对向车道上,以增强本车驾驶的真实性,如图 3-5 所示。

2) 试验设计

(1) 交通流设计。

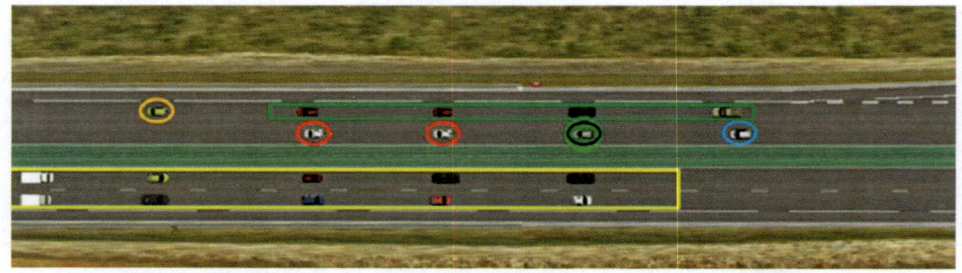

○ 本车：驾驶员驾驶，跟随前车行驶，不得变道
○ 前车：电脑控制，编程输入，不得变道
○ 后车：电脑控制，设定2 s安全车头时距，跟车行驶，不得变道
○ 旁车1：电脑控制，编程输入，不得变道
□ 旁车2：电脑控制，设定2 s安全车头时距，跟车行驶，不得变道
□ 对向车辆，电脑控制，设定2 s安全车头时距，限速90 km/h，跟车行驶可变道，当距离本车直线距离超过500 m时，将自动消失，随后在本车500 m的范围内的对向车道路随机出现

图3-5 交通流环境设置

在跟驰驾驶模拟试验过程中，主要通过对前车的车速控制和周围车流模拟，控制前车在不同速度范围内稳定行驶来模拟不同跟驰状态。根据能见度和交通流状态设置6种典型场景，见表3-2。跟驰驾驶过程中，试验者将驾驶车辆跟随指定前车，试验过程中不允许变道。

表3-2 高速公路跟驰模拟试验典型场景设置

能见度	自由流	拥挤流	阻塞流
>10 km	晴天—自由流	晴天—拥挤流	晴天—阻塞流
80 m	雾天—自由流	雾天—拥挤流	雾天—阻塞流

（2）试验样本。

根据相关文献得知样本数在20~100人，其中样本量频次最多的为20~40人。综合考虑试验费用（设备使用费用和试验人员补助费用）、试验时间、征召难度，确定试验样本数为27人。

试验的主要目的在于对比晴天和雾天情景下驾驶员跟驰行为的差异性，驾驶员属性也是需要考虑的重要属性，因此驾驶员需要涵盖不同年龄段、驾龄、性别和职业。本次研究选取有一年以上驾驶经验且无重大交通事故记录的驾驶员。试验样本人员在参加试验之前需要登记个人信息,包括姓名、性别、身份证号码、年龄、驾龄、有无事故等情况。最终试验样本人员构成情况见表3-3。

表3-3 高速公路跟驰试验样本构成情况

年 龄		驾 龄		性 别		职 业	
平均值	34.8	平均值	6.9	男 85.2%		职业一 51.9%	职业二 33.3%
范围	22~44	范围	1~13	女 14.8%		职业三 14.8%	

3.1.2.3 冰雪天气下高速公路、山区公路曲线路段驾驶模拟试验

1) 驾驶行为调查问卷

调查问卷的样本数为85人,为了保证调查问卷的可靠性与样本覆盖率,所有参与调查的人员驾龄均为3年以上,包括以出租车司机为主的职业驾驶员和教师、保安等非职业驾驶员。

调查问卷的问题设计分三大类:车速类、轨迹类和操作类。每一大类设置3个具体问题并对每个问题设置了5级量表,得分从低到高对应驾驶行为从保守到激进。

2) 试验样本

从参与调查问卷的85人中随机挑选15人参与驾驶模拟试验。

3) 驾驶场景搭建

试验路段前半段为高速公路段,后半段为山区公路段,均为双向两车道,为了更好地观察驾驶员的速度选择,不进行限速。两段公路的弯道均较多,根据不同天气场景各分为4个子路段,每个子路段线型相同,但道路摩阻系数及场景的视觉效果不同,如图3-6所示。高速公路与山区低等级公路由一段匝道相连,试验路线全长约23 km。

试验路段设有多个圆曲线段,并以直线段和缓和曲线段连接,对应圆曲线半径分别为《公路路线设计规范》(JTG D20—2017)中各设计车速下的极限半径,其他技术指标如车道宽度、路肩宽度、超高等均参考规范设置。为了减小相邻平曲线之间的相互影响,每段平曲线间都保证了最短直线长度,另外为了减小道路纵坡影响,全路段道路纵坡为0。

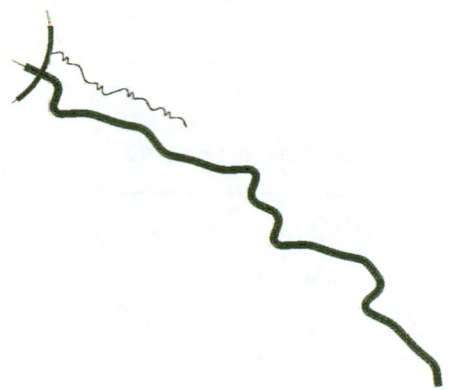

图 3-6　驾驶模拟试验道路平面线形

根据相关研究得知各路面附着系数的取值范围大致如下：干燥路面为 0.65～0.75，湿润路面为 0.35～0.55，积雪、轻度压实雪路面为 0.25～0.35，结冰路面为 0.15～0.30。因此，取正常干燥路面场景的道路摩阻系数为 0.8，雨天湿滑路面场景的道路摩阻系数为 0.5，积雪路面场景的道路摩阻系数为 0.3，结冰路面场景的道路摩阻系数为 0.2，各路面仿真场景如图 3-7 所示。

晴天场景

雨天场景

雪天场景

结冰场景

图 3-7 驾驶模拟试验的仿真场景

3.1.2.4 冰雪天气高速公路变道驾驶模拟试验

1) 试验样本

试验样本共22人,主要为学生、保安、出租车司机、教师等,其中男性18名、女性4名,均拥有合格的驾驶证及一定的冰雪湿滑路面驾驶经验。在试验过程中,有两名男性出现驾驶模拟症,产生头晕现象,其余20名被试者对驾驶模拟器适应较好。

2) 试验场景搭建

试验场景参照设计速度120 km/h的平原区高速公路来设计试验路段,为保证试验车辆拥有相对充足的变道空间,设计为双向六车道,车道宽度3.75 m,并按规范设置应急车道。为适当控制变量,提高研究的针对性,主线线形全部采用直线段,包括1个准备路段及4个试验路段,各路段之间以匝道连接,各匝道长度约1 km,匝道区线形设计如图3-8所示。设置准备路段目的在于使被试者在进入实际路段前通过一段自由行驶提前熟悉驾驶模拟器的操作,减少由于仪器操作熟练度不足所造成的试验误差,同时,在准备路段行驶过程中,可通过车内监控摄像头观察驾驶员是否有不适反应,并做好相应准备,保障试验的顺利进行。4个试验路段通过改变路面摩阻系数及环境场景,分别模拟晴天、雨天、雪天和结冰4种场景,道路摩阻系数分别设置为0.8、0.5、0.3和0.2,具体场景如图3-9所示。为

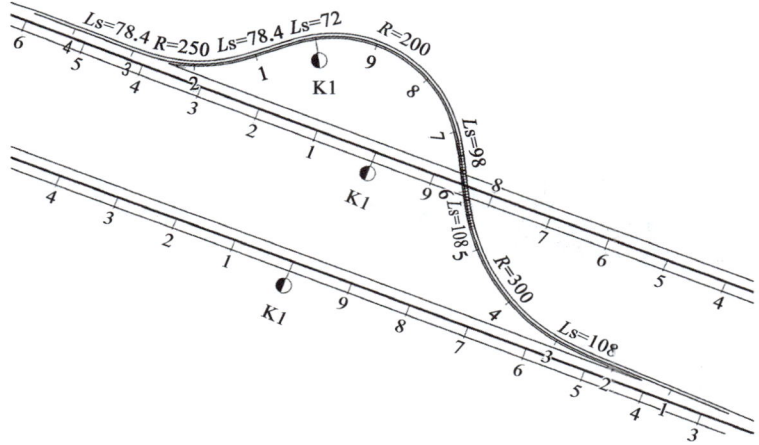

图 3-8 匝道区线形设计

晴天场景

雨天场景

雪天场景

结冰场景

图 3-9 不同天气下的驾驶模拟场景

避免道路摩阻系数突变影响试验数据,将摩阻系数变化点设置于各匝道段中部,各匝道段内部行驶数据不予考虑。

3) 动态交通环境设计

由于车辆变道行为与周边道路交通环境息息相关,因此,在冰雪天气车辆变道试验中对周围交通场景进行了一定程度的模拟设计。在自由变道情景中,驾驶员产生变道意图的原因主要是在原车道无法按照期望车速行驶,因此通过改变行驶车道达到满意的行驶车速,而在变道过程中,变道车辆的行为又会受到本车道前车、目标车道车辆的限制,同时也对后车的驾驶行为产生一定影响。因此环境车辆的设置对于变道场景的模拟是十分重要的。试验的动态交通流场景中设置环境车辆交通流密度为 25 pcu/km,流量约

600 pcu/(h·ln)，根据《公路通行能力手册》来看属于中等密度。

驾驶模拟仿真通过 SCANeR Studio™ 1.6 软件实现，在 SCANeR Studio™ 1.6 软件中，环境车辆的驾驶行为由 Traffic 模块控制，具有一定的智能性，可根据周边车辆行为做出自适应判断，并在一定程度上规避风险。Traffic 模块包括 Traffic 基础模型及驾驶员模型，Traffic 基础模型是指其内部的跟驰、变道等数学模型可对环境车辆的基本行为进行控制；驾驶员模型是对驾驶员车辆操纵能力和操纵习惯的数学表达，主要参数包括驾驶员的习惯跟车车头时距、最高车速、超速风险，以及是否注意观察周边环境和交通标志等，不同的驾驶员模型会对环境车辆的跟驰、变道、车速保持等行为表达产生影响，与 Traffic 基础模型共同控制环境车辆的驾驶行为。在 SCANeR Studio™ 1.6 软件中可手动调整驾驶员模型参数，也可以随机生成驾驶员模型，如图 3-10 所

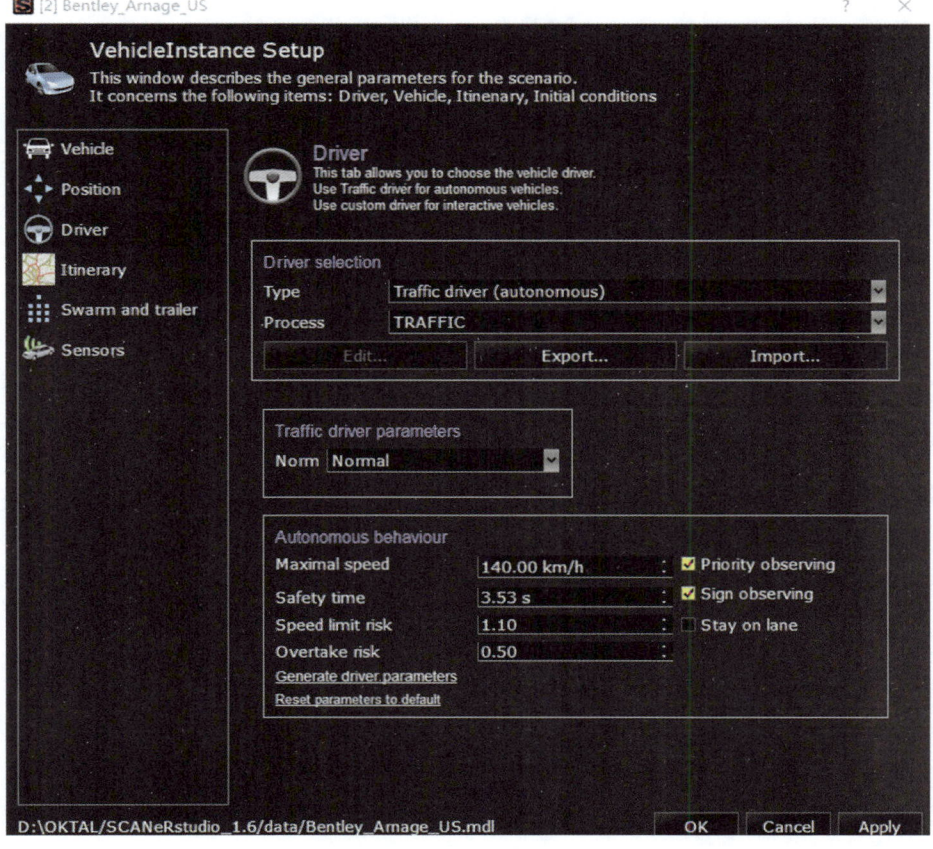

图 3-10　环境车辆驾驶员模型设置

示。为追求试验的真实性,试验中的环境车辆驾驶员模型均随机生成,并对个别较为极端的驾驶员模型予以剔除或替换。

试验场景设置的基本原则是全面真实地还原车辆正常行驶过程中的典型变道情景,试验人员并不会对被试者提出变道要求,而是让被试者根据自身驾驶经验和习惯进行判断,做出变道决策并执行变道操作,体现驾驶员的实际驾驶习惯和真实变道意图,提高试验的真实性和可靠性。同时,为适当提升变道数据的采集效率,在 Traffic 模块基础上通过编写脚本轻微调整环境车辆行为来创造更多的变道意图场景,如当试验车辆在环境车辆后方跟驰行驶一段时间后,前车会适当降低车速来限制试验车辆的跟驰速度,此时由驾驶员判断是否变道,当试验车辆无法达到驾驶员的期望车速且变道条件成熟时,驾驶员一般会做出变道决策,通过该种方法能够在保证驾驶员变道决策不受试验设计干扰的前提下,在有限的试验路段内收集更多的变道数据。

3.1.2.5　城市道路跟驰及超车驾驶模拟试验

城市道路跟驰及超车驾驶模拟试验完成了晴天天气下的平原区城市道路主干道(设计车速 60 km/h,双向六车道,机非分隔+中央分隔带)、次干道(设计车速 50 km/h,双向四车道,机非分隔)及支路(设计车速 30 km/h,双向两车道,无机非分隔或中央分隔带)的静态道路交通情景建模。在城市道路三种道路等级上各设置两组不同的跟驰过程,并通过驾驶模拟软件设置自由流、拥挤流和阻塞流三种驾驶情景,每种情景分别对应不同的跟驰前车车速范围。首先以驾驶行为调查问卷的方式分析驾驶员的驾驶风格,接着选取部分驾驶员样本,通过驾驶模拟试验采集行驶时的车速、轨迹等车辆操控数据。调查问卷共收集不同职业、驾龄、年龄和性别的 40 个样本,利用同济大学高逼真度驾驶模拟器进行了试验。

1) 试验环境设置

试验设计城市主干道、城市次干道和城市支路等三种常见城市道路类型的城市方格路网,如图 3-11 所示。该路网包含十字交叉的两条城市主干道、两条城市次干道及两条城市支路,以及三条联络道。其中,两条主干道、两条东西次干道和两条南北支路长度为 2.5 km,两条东西次干道、两条南北支路之间的间距为 1.3 km。为构建更为逼真的城市道路驾驶环境,根据实际城市道路风貌和相关设计规范，在驾驶场景中还原了包括标志标线、信号灯、护栏、行道树、路侧城市建筑物等城市道路构筑物，如图 3-12 所示。

图 3-11 城市道路驾驶模拟试验规划路径

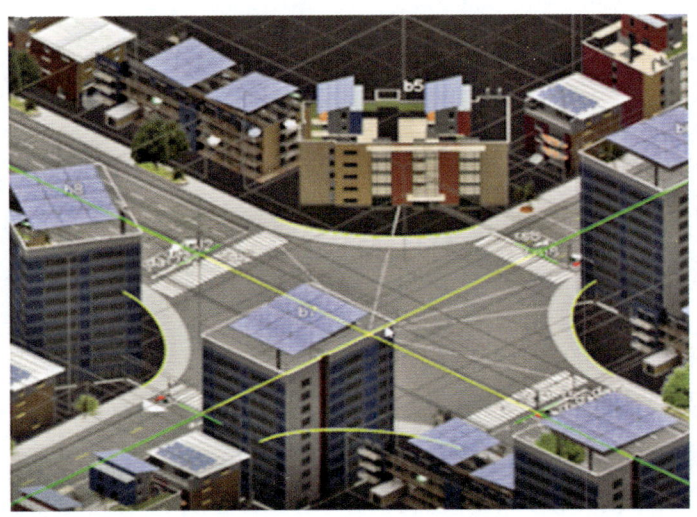

图 3-12 城市道路驾驶模拟试验场景视觉效果

2) 试验设计

试验规划路径全程约 7.6 km,其中主干道 1.9 km、次干道 3.2 km、支路 2.5 km,全程用时约 15 min。试验规划路径基本覆盖主要交叉口和流向类型,共包含 12 个基本路段,其中,主干道路段 3 个、次干道路段 5 个、支路路段 4 个。

(1) 试验设计的动态过程(路段编号见图 3-13)。

主干道:阶段⑨设计阻塞跟驰场景,阶段⑩设计拥挤跟驰场景,阶段⑥设计超车场景;

次干道:阶段②设计阻塞跟驰场景,阶段③设计拥挤跟驰场景,阶段④、⑧、⑪设计超车场景;

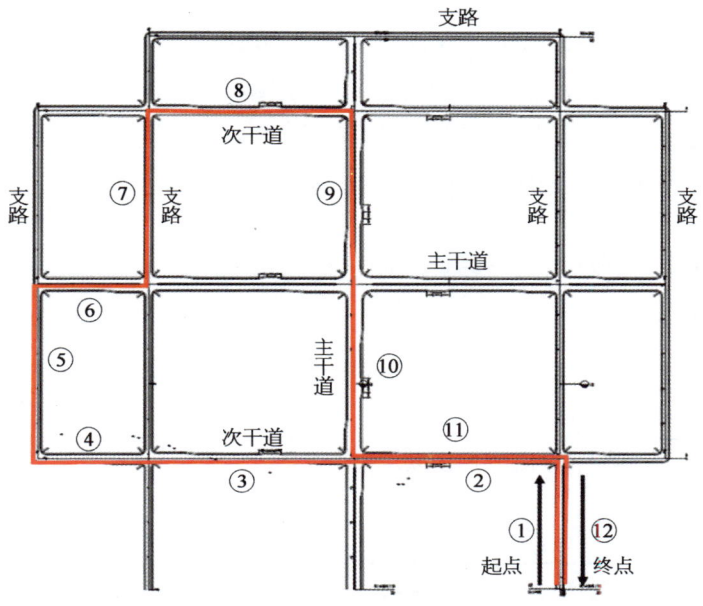

图 3-13 城市道路试验设计试验路线

支路:阶段①设计起步和阻塞跟驰场景,阶段⑫设计停车和拥挤跟驰场景,阶段⑤和⑦设计自由驾驶场景。

(2) 城市道路驾驶模拟试验跟驰场景设计(表 3-4)。

表 3-4 城市道路驾驶模拟试验跟驰场景设计

交通状况	畅 通	拥 挤	阻 塞
主干道 (限速 60 km/h)	主干道—畅通 (前车速度 60 km/h)	主干道—拥挤 (前车速度 40 km/h)	主干道—阻塞 (前车速度 20 km/h)
次干道 (限速 50 km/h)	次干道—畅通 (前车速度 50 km/h)	次干道—拥挤 (前车速度 30 km/h)	次干道—阻塞 (前车速度 10 km/h)
支路 (限速 30 km/h)	支路—畅通 (前车速度 30 km/h)	支路—拥挤 (前车速度 20 km/h)	支路—阻塞 (前车速度 10 km/h)

(3) 超车场景设计。

主干道超车——阶段⑥:背景车速度为 40 km/h,背景车间距为 40 m(指相邻车纵向间距,同车道前后两车间距为该间距的两倍);

次干道超车——阶段④:背景车速度为 30 km/h,背景车间距为 30 m(指

相邻车纵向间距,同车道前后两车间距为该间距的两倍);

次干道超车——阶段⑧:背景车速度为 30 km/h,背景车间距为 40 m(指相邻车纵向间距,同车道前后两车间距为该间距的两倍);

次干道超车——阶段⑪:背景车速度为 40 km/h,背景车间距为 40 m(指相邻车纵向间距,同车道前后两车间距为该间距的两倍)。

3)试验样本

综合考虑试验费用、试验时间和驾驶员征召难度,确定试验样本数为 40 人,其中,特别招募了 12 名平均驾龄在 10 年以上、平均驾驶里程数超过 35×10^4 km 的职业司机,登记其个人信息如姓名、性别、身份证号码、年龄、驾龄和有无事故等情况,所有驾驶员均为有 1 年以上驾驶经验且无重大交通事故记录的驾驶员。最终样本构成情况见表 3-5。

表 3-5 城市道路驾驶模拟试验样本构成情况

年龄/岁		驾龄/年		驾驶里程数/($\times 10^4$ km)		性 别		职 业	
平均值	29.4	平均值	4.83	平均值	9.07	男	95.2%	职业一	30%
范围	22~50	范围	1~15	范围	0.1~60	女	4.8%	职业二	70%

3.2 恶劣天气下驾驶行为特征分析

3.2.1 驾驶行为特征分析

3.2.1.1 冰雪天气下过弯驾驶行为特征分析

冰雪天气下高速公路、山区公路车辆过弯处是交通事故频发地带,因此针对此情景下的驾驶行为进行分析。

将各驾驶员的车速与轨迹绘制成车速与轨迹曲线,限于篇幅,挑选较有代表性的某位驾驶员将其车速与轨迹曲线绘成图 3-14 与图 3-15,天气场景分别为雨天与结冰。

从车速与轨迹曲线图中可以发现:

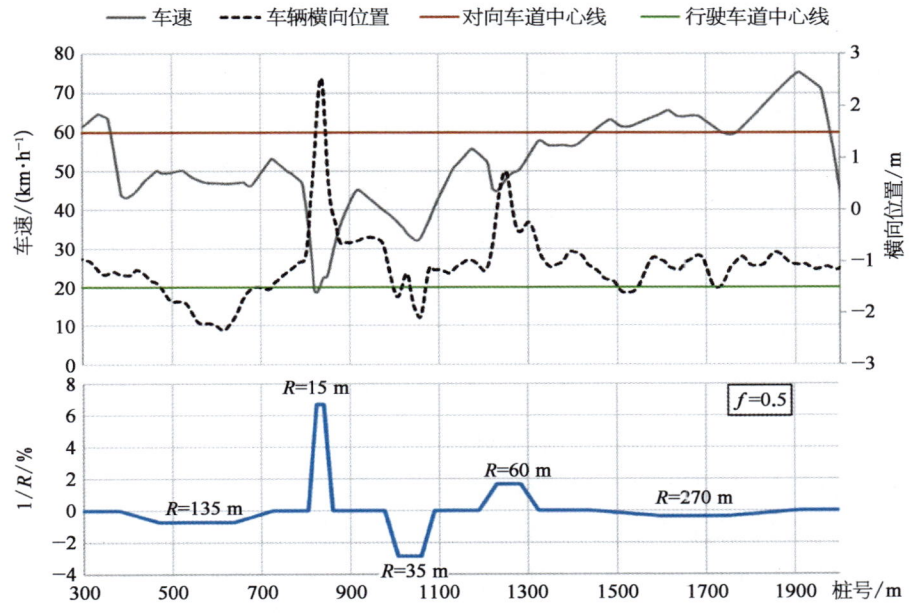

图 3-14 雨天环境典型驾驶员车速与轨迹曲线

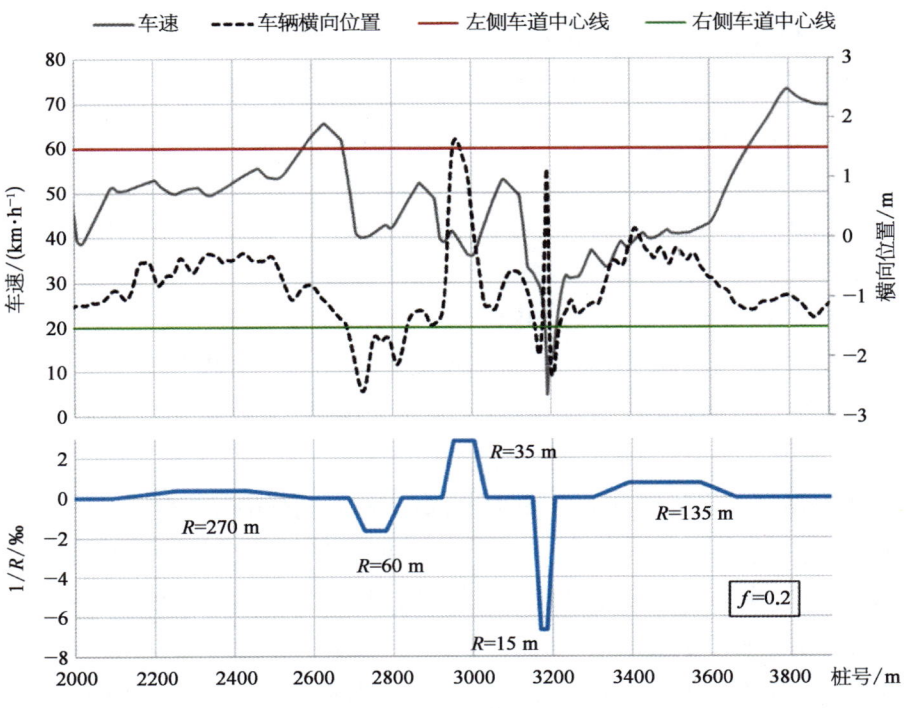

图 3-15 结冰环境典型驾驶员车速与轨迹曲线

（1）圆曲线半径对车速与轨迹的变化有明显影响，车辆在平曲线路段行驶时，存在明显的减速段与加速段，在进入圆曲线时，车速明显下降，在圆曲线中点达到极小值，随后车速增快，进入加速段，直至驶出平曲线。

（2）行驶轨迹与车速同步变化，存在轨迹偏移段与调整段，分别对应车速的加速段与减速段，在车辆行驶至曲线中点附近、车速接近极小值时，车辆的横向偏移通常达到极大值。

（3）轨迹的偏移与弯道转向基本一致，在图中表现为轨迹、曲率两条曲线凹凸形态的一致性。

（4）随圆曲线半径减小、曲率增大，车速与轨迹的变化规律趋于明显，当半径增大至 $R=270$ m 时，车速与轨迹的变化规律不再明显，更加接近于直线路段的行驶规律，表现为车速与轨迹在较小的范围内波动。

（5）随着天气条件逐渐恶劣，路面附着系数降低，车辆在全段道路行驶的总体车速有明显下降，平曲线路段行驶时的车速与轨迹波动增加，表明驾驶员对车辆的操控水平降低。

综上可知，驾驶员在进入平曲线时倾向于保守的行驶策略，降低行驶速度以适应行驶环境的改变，在轨迹选择上会存在明显的切弯行为，当即将离开平曲线路段进入直线段时又会逐渐恢复到原先的行驶状态。当处于冰雪环境时，车速与轨迹的波动增加，表明驾驶员对车辆的操控能力下降，此时驾驶员同样会降低车速以保证行驶安全。

3.2.1.2　晴雾天气下跟驰驾驶行为特征分析

在自由流或畅通状态下，由于车速较高，可能存在车头间距过大、脱离跟驰驾驶状态的现象。因此需要判定车辆是处于自由驾驶状态还是跟驰驾驶状态，在跟驰驾驶行为的分析处理中剔除车辆属于自由驾驶状态的数据。

现有两类关于车辆自由驾驶与跟驰状态的判定标准：基于车头间距和基于车头时距。因为车头时距比车头间距更能反映不同速度等级下前后两车的关系，故目前国内外研究中采用较多的是基于车头时距的判定标准。如美国《道路通行能力手册》（2010 版）提出：对于双车道公路，采用车头时距是否小于 3 s 作为跟驰状态的判定标准；对于城市道路，当车辆与本车道前车之间的车头时距小于 8 s 或与本车道后车之间的车头时距小于 5 s 时，该车辆处于自由驾驶状态。何民等基于广佛高速交通流数据,提出车头时距低于5 s 的车辆处于跟驰状态,大于8 s 的车辆处于自由驾驶状态,在5~8 s 的车辆为过渡状态。基于试验数据的初步分析结果,综合前人的研究成果,采用车头时距小于8 s 作为高速公路和城市道路跟驰状态的判别依据。

跟驰驾驶场景下,重点研究各典型场景下的车头时距、车头间距、车速保持及 TTC 等风险评估指标的特征及变化情况,以高速公路和城市道路相关场景为例进行分析。

1) 车头时距

对比不同天气情况下、不同交通流状态下车辆稳定跟驰过程中车头时距的分布情况,图3-16 展示了不同道路交通情景下车头时距的分布对比:晴雾天对比(不分交通流);阻塞流、拥挤流和自由流对比(不分天气);阻塞流、拥挤流和自由流对比(晴天);阻塞流、拥挤流和自由流对比(雾天)。由图3-16(a)可以看出雾天情景下,车辆车头时距较晴天更小;由图3-16(b)~(d)可以看出从阻塞流到拥挤流再到自由流,车辆车头时距依次减小,且拥挤流情况下车辆车头时距分布更为集中。由此可知,交通流对车头时距分布的影响大于天气情况。

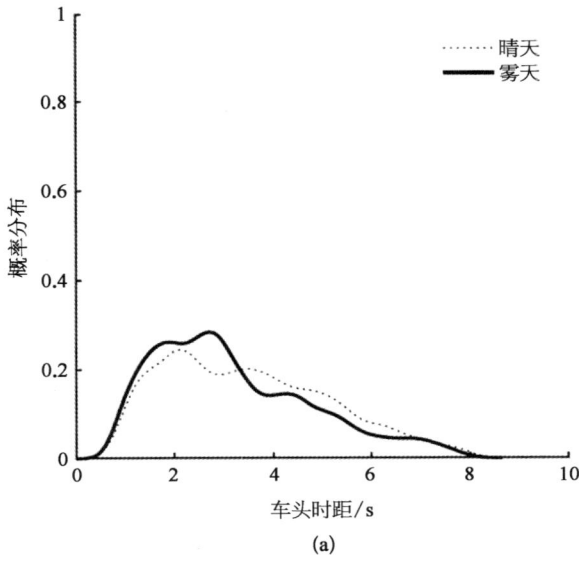

(a)

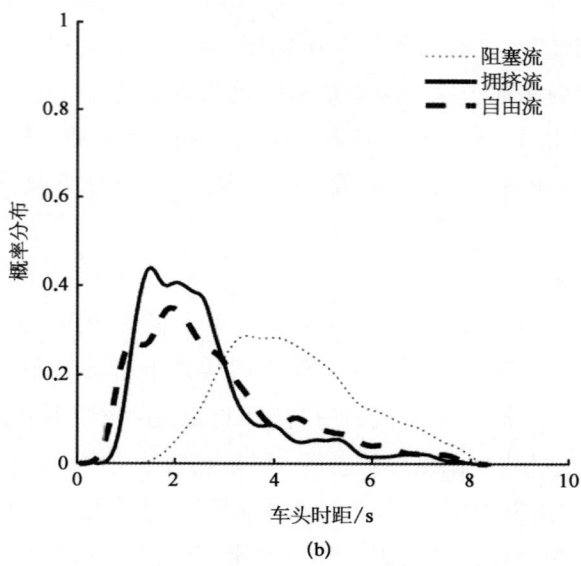

(b)

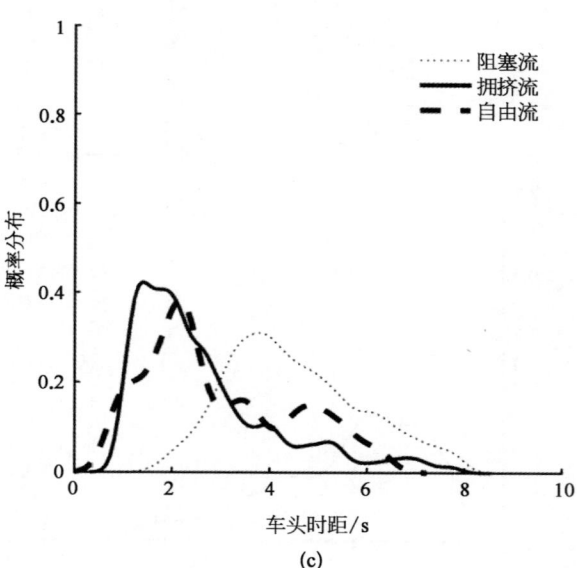

(c)

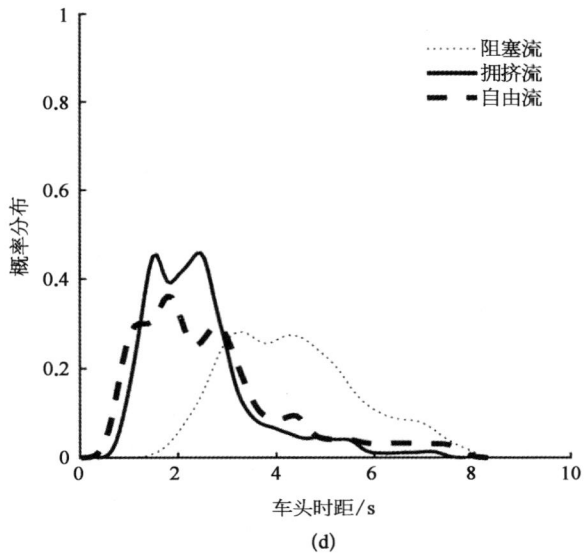

图 3-16 高速公路跟驰驾驶情景下车头时距概率分布
(a) 晴天/雾天对比；(b) 不同交通流对比；(c) 不同交通流对比(晴天)；(d) 不同交通流对比(雾天)

2) 跟车间距

对比不同天气情况、不同交通流状态下车辆稳定跟驰过程中跟车间距的分布情况。图 3-17 展示了不同道路交通情景下跟车间距的分布对比：晴雾

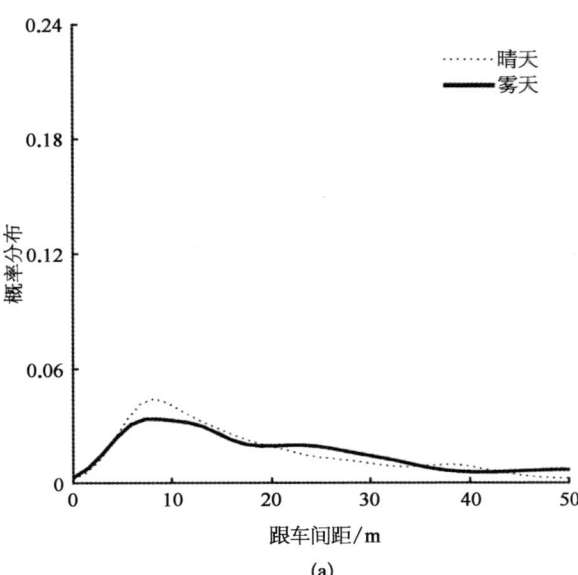

(a)

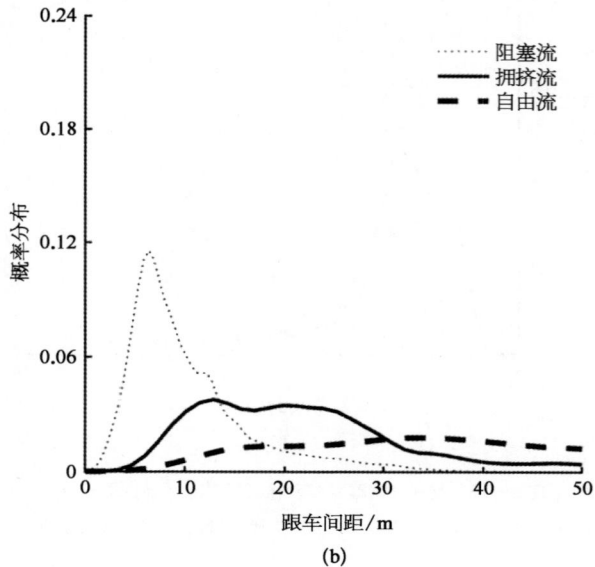

(b)

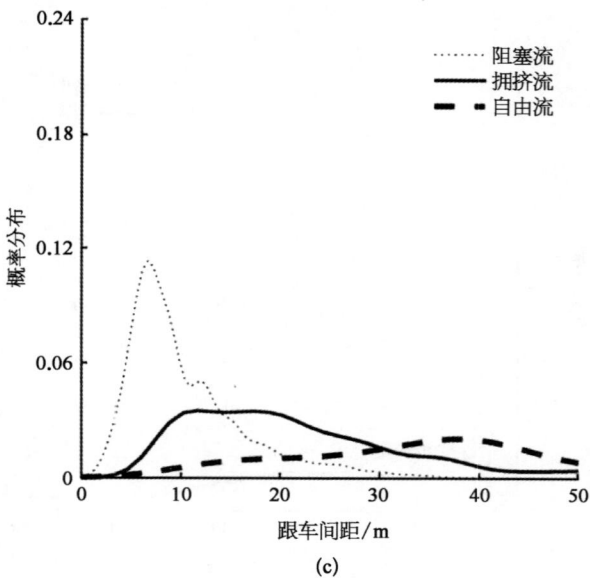

(c)

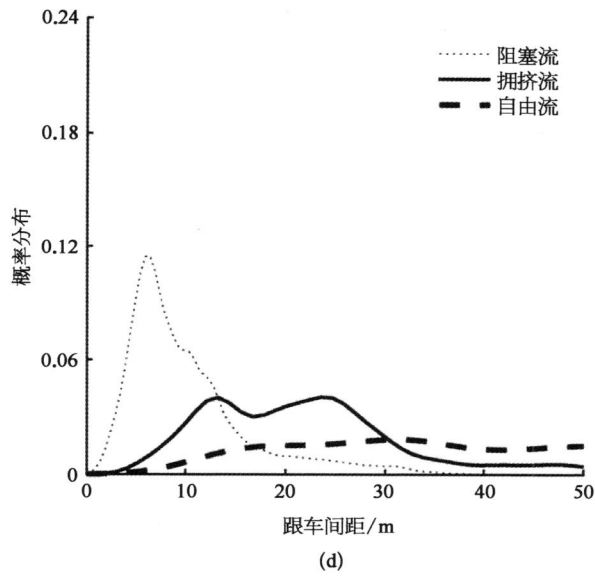

图 3-17 高速公路跟驰驾驶情景下跟车间距概率分布

(a) 晴天/雾天对比;(b) 不同交通流对比;(c) 不同交通流对比(晴天);(d) 不同交通流对比(雾天)

天对比(不分交通流);阻塞流、拥挤流和自由流对比(不分天气);阻塞流、拥挤流和自由流对比(晴天);阻塞流、拥挤流和自由流对比(雾天)。图 3-17(a)显示晴天和雾天情景下,车辆跟车间距分布基本一致;图 3-17(b)~(d)显示从阻塞流到拥挤流再到自由流,车辆跟车间距依次升高,且其分布依次趋于离散,而晴天和雾天情景下,跟车间距在不同交通流条件下的分布特征相似。由此可知,交通流对跟车间距分布的影响大于天气情况。

3) 车速差

对比不同天气情况下、不同交通流状态下车辆稳定跟驰过程中车速差的分布情况。图 3-18 分别展示了不同道路交通情景下车速差的分布对比:晴雾天对比(不分交通流);阻塞流、拥挤流和自由流对比(不分天气);阻塞流、拥挤流和自由流对比(晴天);阻塞流、拥挤流和自由流对比(雾天)。由图 3-18(a)可以看出雾天情景下,车辆车速差更集中于 0 附近;图 3-18(b)可以看出从阻塞流到拥挤流再到自由流,车辆车速差分布依次趋于离散;图 3-18(c)~(d)显示晴天和雾天情景下,车速差在不同交通流条件下的分布特征差异较大,车速差分布在晴天拥挤流情景下更接近于晴天自由流,而在雾天拥挤流情景下更接近于雾天阻塞流。

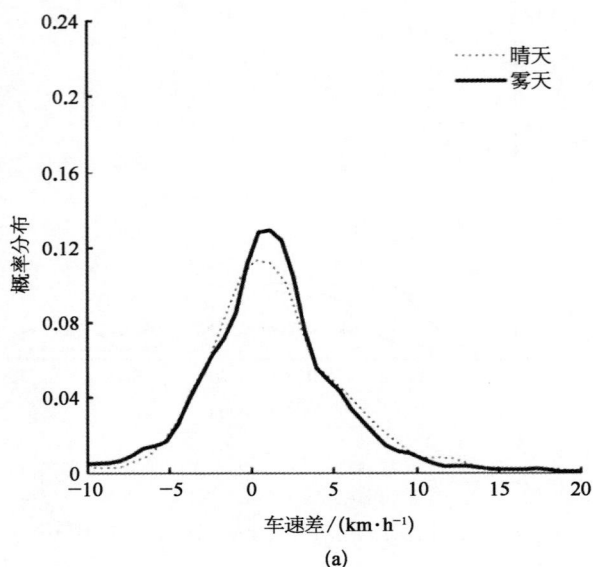

(a)

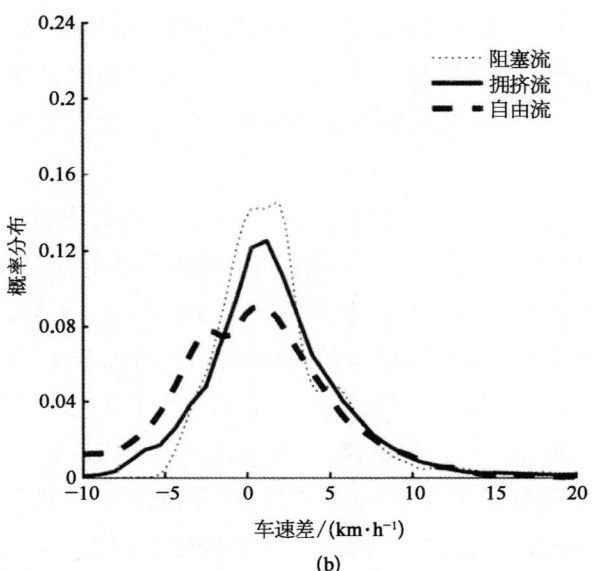

(b)

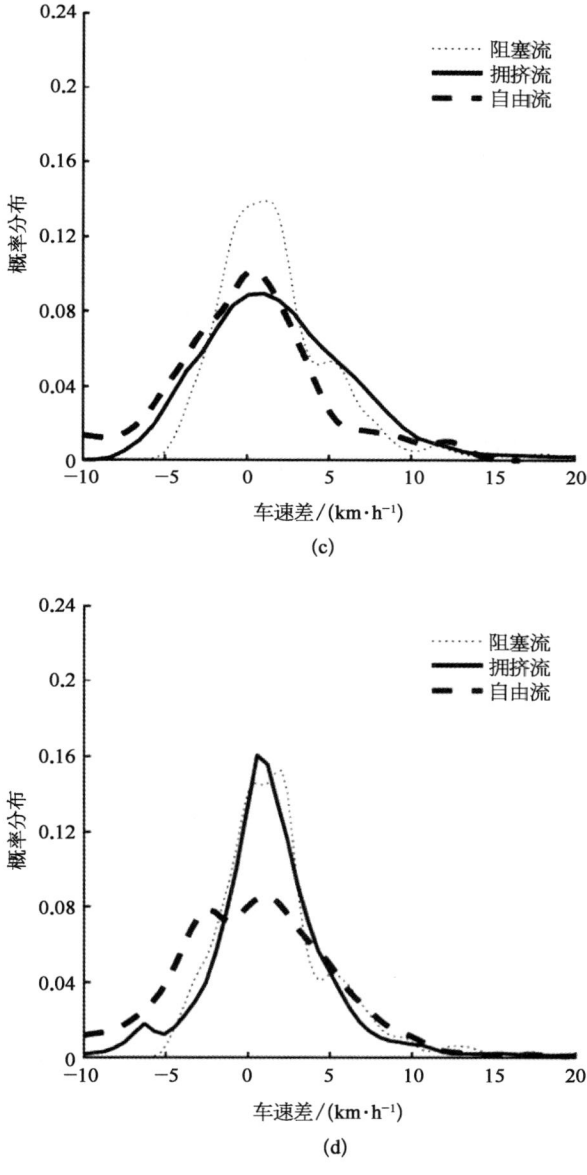

图 3-18 高速公路跟驰驾驶情景下车速差概率分布
(a) 晴天/雾天对比；(b) 不同交通流对比；(c) 不同交通流对比(晴天)；(d) 不同交通流对比(雾天)

4) 碰撞时间

考虑处于连续跟驰状态的前后两车，当后车速度大于前车时，若两车保持原有的速度差，则有可能发生追尾碰撞。Hayward 定义评价时刻至碰撞发生时刻的时间差为 TTC,并将其作为稳定跟驰过程中交通安全风险的评价指标。若已知前后两车的瞬时车速、位置和后车车长,则可由以下公式计算得出 TTC:

$$\text{TTC}_i = (X_{i-1}(t) - l_i - X_i(t))/(\dot{X}_1(t) - \dot{X}_{i-1}(t)), \forall \dot{X}_1(t) > \dot{X}_{i-1}(t) \tag{3-1}$$

式中　X_i——后车位置;
　　　X_{i-1}——前车位置;
　　　l_i——后车车长;
　　　$\dot{X}_{i-1}$——前车速度;
　　　$\dot{X}_1$——后车速度。

TTC 是指两车发生冲突时,若两车保持原有的速度差,从冲突开始至碰撞发生的时间段为碰撞时间。TTC 值相当大时(>100 s),可认为后车处于相对安全的状态,发生追尾事故的概率较低。因此,从风险评估角度来看,需重点关注 TTC 处于较低值的跟驰阶段,提取各场景下 TTC 在 100 s 以内的分布特征,通过对 TTC 的对比分析研究不同情景下跟驰过程中的风险情况,如图 3-19 所示。

从晴天和雾天的对比来看,两组场景下的 TTC 分布较为近似。从自由流、拥挤流和阻塞流三类交通流状态的对比来看,从阻塞流到拥挤流再到自由流,车辆的平均 TTC 依次递增,其分布也越趋于离散(与车头间距规律类似且趋势相同)。值得注意的是,在晴天和雾天场景下,TTC 在不同交通流条件

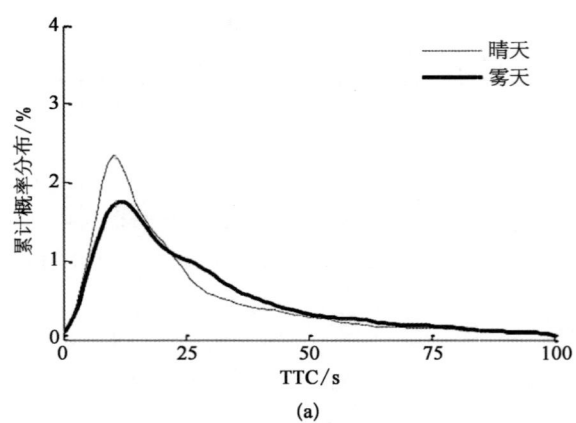

(a)

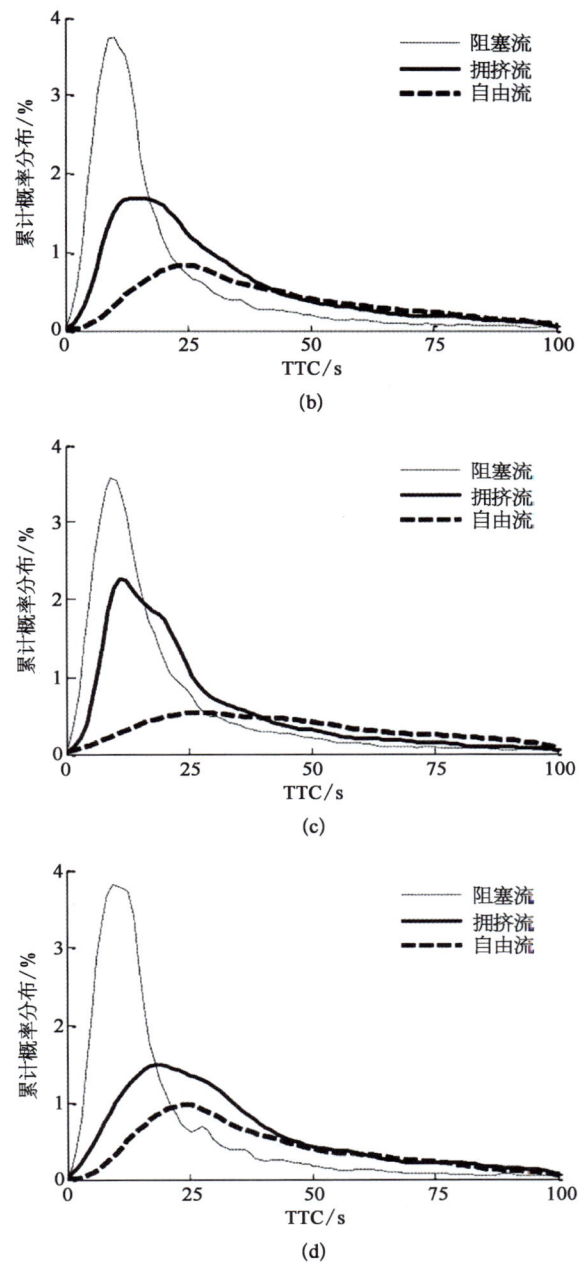

图 3-19　高速公路跟驰驾驶情景下车速差概率分布

(a) 晴天/雾天对比；(b) 不同交通流对比；(c) 不同交通流对比(晴天)；(d) 不同交通流对比(雾天)

下的分布特征差异较大,TTC 分布在晴天—拥挤流场景下更接近于晴天—阻塞流,而在雾天—拥挤流场景下更接近于雾天—自由流。交通流和气候环境均对 TTC 的分布有一定影响(与车速差规律类似但趋势相反)。交通流对 TTC 分布的影响同样大于气候环境状况。

3.2.1.3 城市道路变道及超车行为特征分析

1) 行为变量统计特征

根据超车行为变量的定义及获取方法,获得城市道路各超车场景下的 10 个驾驶行为变量。统计 40 个样本中晴雾天场景下各个变量的最大值、最小值、平均值、标准差及变异系数等指标,其统计特征见表 3-6~表 3-9。

表 3-6 超车行为变量统计(主干道,40 km/h+40 m)

超车行为变量	最大值	最小值	平均值	标准差	变异系数
加速踏板平均受力/kPa	0.61	0.07	0.15	0.08	0.56
加速踏板最大受力/kPa	1.00	0.16	0.64	0.20	0.31
制动踏板平均受力/daN	1.30	0.00	0.20	0.36	1.80
制动踏板最大受力/daN	21.41	0.00	3.52	5.69	1.62
平均超车速度/(km·h^{-1})	66.46	44.42	55.02	5.41	0.10
速度标准差/(km·h^{-1})	22.36	1.55	9.94	4.97	0.50
平均车头间距/m	50.09	28.74	39.48	4.89	0.12
最大车头间距/m	72.92	51.19	60.89	4.98	0.08
最小车头间距/m	21.43	2.29	11.74	4.96	0.42
平均超车用时/s	25.10	9.95	15.90	3.64	0.23

表 3-7 超车行为变量统计(次干道,30 km/h+30 m)

超车行为变量	最大值	最小值	平均值	标准差	变异系数
加速踏板平均受力/kPa	0.53	0.05	0.13	0.07	0.56
加速踏板最大受力/kPa	1.00	0.15	0.56	0.20	0.35
制动踏板平均受力/daN	2.92	0.00	0.24	0.56	2.27

超车行为变量	最大值	最小值	平均值	标准差	变异系数
制动踏板最大受力/daN	21.56	0.00	4.01	7.35	1.83
平均超车速度/(km·h⁻¹)	61.96	43.36	49.82	4.14	0.08
速度标准差/(km·h⁻¹)	10.70	2.67	5.63	2.13	0.38
平均车头间距/m	30.66	18.83	24.77	2.80	0.11
最大车头间距/m	49.18	34.83	41.93	3.03	0.07
最小车头间距/m	10.56	1.64	5.86	2.36	0.40
平均超车用时/s	16.10	6.55	11.20	2.29	0.20

表 3-8 超车行为变量统计(次干道,30 km/h+40 m)

超车行为变量	最大值	最小值	平均值	标准差	变异系数
加速踏板平均受力/kPa	0.56	0.07	0.14	0.08	0.58
加速踏板最大受力/kPa	1.00	0.33	0.69	0.20	0.29
制动踏板平均受力/daN	0.93	0.00	0.12	0.21	1.81
制动踏板最大受力/daN	16.19	0.00	3.07	5.06	1.65
平均超车速度/(km·h⁻¹)	73.44	42.31	51.43	6.41	0.12
速度标准差/(km·h⁻¹)	26.11	2.54	9.47	5.09	0.54
平均车头间距/m	48.27	29.88	39.29	4.52	0.12
最大车头间距/m	75.32	51.78	62.23	5.35	0.09
最小车头间距/m	20.41	1.04	9.86	6.33	0.64
平均超车用时/s	36.20	7.00	20.95	6.46	0.31

表 3-9 超车行为变量统计(次干道,40 km/h+40 m)

超车行为变量	最大值	最小值	平均值	标准差	变异系数
加速踏板平均受力/kPa	0.50	0.04	0.14	0.08	0.60
加速踏板最大受力/kPa	1.00	0.15	0.57	0.24	0.42

续 表

超车行为变量	最大值	最小值	平均值	标准差	变异系数
制动踏板平均受力/daN	1.09	0.00	0.09	0.24	2.67
制动踏板最大受力/daN	14.44	0.00	1.58	3.51	2.23
平均超车速度/(km·h^{-1})	58.02	35.77	49.23	5.48	0.11
速度标准差/(km·h^{-1})	19.90	1.23	7.37	4.50	0.61
平均车头间距/m	44.28	24.64	36.44	4.03	0.11
最大车头间距/m	76.30	45.08	59.54	5.44	0.09
最小车头间距/m	19.09	1.03	10.31	5.37	0.52
平均超车用时/s	19.00	6.15	13.28	2.63	0.20

分析上述统计指标,主要有以下现象。

(1) 在相同背景车速和间距下,驾驶员在次干道上的驾驶操作比主干道上谨慎。具体表现为:加速踏板、制动踏板的平均受力和最大受力减小,超车速度均值和标准差也会减小;超车过程中的平均车头间距、最小车头间距和最大车头间距均略有缩短,平均超车用时缩短。

(2) 在相同道路条件和背景车速下,背景车间距从40 m转为30 m,或是相同道路条件和背景车间距下,背景车速从30 km/h转为40 km/h,大多数超车行为变量的观测结果与上述类似。

2) 背景车速的影响

以T检验或秩和检验判均值差异性,对"次干道,30 km/h+40 m"与"次干道,40 km/h+40 m"超车驾驶场景下各驾驶行为变量的样本差异进行检验,结果见表3-10。

表3-10 不同背景车速下超车行为变量样本差异检验

样 本	超车行为变量	平均值	标准差	检验结果
次干道,30 km/h+40 m 与 次干道,40 km/h+40 m	加速踏板平均受力	4.15%	0.63%	不显著(sig.=0.582)
	加速踏板最大受力	21.44%	−16.68%	显著(sig.=0.007)
	制动踏板平均受力	32.11%	−10.37%	不显著(sig.=0.493)

续　表

样　　本	超车行为变量	平均值	标准差	检验结果
次干道,30 km/h+40 m 与 次干道,40 km/h+40 m	制动踏板最大受力	94.60%	44.39%	显著(sig. =0.074)
	平均超车速度	4.47%	16.98%	显著(sig. =0.069)
	速度标准差	28.47%	13.01%	显著(sig. =0.049)
	平均车头间距	7.81%	12.23%	显著(sig. =0.001)
	最大车头间距	4.52%	−1.74%	显著(sig. =0.021)
	最小车头间距	−4.41%	17.86%	不显著(sig. =0.736)
	平均超车用时	57.76%	145.55%	显著(sig. =0.001)

总体来看,除个别组样本外,背景车速对各个超车行为变量的均值有一致显著影响。具体反映为,当背景车速变快时,驾驶员超车过程中的速度均值减小,加、减速操作幅度减小,超车用时缩短,车头间距略有缩短,驾驶员之间的差异性减小。其原因多是由于背景车速变快导致超车难度增加,因此驾驶员会采取相对谨慎的驾驶行为,并通过降低加、减速操作幅度,保持合理的前、后车间距来保障行车安全,且驾驶风格的差异性有所缩小。

3) 背景车间距的影响

对"次干道,30 km/h+30 m"与"次干道,30 km/h+40 m"超车驾驶场景下各驾驶行为变量的样本差异进行检验,结果见表3-11。

表3-11　不同背景车间距下超车行为变量样本差异检验

样　　本	超车行为变量	平均值	标准差	检验结果
次干道,30 km/h+30 m 与 次干道,30 km/h+40 m	加速踏板平均受力	−8.12%	−11.07%	不显著(sig. =0.205)
	加速踏板最大受力	−18.48%	−1.91%	显著(sig. =0.002)
	制动踏板平均受力	106.54%	158.65%	不显著(sig. =0.144)
	制动踏板最大受力	30.63%	45.08%	不显著(sig. =0.459)
	平均超车速度	−3.12%	−35.42%	显著(sig. =0.077)
	速度标准差	−40.50%	−58.15%	显著(sig. =0.001)
	平均车头间距	−36.94%	−38.17%	显著(sig. =0.001)

续 表

样　　本	超车行为变量	平均值	标准差	检 验 结 果
次干道,30 km/h+30 m 与 次干道,30 km/h+40 m	最大车头间距	−32.62%	−43.33%	显著(sig. =0.001)
	最小车头间距	−40.50%	−62.79%	显著(sig. =0.001)
	平均超车用时	−46.55%	−64.48%	显著(sig. =0.001)

总体来看,除个别组样本外,背景车间距对各个超车行为变量的均值有一致显著影响。具体反映为,当背景车间距缩短时,驾驶员超车过程中的速度均值下降、超车用时缩短、车头间距略有缩短,驾驶员之间的差异性减小。其影响规律与背景车速对超车行为的影响类似,多是由于背景车间距的缩短导致超车难度增加,因此驾驶员会采取相对谨慎的驾驶行为来保障行车安全。值得注意的是,制动踏板受力的变化情况与背景车速影响不一致,但其检验结果为不显著,因"次干道,30 km/h+30 m"场景下,驾驶员较少采取制动操作所致。

4)道路设施条件的影响

对"主干道,40 km/h+40 m"与"次干道,40 km/h+40 m"超车驾驶场景下各驾驶行为变量的样本差异进行检验,检验结果见表3-12。

表3-12　不同道路设施条件下超车行为变量样本差异检验

样　　本	超车行为变量	平均值	标准差	检 验 结 果
主干道,40 km/h+40 m 与 次干道,40 km/h+40 m	加速踏板平均受力	6.39%	−1.40%	不显著(sig. =0.407)
	加速踏板最大受力	12.78%	−16.13%	不显著(sig. =0.114)
	制动踏板平均受力	122.08%	49.40%	显著(sig. =0.072)
	制动踏板最大受力	123.31%	62.09%	显著(sig. =0.061)
	平均超车速度	11.77%	−1.25%	显著(sig. =0.001)
	速度标准差	34.87%	10.40%	显著(sig. =0.010)
	平均车头间距	8.35%	21.37%	显著(sig. =0.001)
	最大车头间距	2.26%	−8.54%	显著(sig. =0.048)
	最小车头间距	13.81%	−7.55%	不显著(sig. =0.187)
	平均超车用时	19.77%	38.42%	显著(sig. =0.001)

总体来看,除个别组样本外,道路设施条件对各个超车行为变量的均值有一致显著影响。具体反映为,当道路设施条件由主干道切换到次干道时,驾驶员超车过程中的速度均值减小、加减速操作幅度减小、超车用时缩短、车头间距略有缩短,驾驶员之间的差异性减小。其影响规律与背景车速和间距对超车行为的影响类似,多是由于道路条件的下降导致超车难度增加,因此驾驶员会采取相对谨慎的驾驶行为来保障行车安全。

5) 气象条件的影响

对晴、雨、冰、雪天气下的高速公路变道行为进行分析,不同场景的主要变量为道路摩阻系数。通过对行车速度、最大偏航角、平均横向速度、车头时距、变道持续时间与摩阻系数的关系分析研究,探究冰雪天气下车辆变道的机理与规律性,如图 3-20 所示。

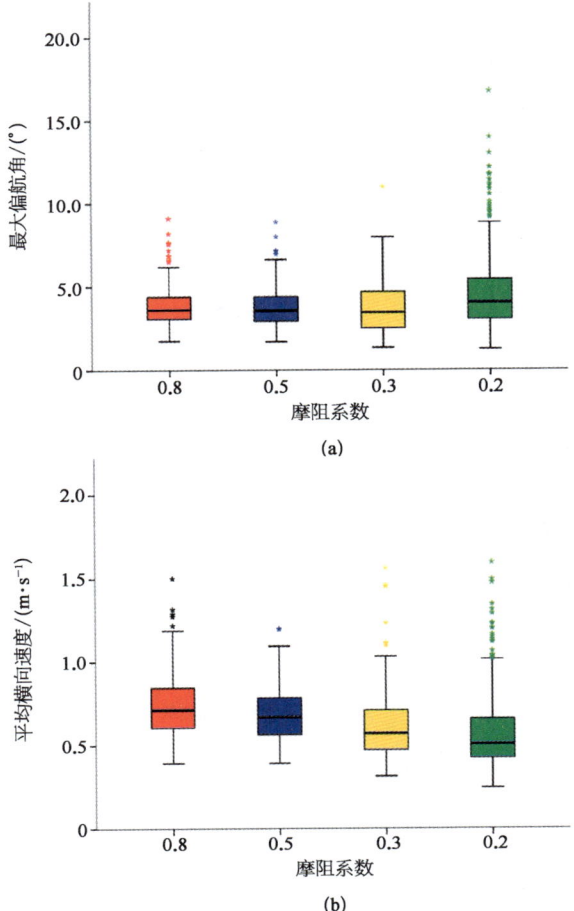

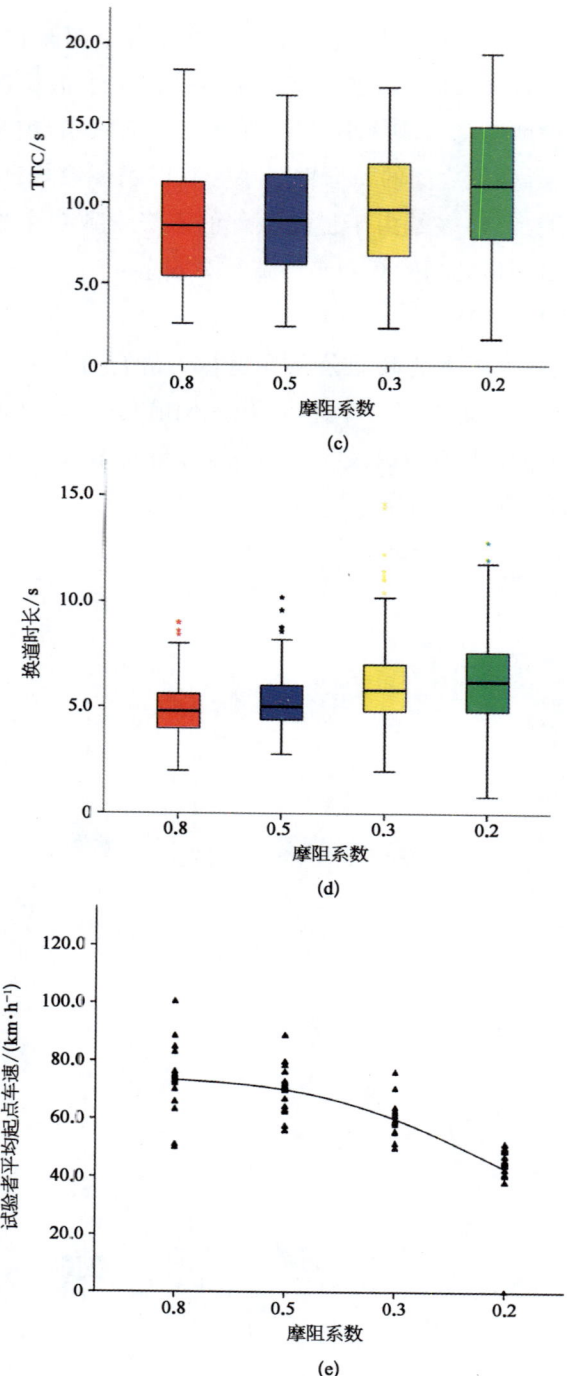

图 3-20 各参数与摩阻系数的关系

(a) 摩阻系数—最大偏航角;(b) 摩阻系数—平均横向速度;(c) 摩阻系数—车头时距;
(d) 摩阻系数—变道持续时间;(e) 摩阻系数—车速

根据对变道驾驶行为数据多方面的宏观统计分析，主要得到以下结论：

（1）随着摩阻系数的降低，驾驶员选择的车速水平降低，车速分布区域集中；在低摩阻系数的变道过程中，驾驶员倾向于适当降低车速。

（2）变道过程中的方向盘转角峰值、最大偏航角均与车速呈负相关，其中车辆的偏航角主要由车速和方向盘转角共同决定，方向盘转角峰值与最大偏航角高度线性相关。

（3）车辆变道期间的横向速度与变道时程相关性最强，平均横向速度水平与行驶车速呈正相关，与摩阻系数呈负相关。

（4）车辆变道起始时刻的跟驰车头时距和TTC与摩阻系数存在一定相关性，驾驶员在低摩阻情况下倾向于保持更高的TTC水平。

（5）车辆变道持续时间和越线时间与车速呈负相关，与摩阻系数呈较弱的负相关。

3.2.2 不同属性驾驶员行为特征分析

3.2.2.1 不同社会属性下驾驶行为特征分析

1）不同驾龄驾驶员行为特征分析

为了对不同属性驾驶员的跟驰行为做出进一步的分析，针对六种典型场景进行研究，得到了不同驾龄驾驶员的车头时距分布情况，将驾龄≤3年的驾驶员归类为短驾龄驾驶员，驾龄>3年的驾驶员归类为长驾龄驾驶员，如图3-21所示。

晴天场景下，阻塞流和拥挤流状态下，不同驾龄驾驶员的车头时距分布无明显差别，但在晴天自由流状态下，长驾龄驾驶员大多选择更小的车头时距行驶，反映了长驾龄驾驶员驾驶车辆的操作技能更为娴熟，在天气状况良

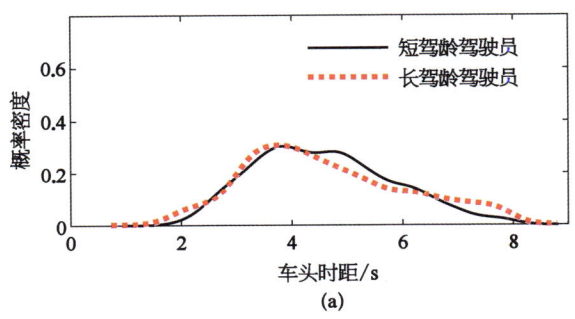

(a)

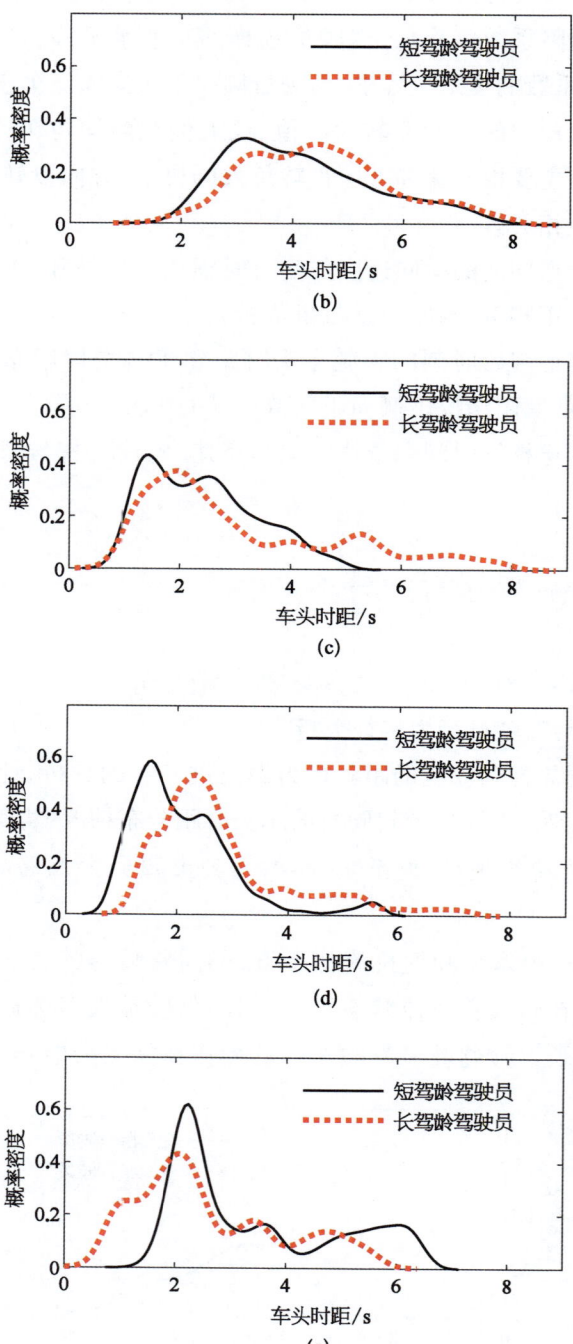

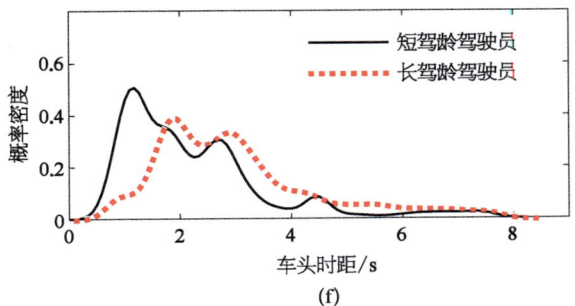

(f)

图 3-21 六种场景下不同驾龄驾驶员车头时距概率分布
(a) 晴天阻塞流;(b) 雾天阻塞流;(c) 晴天拥挤流;(d) 雾天拥挤流;(e) 晴天自由流;(f) 雾天自由流

好的晴天环境下,有能力选择更小的车头时距进行跟车。

不同驾龄驾驶员对天气变化的反应不同:短驾龄驾驶员在晴天和雾天的车头时距差别小,而长驾龄驾驶员更倾向于感知车头时距变化,并在雾天通过增大车头时距来保持跟驰的安全;从自由流状态的车头时距概率分布曲线上可以看出,雾天场景下长驾龄驾驶员车头时距小于 2 s 的分布相比晴天场景显著减少,跟驰的风险降低,这是因为长驾龄驾驶员驾驶技能更娴熟,对引导车辆行驶状态变化的敏感程度更高,在雾天状态下能对驾驶操作进行有效的调节,以更安全的车头时距驾驶;而短驾龄驾驶员由于雾天缩短跟车间距,使得车头时距小于 2 s 的分布相比晴天场景显著增加,跟驰的风险提高。

2) 不同年龄驾驶员行为特征分析

针对六种典型场景,画出了不同年龄驾驶员的跟车间距布情况。将年龄≤35 岁的驾驶员归类为青年驾驶员,年龄>35 年的驾驶员归类为中年驾驶员,如图 3-22 所示。

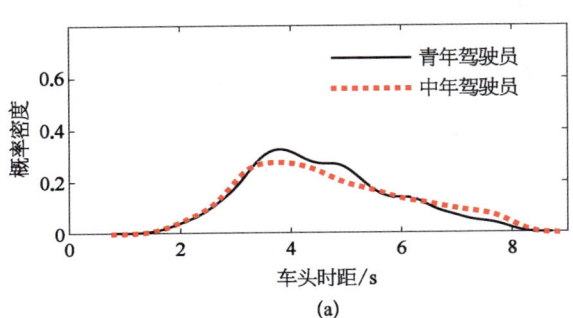

(a)

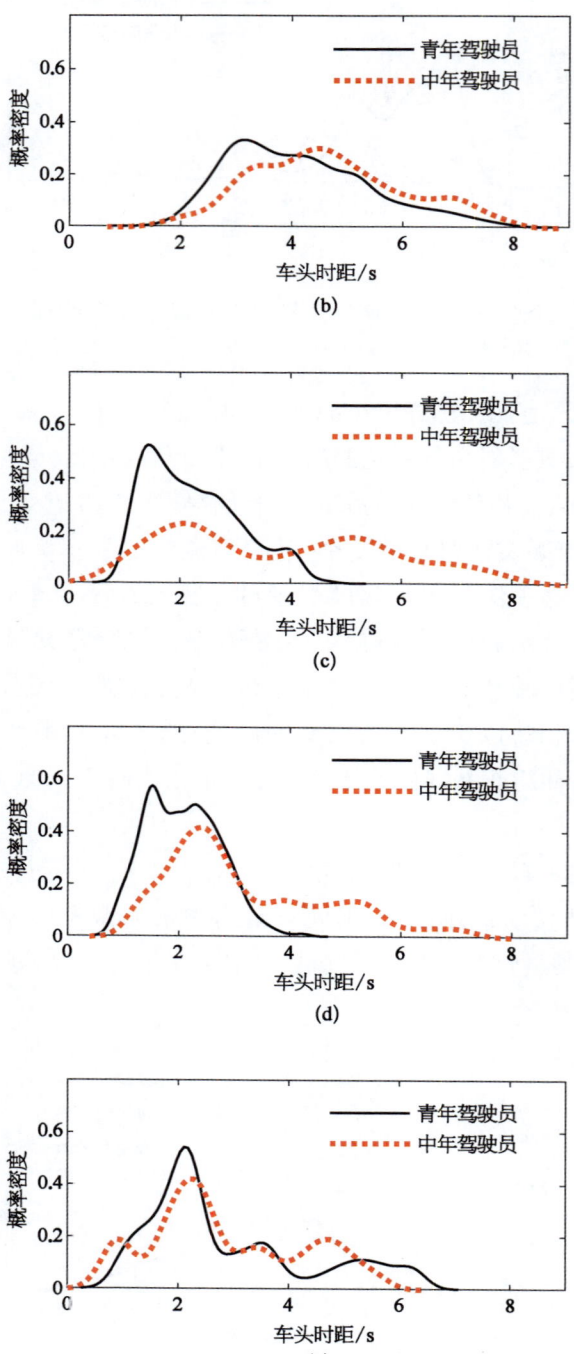

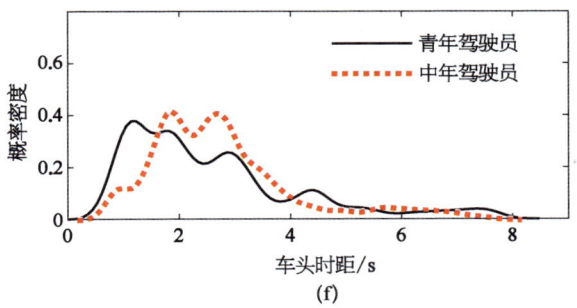

图 3-22 六种场景下不同年龄驾驶员车头时距概率分布
(a) 晴天阻塞流；(b) 雾天阻塞流；(c) 晴天拥挤流；(d) 雾天拥挤流；(e) 晴天自由流；(f) 雾天自由流

年龄影响分布与驾龄影响分布曲线相似度很高；驾驶员的年龄与驾龄间存在一定的正相关性，一般情况下，年龄较大的驾驶员的驾龄更长，试验结果表明，二者重叠率达到 80%，因此存在极高相似性，中年驾驶员在雾天场景下的车头时距明显小于青年驾驶员，原因在于中年驾驶员一般驾龄更长，驾驶技能更娴熟，对引导车辆行驶状态变化的敏感程度更高，在雾天状态下能对驾驶操作进行有效的调节，以更安全的车头时距驾驶。

3.2.2.2 基于驾驶员操作指标的驾驶风格分析

1) 高速公路驾驶行为 K-means 聚类

驾驶员跟驰状态下加速过程中，能够体现其加速特性的信息有驾驶员操作情况(以加速踏板的受力情况为主)、后车的动力响应情况(包括后车加速度、前后车相对车速、车距等)。其中加速踏板的受力及其变化率直接体现驾驶员的加速操作特性，当驾驶员对前车车速、车头时距或车头间距变化做出减速反应时，最大加速踏板受力和加速过程中的最大加速度能够体现驾驶员的加速行为激进程度，加速踏板受力变化速度体现了驾驶员操作加速踏板的快慢，也能反映驾驶员的加速行为特性。因此针对加速驾驶行为，选用最大加速踏板受力(APA)、加速踏板受力速度(APA/s)、最大加速度 (m/s^2) 作为加速驾驶行为特征指标。

驾驶风格分类的相关研究很多，较为常用的分类方法是根据驾驶员的风险偏好和驾驶行为特性将驾驶员分为激进型、一般型(中立型)和保守型(谨慎型)三类。通过问卷调查可获取试验者的驾驶行为偏好，并将其聚类分为激进型、中立型、保守型三种类型。考虑到试验人员由教师、保安、学生三类组成,将驾驶行为分为三类:激进型(经常大幅度急加速,踩加速踏板猛烈)、谨慎型(加速幅度小,踩加速踏板缓慢)、一般型(加速幅度和踩加速踏板特性介于激进型和谨慎型之间),根据驾驶员的操纵行为和加速度,采用K-means算法进行特性聚类,聚类结果如图3-23所示。

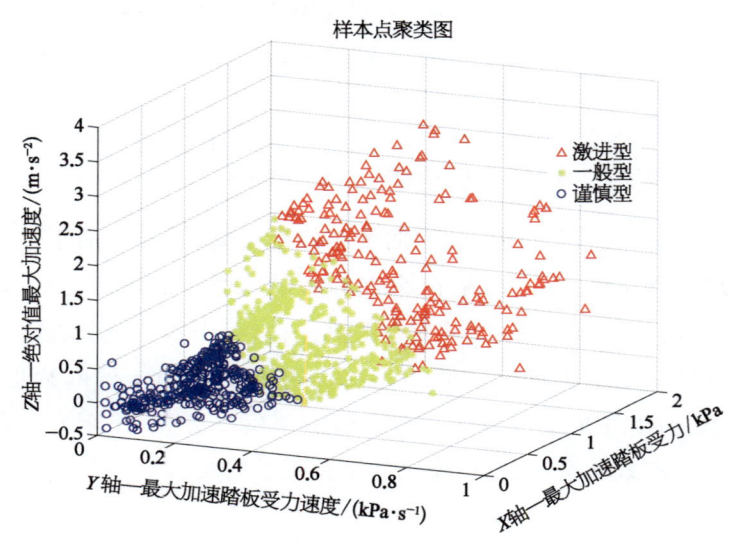

图3-23 跟驰行为聚类结果

2)不同交通情景下行为激进程度

针对三种交通流下驾驶员晴天、雾天加速行为激进程度进行对比分析,得到每种典型道路交通情景下不同类型驾驶行为比例。如图3-24所示,外环显示雾天道路交通情景加速行为组成百分比,内环显示晴天道路交通情景加速行为组成百分比。

阻塞流状态下驾驶员的加速行为最为谨慎保守,拥挤流状态下次之,自由流状态下最为激进。每种交通流状态下,普遍存在雾天激进型行为比晴天减少、谨慎型行为比晴天增加的规律。

3)不同风格驾驶员跟驰行为差异

聚类后统计到不同驾驶员在六种典型场景下的加速驾驶行为组成数量和比例,按谨慎型行为得分为1、一般型行为得分为2、激进型行为得分为3对驾驶员加速行为进行打分,加速行为得分=谨慎型行为比例×1+一般型行为比例×2+激进型行为比例×3。加速行为得分越高,表示该驾驶员的加速行为

第3章 基于驾驶模拟试验的恶劣天气下驾驶行为分析

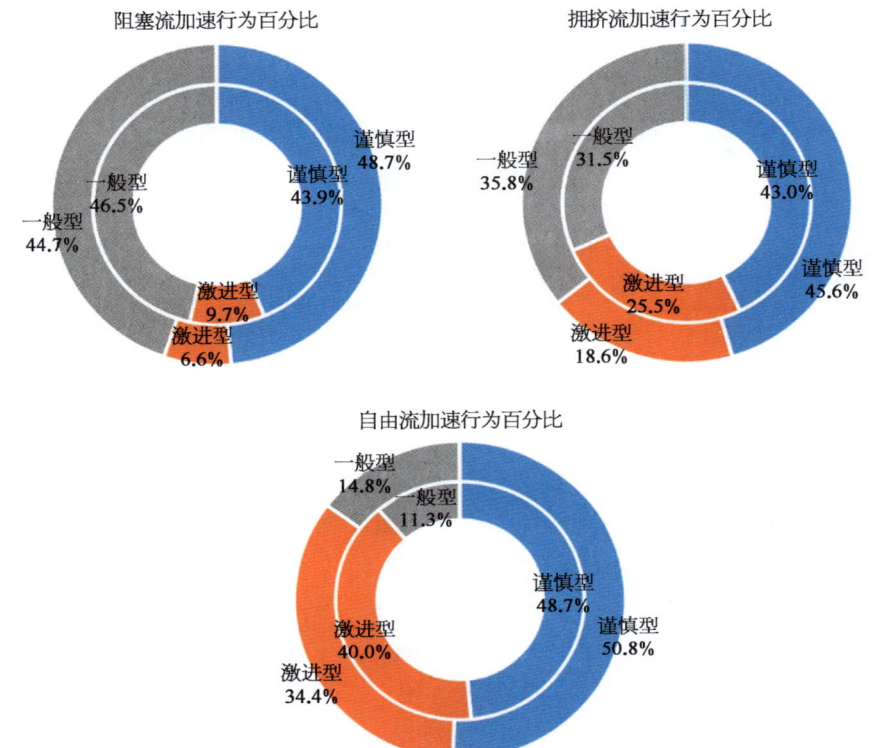

图3-24 不同交通流状态下驾驶员晴天、雾天加速行为激进程度对比

越激进。根据驾驶员的加速行为得分,将统计数据完整的驾驶员进一步分为:加速谨慎型、一般型和激进型。为了进一步探究加速激进等级不同的驾驶员的跟驰行为和风险态度差异,对三类驾驶员在六种典型场景下的跟车间距和车头时距分布情况进行分析,如图3-25和图3-26所示。

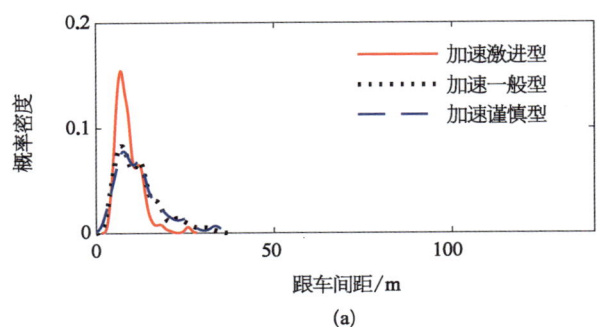

(a)

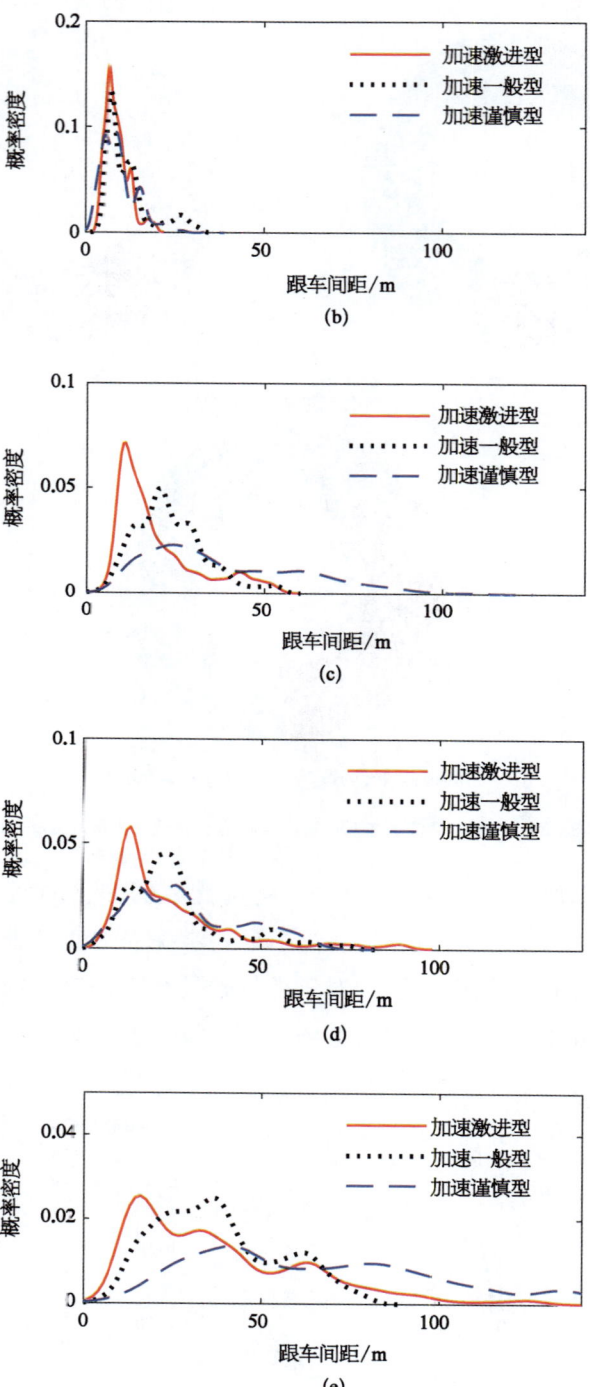

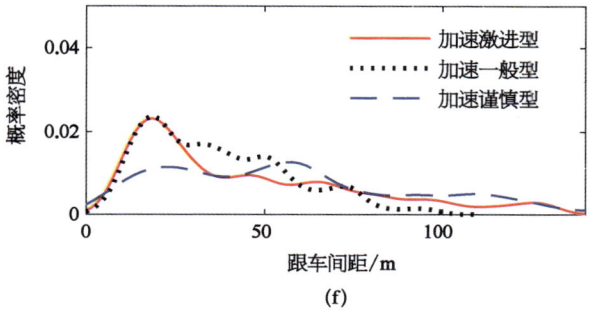

(f)

图 3-25 六种场景下不同风格驾驶员跟车间距概率密度曲线

（a）晴天阻塞流；（b）雾天阻塞流；（c）晴天拥挤流；（d）雾天拥挤流；（e）晴天自由流；（f）雾天自由流

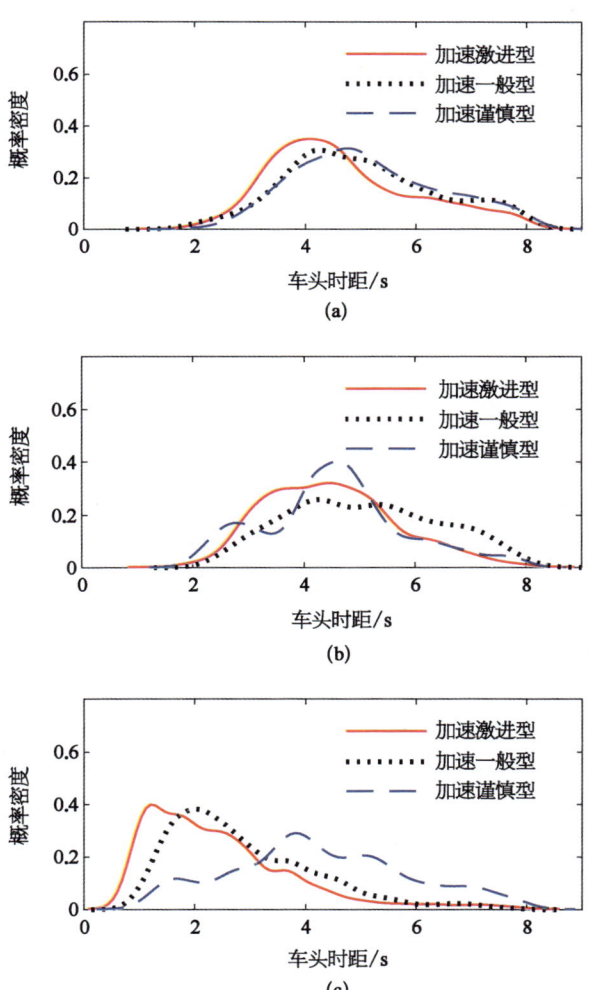

(a)

(b)

(c)

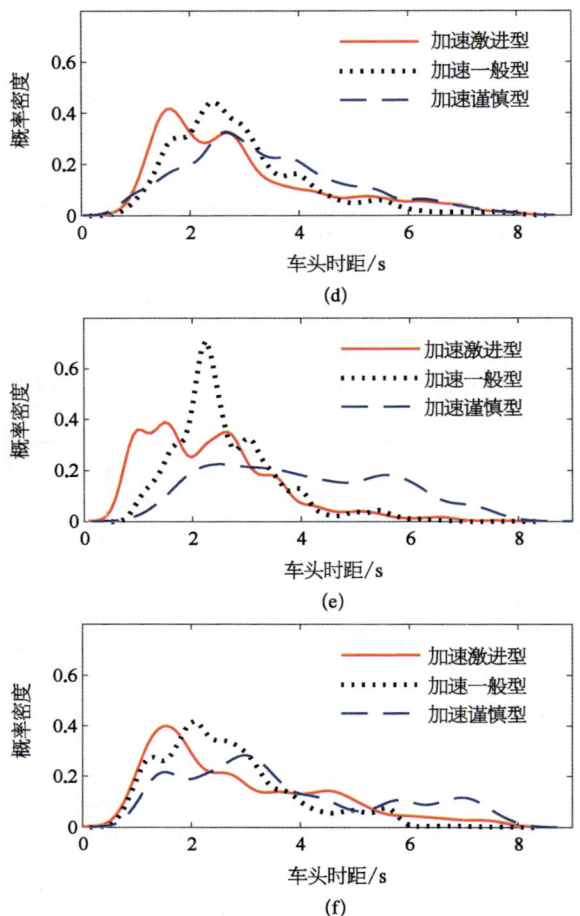

图3-26 六种场景下不同风格驾驶员车头时距概率密度曲线
(a) 晴天阻塞流;(b) 雾天阻塞流;(c) 晴天拥挤流;(d) 雾天拥挤流;(e) 晴天自由流;(f) 雾天自由流

晴天道路交通情景下,不同风格驾驶员在自由流状态和拥挤流状态下的跟车间距和车头时距差别较大,在阻塞流状态下的跟车间距和车头时距差距很小。在拥挤流与自由流状态下,激进型驾驶员的跟车间距、车头时距最小,一般型驾驶员的跟车间距、车头时距次之,谨慎型驾驶员的跟车间距、车头时距最大。原因在于驾驶风格偏谨慎的驾驶员风险意识比较强烈,加速行为较为平缓谨慎,这类驾驶员倾向保持更大的车头间距;而驾驶风格偏向激进的驾驶员风险意识比较弱,加速行为较为强烈激进,这类驾驶员倾向保持更小的车头间距,可能是实际的道路交通中潜在的高风险驾驶员。雾天道路交通情景下,不同风格驾驶员的跟车间距、车头时距之间的差别较小。

3.2.2.3 基于问卷调查的驾驶员特征分类

对驾驶员进行分类的标准可以是驾驶员的性别、年龄和职业等社会属性,也可以是驾驶经验、驾驶风险偏好等特征属性。越来越多的研究证明,采用后者分类更能反映驾驶员的驾驶行为共性。

1)驾驶风险态度分类

对驾驶员进行问卷调查,收集其在不同驾驶场景中的车距、车速及交叉口通行偏好。将问题 3~问题 15 中每个问题的回答作为该驾驶员的驾驶风格参数,并对其进行 min-max 标准化。定义车速偏好、车距偏好和交叉口两难区等待率三个驾驶行为偏好指标,其获取方法如下:

(1)车速偏好:6 种道路设施条件下(设计速度分别为 60 km/h、50 km/h、30 km/h 的城市主干道、次干道和支路,以及设计速度分别为 80 km/h、100 km/h、120 km/h 的高速公路)期望车速(标准化后)均值,为 0~1 无量纲参数;

(2)车距偏好:6 种道路设施条件下的期望车距(标准化后)均值,为 0~1 无量纲参数;

(3)交叉口两难区等待率:当交叉口绿、黄灯转换时(处于两难区),驾驶员选择停车等待的概率,为 0~1 无量纲参数。

根据车速偏好、车距偏好和交叉口两难区等待率三项指标对 67(27+40)个驾驶员样本进行聚类,以各样本点间的欧式距离作为距离度量,得出各驾驶员的风险偏好。聚类效果如图 3-27 所示,三组聚类的中心点分别为 C1

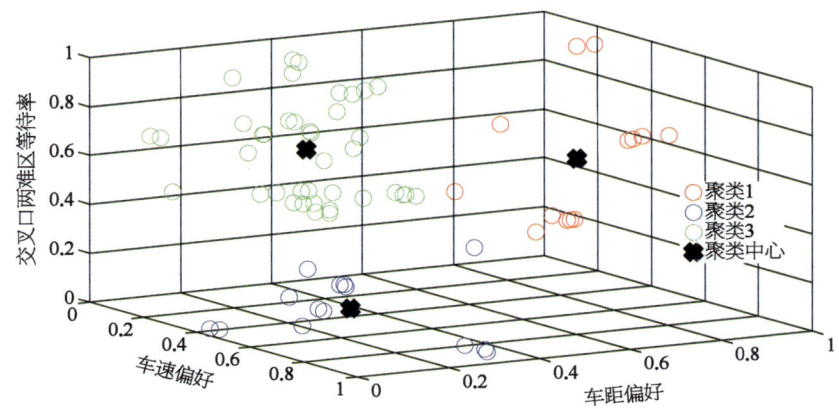

图 3-27 驾驶员风险偏好聚类

(0.69,0.67,0.67)、C2(0.58,0.23,0.11)、C3(0.40,0.24,0.70)。

表 3-13 给出了 67 个驾驶员样本的驾驶行为偏好指标及聚类结果。

表 3-13 驾驶员行为偏好指标计算结果

样本编号	车速偏好	车距偏好	交叉口两难区等待率	聚类类别	样本编号	车速偏好	车距偏好	交叉口两难区等待率	聚类类别
1	0.32	0.20	0.75	3	24	0.38	0.04	0.00	2
2	0.45	0.33	0.75	3	25	0.44	0.58	0.25	2
3	0.53	0.18	0.50	3	26	0.36	0.32	0.50	3
4	0.56	0.20	0.50	3	27	0.67	0.15	0.25	2
5	0.35	0.24	1.00	3	28	0.49	0.06	0.75	3
6	0.25	0.31	1.00	3	29	0.45	0.43	0.50	3
7	0.33	0.12	1.00	3	30	0.86	0.56	0.50	1
8	0.53	0.22	0.50	3	31	0.21	0.31	0.75	3
9	0.29	0.33	0.00	2	32	0.74	0.84	0.75	1
10	0.49	0.19	0.25	2	33	0.58	0.21	1.00	3
11	0.45	0.34	0.50	3	34	0.33	0.29	0.75	3
12	0.88	0.36	0.00	2	35	0.32	0.00	0.75	3
13	0.31	0.23	0.50	3	36	0.42	0.20	0.50	3
14	0.47	0.53	0.50	1	37	0.32	0.28	0.50	3
15	0.31	0.19	0.50	3	38	0.37	0.89	1.00	3
16	0.22	0.32	1.00	3	39	0.74	0.00	0.25	1
17	0.32	0.19	0.75	3	40	0.19	0.22	0.75	2
18	0.19	0.07	0.50	3	41	0.40	0.05	0.00	3
19	0.64	0.14	0.75	3	42	0.85	0.37	0.00	2
20	0.76	0.09	1.00	3	43	0.32	0.33	0.00	2
21	0.94	0.43	0.50	1	44	0.56	0.30	1.00	2
22	0.46	0.63	0.75	1	45	0.74	0.75	0.75	3
23	0.55	0.26	0.75	3	46	0.69	0.15	0.25	1

续表

样本编号	车速偏好	车距偏好	交叉口两难区等待率	聚类类别	样本编号	车速偏好	车距偏好	交叉口两难区等待率	聚类类别
47	0.21	0.31	0.75	2	58	0.67	0.16	0.25	3
48	0.74	0.76	0.75	3	59	0.80	0.35	0.00	2
49	0.42	0.42	0.50	1	60	0.44	0.21	0.50	2
50	0.86	0.55	0.50	3	61	0.32	0.29	0.50	3
51	0.61	0.22	1.00	1	62	0.37	0.85	1.00	3
52	0.35	0.28	0.75	3	63	0.45	0.42	0.50	1
53	0.25	0.01	0.75	3	64	0.81	0.54	0.50	3
54	0.44	0.21	0.00	3	65	0.23	0.31	0.75	1
55	0.86	0.54	0.50	2	66	0.72	0.79	0.75	3
56	0.48	0.43	0.50	1	67	0.58	0.26	1.00	1
57	0.45	0.23	0.50	3					

注：编号 1~40 为城市道路试验样本，编号 41~67 为高速公路试验样本。

聚类 1 倾向于保持较高车速和车距，在交叉口两难区往往倾向于停车等待，为中立型驾驶员；聚类 2 倾向于保持较高车速、较低车距，在交叉口两难区往往倾向于加速通过，为激进型驾驶员；聚类 3 倾向于保持较低车速、较低车距，在交叉口两难区往往倾向于停车等待，为保守型驾驶员。

根据聚类结果，在高速公路试验样本中，中立型驾驶员占 25.9%（7 名），激进型驾驶员占 25.9%（7 名），保守型驾驶员占 48.1%（13 名）；在城市道路试验样本中，中立型驾驶员占 15.0%（6 名），激进型驾驶员占 17.5%（7 名），保守型驾驶员占 67.5%（27 名）。

2）驾驶经验分类

采用驾龄和驾驶里程数两个指标共同判别驾驶员的驾驶经验。根据国内相关交通管制法规和驾驶经验，以驾龄不小于 3 年且驾驶里程数不小于 5 000 km 作为熟练驾驶员的判别标准。在高速公路试验样本中，熟练驾驶员占 55.6%（15 名），非熟练驾驶员占 44.4%（12 名）；在城市道路试验样本中，熟练驾驶员占 47.5%（19 名），非熟练驾驶员占 52.5%（21 名）。

3) 驾驶特征分类结果

将驾驶员划分为熟练—中立型、熟练—激进型、熟练—保守型、非熟练—中立型、非熟练—激进型、非熟练—保守型六类,各类型占比情况见表3-14。

表3-14 驾驶特征分类占比

道路类型	熟练—中立型	熟练—激进型	熟练—保守型	非熟练—中立型	非熟练—激进型	非熟练—保守型
高速公路	2/7.4%	5/18.5%	5/18.5%	5/18.5%	2/7.4%	8/29.6%
城市道路	3/7.5%	2/5%	16/40%	3/7.5%	5/12.5%	11/27.5%
总样本	5/7.5%	7/10.4%	21/31.3%	8/11.9%	7/10.4%	19/28.4%

3.2.3 驾驶行为状态关键参数

3.2.3.1 跟驰驾驶行为状态关键参数

根据本章对跟驰行为特征的分析,车头时距、车头间距、车速差等驾驶行为变量均能反映各典型场景下的跟驰行为特性,TTC和TIT(time integrated time-to-collision)能较好地反映各典型跟驰场景下的风险情况。反映驾驶行为特征的车辆动力学和驾驶操纵指标则主要包括车辆的速度、加速度、减速度、加速踏板受力和制动踏板受力等。

各指标或变量的关键参数选取原则如下:

(1) 速度(km/h):用速度均值反映各典型场景下驾驶员的速度保持情况,用速度最大值和最小值反映其波动范围,用速度标准差反映其变异性;

(2) 加速度(m/s^2)、减速度(m/s^2):用加速度的均值和最大值反映加速阶段各典型场景下各类驾驶员的行车舒适性和稳定性,用减速度(绝对值)的均值和最大值反映减速阶段的行车舒适性和稳定性;

(3) 加速踏板受力(kPa)、制动踏板受力(daN):与加、减速度类似,用加速、制动踏板受力的均值和最大值反映加、减速阶段各典型场景下各类驾驶员的驾驶熟练度和行车稳定性;

(4) 车头时距(s)、车头间距(m):用车头时距、车头间距的均值和最小值反映各典型场景下各类驾驶员时距、空距的保持情况,用其标准差反映变异性;

（5）车速差（km/h）：用车速差的最大值和最小值反映各典型场景下各类驾驶员跟驰相对速度的波动范围，用标准差反映其变异性；

（6）TTC（s）：用 TTC 的最小值、1%分位值、3%分位值和 5%分位值反映各典型场景下各类驾驶员跟驰过程中的风险情况；

（7）TIT（s^2）：分别以 TTC 的 1%分位值、3%分位值和 5%分位值为阈值，用每 2 s 内平均 TIT 的均值和最大值反映其跟驰过程中的风险情况。

3.2.3.2 超车驾驶行为状态关键参数

根据本章对超车行为变量的分析，本车与前、后车间距，横向偏移，方向盘转角，超车用时等驾驶行为变量均能反映各典型场景下的超车行为特性，TTC 和 TIT 虽然是跟驰风险变量，但因其能较好地反映各典型超车驾驶场景下车辆与前车的风险情况，因此也将其作为超车行为变量。反映驾驶行为特征的车辆动力学和驾驶操纵指标则主要包括车辆的速度、加速度、减速度、加速踏板受力和制动踏板受力等。

各指标或变量的关键参数选取原则如下：

（1）速度（km/h）：用速度均值反映各典型场景下驾驶员的速度保持情况，用速度最大值和最小值反映其波动范围，用速度标准差反映其变异性；

（2）加速度（m/s^2）、减速度（m/s^2）：用加速度的均值和最大值反映加速阶段各典型场景下各类驾驶员的行车舒适性和稳定性，用减速度（绝对值）的均值和最大值反映减速阶段的行车舒适性和稳定性；

（3）加速踏板受力（kPa）、制动踏板受力（daN）：与加、减速度类似，用加速、制动踏板受力的均值和最大值反映加、减速阶段各典型场景下各类驾驶员的驾驶熟练度和行车稳定性；

（4）与前、后车间距（m）：用超车车辆与前、后车间距的均值和最小值反映超车行为阶段各典型场景下各类驾驶员与前、后车的车距保持情况，用标准差反映其变异性；

（5）横向偏移（m）：车辆横向偏移值的时序变化特征在超车和弯道行驶的识别和预测中应用较多，但其最大值、最小值和均值等统计值意义不大，因此采用横向偏移的标准差反映其变异性；

（6）方向盘转角（°）：用方向盘转角的最大值和最小值反映超车行为阶段各典型场景下各类驾驶员的转向驾驶熟练度和侧向行车舒适性，用标准差反映其变异性；

（7）超车用时(s)：用超车用时均值反映各典型场景下超车持续时长，用最大值和最小值反映其波动范围，用标准差反映其变异性；

（8）TTC(s)：用 TTC 的最小值、1%分位值、3%分位值和5%分位值反映各典型场景下各类驾驶员超车过程中的风险情况；

（9）TIT(s^2)：分别以 TTC 的 1%分位值、3%分位值和5%分位值为阈值，用每 2 s 内平均 TIT 的均值和最大值反映其超车过程中的风险情况。

3.3 基于支持向量机的驾驶行为选择模型

3.3.1 基于支持向量机的跟驰风险识别模型

考虑采用支持向量机模型(support vector machine, SVM)对驾驶行为风险进行识别和预测。支持向量机是一种良好的分类器，广泛应用于驾驶行为的分类筛选和识别预测中。研究根据高速公路晴雾天跟驰驾驶试验获取的驾驶行为数据，按 3.2.3 节所述方法建立驾驶行为状态向量（共 6 517 条），采用更能反映一定时间间隔内跟驰行为风险状况的 TIT 值作为风险指标。

碰撞时间 TTC 最早是由 Hayward 提出的，Minderhoud 和 Bovy 在 TTC 的基础上提出了用于对比不同交通情形的风险状况的两个指标 TIT 和 TET(time integrated time-to-collision)，并指出用于风险评价的 TTC 阈值必须适应该道路交通系统的安全特征。

TET 并未考虑当小于阈值 TTC′时，TTC 的变化情况和危险程度。TIT 则可弥补 TET 的不足。TIT 是指在一定的时间间隔 H 内，TTC 小于临界值 TTC′的部分 |TTC′−$TTC_i(t)$| 在其 TTC_i 小于 TTC′的时间上的积分，即

$$TIT_i = \int |TTC' - TTC_i(t)| \quad \forall TTC' > TTC_i(t) \quad (3-2)$$

TIT 的定义如图 3-28 所示。

当 TTC_i 小于临界值 TTC′时，TTC_i 越小，则 |TTC′−$TTC_i(t)$| 越大，TIT_i 也就越大。故该定义下，TIT_i 值越高，车辆就越不安全。TIT 的单位为 s^2。

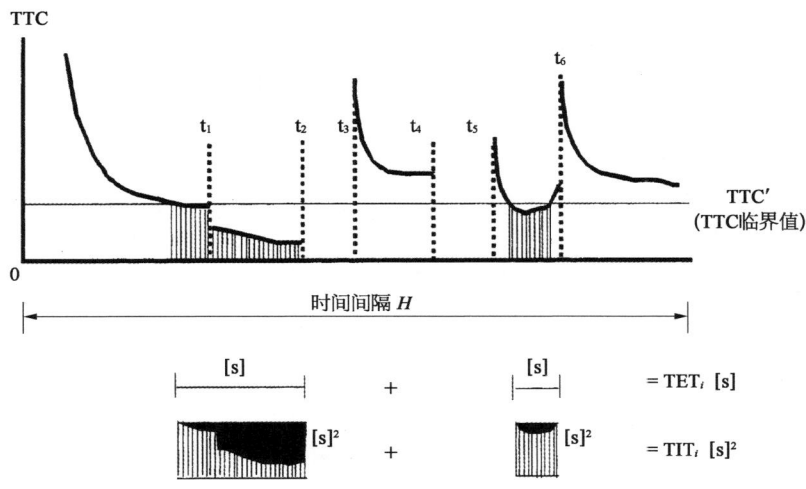

图 3-28 TIT 的定义

一般来说，较高的 TTC 值意味着更安全的交通状况。应用 TTC 及其衍生指标 TET 和 TIT 区分车辆之间的相互作用是相对危险还是相对安全之前，应根据实际场景选取合适的阈值 TTC′。TTC′的取值应该与道路、交通、驾驶员的特性和周边环境因素有关。对于一般公路和城市道路，Hirst 和 Graham 认为 TTC 的阈值取 4 s 及以上会导致过多误报的危险情况，因此建议 TTC 阈值取 3 s；Hogema 和 Jassen 在驾驶模拟器试验的基础上建议取值为 2.6 s；也有研究建议根据前后车相对速度取值等。对于高速公路，Gao 等建议高速公路工作区的阈值为 2 s 或 6 s，并将 TTC 小于 2 s 的冲突定义为严重冲突，将 TTC 介于 2~6 s 之间冲突的定义为一般冲突；Qiao 等建议高速公路车道变换警告系统在相对距离 0~20 m、20~40 m、40~60 m、>60 m 范围内的 TTC 阈值分别设置为 3.3 s、3.8 s、5 s 和 6.5 s。TIT 的计算与 TTC 阈值的选取有关，同时，模型需要选取一个合适的 TIT 阈值标定该时刻驾驶状态是否处于危险状态。研究利用前车速度、后车速度和车头间距这三个与 TTC 紧密相关的驾驶行为变量建立 SVM 模型，根据不同 TTC 阈值和 TIT 阈值组合得到模型准确率确定最佳的 TTC 和 TIT 阈值，结果表明在保证有一定的危险驾驶样本和较高的模型识别正确率基础上，最佳的 TTC 阈值为 4.5 s，最佳的 TIT 阈值为 3 s。因此，用 TIT 值对驾驶行为状态向量进行风险标记，选取前一半数据作为训练数据，后一半数据作为测试数据。通过选取不同的观测变量得到的模型正确率，获取各驾驶行为变量对风险辨识模型正确率的影响。

表 3-15 SVM 模型预测效果

模型	前车速度	前车加速度	后车速度	后车加速度	跟车间距	驾驶员性别	驾驶员年龄	驾驶员驾龄	驾驶员职业	平均加速踏板受力	最大加速踏板受力	平均制动踏板受力	最大制动踏板受力	环境因素	预测准确率
模型 1	√	√	√	√	√	√	√	√	√	√	√	√	√	√	99.33
模型 2		√	√	√	√	√	√	√	√	√	√	√	√	√	99.09
模型 3	√		√	√	√	√	√	√	√	√	√	√	√	√	99.2
模型 4	√	√		√	√	√	√	√	√	√	√	√	√	√	不收敛
模型 5	√	√	√		√	√	√	√	√	√	√	√	√	√	99.27
模型 6	√	√	√	√		√	√	√	√	√	√	√	√	√	99.13
模型 7	√	√	√	√	√		√	√	√	√	√	√	√	√	99.26
模型 8	√	√	√	√	√	√		√	√	√	√	√	√	√	不收敛
模型 9	√	√	√	√	√	√	√		√	√	√	√	√	√	99.06
模型 10	√	√	√	√	√	√	√	√		√	√	√	√	√	不收敛
模型 11	√	√	√	√	√	√	√	√	√		√	√	√	√	99.32
模型 12	√	√	√	√	√	√	√	√	√	√		√	√	√	99.32
模型 13	√	√	√	√	√	√	√	√	√	√	√		√	√	99.32
模型 14	√	√	√	√	√	√	√	√	√	√	√	√		√	99.25
模型 15	√	√	√	√	√	√	√	√	√	√	√	√	√		99.35

由表 3-15 可知，环境因素、平均加速踏板受力、最大加速踏板受力、平均制动踏板受力四个因素对模型预测准确率帮助不大。但下一阶段的驾驶行为参数化描述中是否需要去掉上述变量或考虑其他变量，还需要通过研究更多道路交通情景下的驾驶行为状态确定。

3.3.2 基于支持向量机的超车行为识别模型

实际的连续驾驶过程往往在不同驾驶场景之间切换，对研究对象所处交通安全风险的实时动态评估应在甄别出具体驾驶场景的基础上有针对性地评估其风险状况,因此需研究不同驾驶场景的识别和切割方法。考虑在实际的驾驶场景中,道路设施条件、气候环境和交通状况往往是已知的,因此场景识别的重点是对驾驶行为类型的识别。主要研究内容为跟驰和超车过程中的风险情况,故本节主要介绍超车行为的识别方法,并综述了车道保持和变道、超车识别的模型和算法。结合相关研究,确定采用支持向量机作为分类器,实现对超车行为的识别。

3.3.2.1 支持向量机

支持向量机是机器学习的研究热点之一,现已被广泛应用于数据驱动下的各类模式识别研究中。利用支持向量机进行分类识别的基本原理为:首先把训练数据集非线性映射到高维特征空间中,将在输入空间中线性不可分的数据集变为线性可分的数据集。随后在特征空间建立一个具有最大隔离距离的最优分离超平面,这也相当于在输入空间中产生一个最优非线性决策边界,达到对数据分类的目的。如图3-29所示,图中的实线与两个类之间最近向量的距离最大,即为支持向量机确定的最优分离超平面。

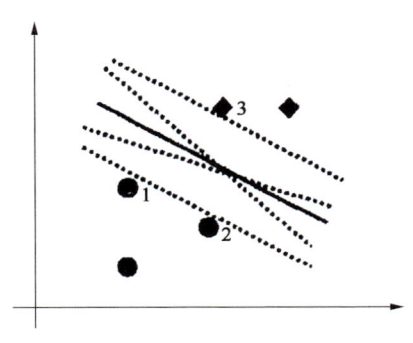

图3-29 支持向量机确定的最优超平面

3.3.2.2 超车行为识别模型

根据3.2.1.3节的分析,超车行为过程中车辆与前后车间距、横向偏移、方向盘转角及加速踏板受力等变量的变化显著。以城市道路驾驶模拟试验40个驾驶员的时间序列数据为样本,标记超车阶段的时间序列数据,分析2 s内上述变量的均值、最大值、最小值和标准差等统计指标与车辆超车行为的相关性。

表 3-16 超车指标相关性分析

指标		相关系数		显著型检验(=0.05)	
		Pearson	Spearman	Pearson	Spearman
均值	与前车间距	0.379	0.416	显著(0)	显著(0)
	横向偏移	0.013	−0.037	不显著(0.087)	显著(0)
	方向盘转角	0.011	−0.063	不显著(0.154)	显著(0)
	加速踏板受力	0.019	0.002	显著(0.017)	不显著(0.847)
最大值	与前车间距	0.101	0.488	显著(0)	显著(0)
	横向偏移	0.020	0.168	显著(0.010)	显著(0)
	方向盘转角	0.019	0.186	显著(0.018)	显著(0)
	加速踏板受力	0.018	−0.001	显著(0.020)	不显著(0.90)
最小值	与前车间距	0.261	0.270	显著(0)	显著(0)
	横向偏移	−0.321	−0.212	显著(0)	显著(0)
	方向盘转角	−0.124	−0.316	显著(0)	显著(0)
	加速踏板受力	0.015	0.015	不显著(0.052)	不显著(0.061)
标准差	与前车间距	0.096	0.521	显著(0)	显著(0)
	横向偏移	0.025	0.405	显著(0.002)	显著(0)
	方向盘转角	0.021	0.456	显著(0.009)	显著(0)
	加速踏板受力	0.018	−0.009	显著(0.020)	不显著(0.266)

由表 3-16 显著性检验结果可知,加速踏板受力与超车行为相关性不显著;车辆与前车间距的均值、最小值和标准差,横向偏移的最小值和标准差,以及方向盘转角的最小值和标准差与超车行为相关性较强。故选用上述 7 个指标构建支持向量机的分类器,从连续的驾驶行为过程中识别超车阶段。共采集到 10 842 个时间序列样本点。对上述 7 个指标进行标准化,选取 50% 的样本点对模型进行训练,另外 50% 的样本点作为验证数据。最终得到模型的准确率为 85.81%。

以与前车间距最小值和横向偏移最小值为示例,分类结果如图 3-30 所示。

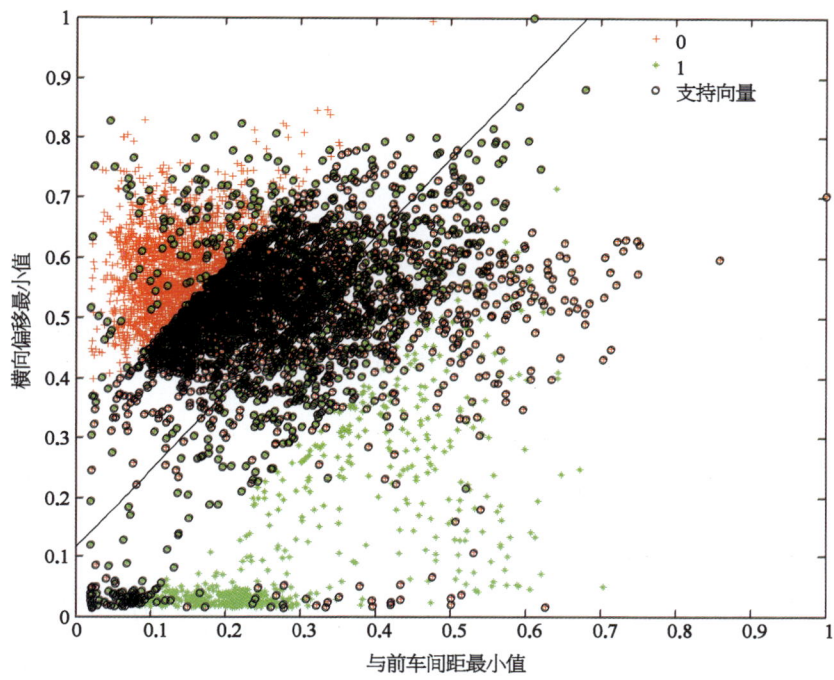

图 3-30　支持向量机分类效果示意

3.3.3　基于支持向量机的弯道行驶轨迹预测模型

3.3.3.1　参数选取

冰雪天气下,车辆过弯风险等级可由车辆横向滑移来表征,而横向滑移可由横向滑移率 LSI 表示,如式(3-3)所示:

$$\text{LSI} = \frac{\dfrac{Gv^2}{gR}\cos\alpha - G\sin\alpha}{\left(G\cos\alpha + \dfrac{Gv^2}{gR}\sin\alpha\right)\varphi} = \frac{v^2 - igR}{(v^2 i + gR)\varphi} \quad (3-3)$$

式中各参数意义如图 3-31 所示。

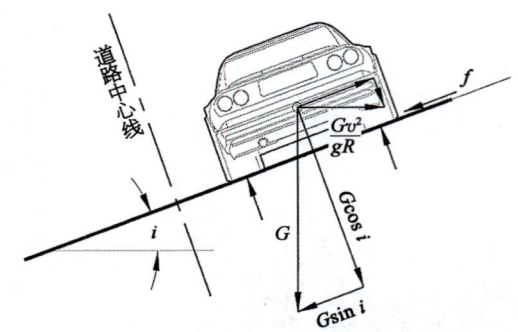

图 3-31 车辆过弯受力简图

对各重要参数与横向滑移率的相关性进行分析,结果见表 3-17。

表 3-17 LSI_{max} 与主要变量 Pearson 相关性分析

		R	f	drec	v_a	d_a
LSI_{max}	Pearson 相关性	-0.507*	-0.325*	-0.080	-0.210*	0.290*
	显著性(双侧)	0.000	0.000	0.052	0.000	0.000
	N	593	593	593	593	593

注:* 在 0.01 水平(双侧)上显著相关。

其中,R 为道路半径,f 为附着系数,$drec$ 为转向,v_a 为平均车速,d_a 为车道偏移量。可知,在线性关系上,LSI_{max} 与 R 有较强相关性,与 f、v_a、d_a 呈弱相关,与行车方向无关。

对车速和车道偏移分别进行差异性检验,结果见表 3-18,其中,下标 1、2 分别指直缓点、缓直点的相关参数。

表 3-18 横向滑移风险驾驶操控变量均值、标准差及差异性检验

变量	风险等级	均 值	标准差	正态性检验	方差检验	秩和检验
v_1	1	40.84	12.61	不显著(0.200)	不显著(0.162)	显著(0.000)
	2	36.94	12.30	显著(0.026)		
	3	34.01	10.43	显著(0.031)		

续　表

变量	风险等级	均　值	标准差	正态性检验	方差检验	秩和检验
v_2	1	37.53	14.08	显著(0.000)	显著(0.001)	显著(0.000)
	2	33.44	12.57	显著(0.000)		
	3	30.05	9.44	显著(0.000)		
d_1	1	0.01	0.40	不显著(0.228)	显著(0.000)	不显著(0.997)
	2	0.05	0.56	显著(0.004)		
	3	0.05	0.47	显著(0.045)		
d_2	1	0.08	0.89	显著(0.006)	显著(0.000)	不显著(0.239)
	2	0.00	1.53	显著(0.000)		
	3	0.11	1.75	显著(0.005)		

综上所述,模型的预测变量选择初步为 R、f、v_1、v_2,但由于 v_1、v_2 有内在相关性,通过分类器试算得知,选择 v_1、v_2 之一以降低预测变量维度,在提升计算效率的同时并不会对预测精度造成明显影响,考虑到 v_1 为直线与平曲线转换点的车速,距离圆曲线仍有一段距离,因此以 v_1 作为风险预测变量的价值更高,至此,预测变量选择确定为 R、f、v_1。

3.3.3.2　模型构建

通过 K-means 聚类算法对样本的 LSI 进行分类,通过划分出的 LSI 数值区间可对冰雪天气车辆过弯风险进行分级,图 3-32 为 LSI 在不同半径、摩阻系数条件下的空间分布,具体的区间划分见表 3-19。

表 3-19　LSI_{max} 聚类分析结果

风险等级	指标所在区间	N	
1	$LSI_{max}<0.46$	350	59.0%
2	$0.47<LSI_{max}<1.11$	188	31.7%
3	$1.12<LSI_{max}$	55	9.3%

通过对不同分类器的预测精度进行评估,支持向量机具有较高的预测精

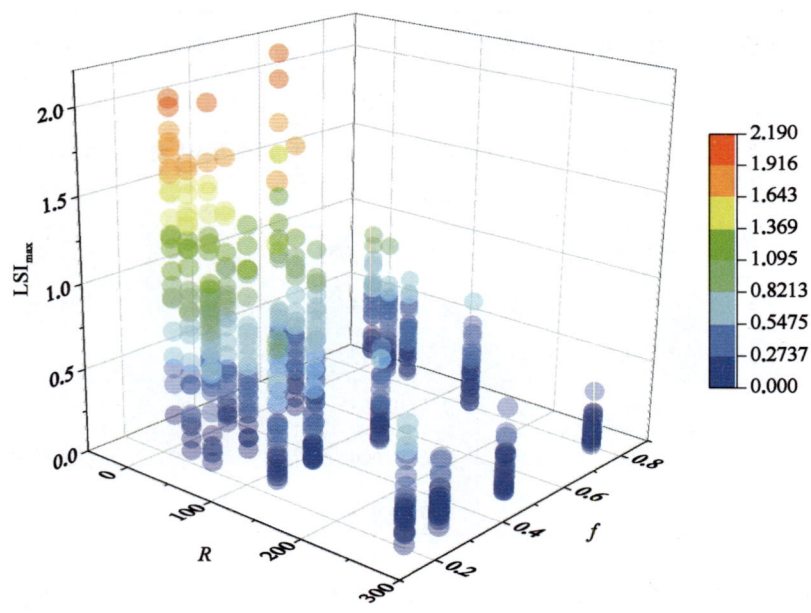

图 3-32　LSI_{max} 在不同半径与附着系数下的分布

度,因此运用支持向量机作为预测模型的主要架构。参数选择主要为核函数及其相关参数、惩罚参数 C、多分类方法等,应根据具体研究内容,结合相关经验确定,核函数的适用性与样本量、状态向量的维数有关。根据前文的分析,状态向量为三维,样本量为 593,初步判定适用的核函数为线性核、多项式核与高斯径向核。通过网格搜索对各类核函数与惩罚参数 C 的组合效果进行比较,结果表明以二次核为核函数、惩罚参数 C 在 0.5~15 范围内对总体的预测效果较好。考虑到在实际应用中的保守原则,与低风险被误报为较高风险相比,高风险误判为较低的风险更加不能被接受,在保证总体预测精度的同时,继续对 C 值进行调整,以提升对中高风险预测的精确度,最终确定以二次核作为核函数及 C=12 构建 SVM 分类器,如式所示:

$$K(x_i, x_j) = (\langle x_i, x_j \rangle + 1)^2 \quad (3-4)$$

采用 10 折交叉验证对横向滑移风险的预测精度进行计算,与其他核函数与惩罚参数 C 构建的 SVM 相比,具有较高的 AUC(0.88)值与总体预测精度(76.9%)。各等级风险的预测精度如表 3-20 所示。

表 3-20　横向滑移风险评估模型误差矩阵

实际值		预　测　值		
		低风险	中风险	高风险
实际值	低风险	**85%**	14%	1%
	中风险	29%	**63%**	8%
	高风险	0	35%	**65%**

因各类风险的样本数量不同，由预测误差矩阵可以发现低风险较中高风险有更高的预测精度，同时预测模型对于风险级别的误判几乎集中在邻近级别，即低风险与高风险之间的相互误判率极低。综上，模型具有一定适用性，在获得更多训练数据时可达到更好的预测效果。

第 4 章
驾驶行为谱分析及特征值分析

本章从车辆表现出来的行为与外界环境两方面出发,搭建了交通行为谱研究的体系架构,明确了交通行为与环境两方面的具体构成指标,其中交通行为指标进一步划分为单一车辆指标和多车之间的交互指标,环境指标主要包括气象环境、交通环境和道路环境三大类。在此基础上,明确了两种典型交通行为(跟驰与变道)的交通行为谱特征参数。考虑到交通行为与交通安全的密切关系,从不良跟驰、蛇形驾驶、车速不稳定和不良变道四方面出发,建立了不良交通行为谱的判定方法,为不良交通行为的判定提供理论依据。

4.1 驾驶行为谱的组成

前文对驾驶行为谱进行了明确的定义,确定了驾驶行为谱包含的内容及相关指标的确定。图4-1为驾驶行为谱的架构图。

4.1.1 环境指标

任何一种交通行为均是在一定的环境条件下发生的,交通行为所处的环境条件分为公路环境、交通环境和气象环境,见表4-1。

公路环境指标为公路等级与公路线形,其中公路线形指标主要包括曲线半径、直线长度、纵坡坡度、车道宽度、车道数等。公路所处区域分为山区、平原两种类型。

气象环境指标主要指雨、雪、雾和正常天气条件下的环境状况,采用公路摩擦系数和能见度两项指标来定量化表达雨、雪、雾等特殊气候对行驶环境的影响程度。

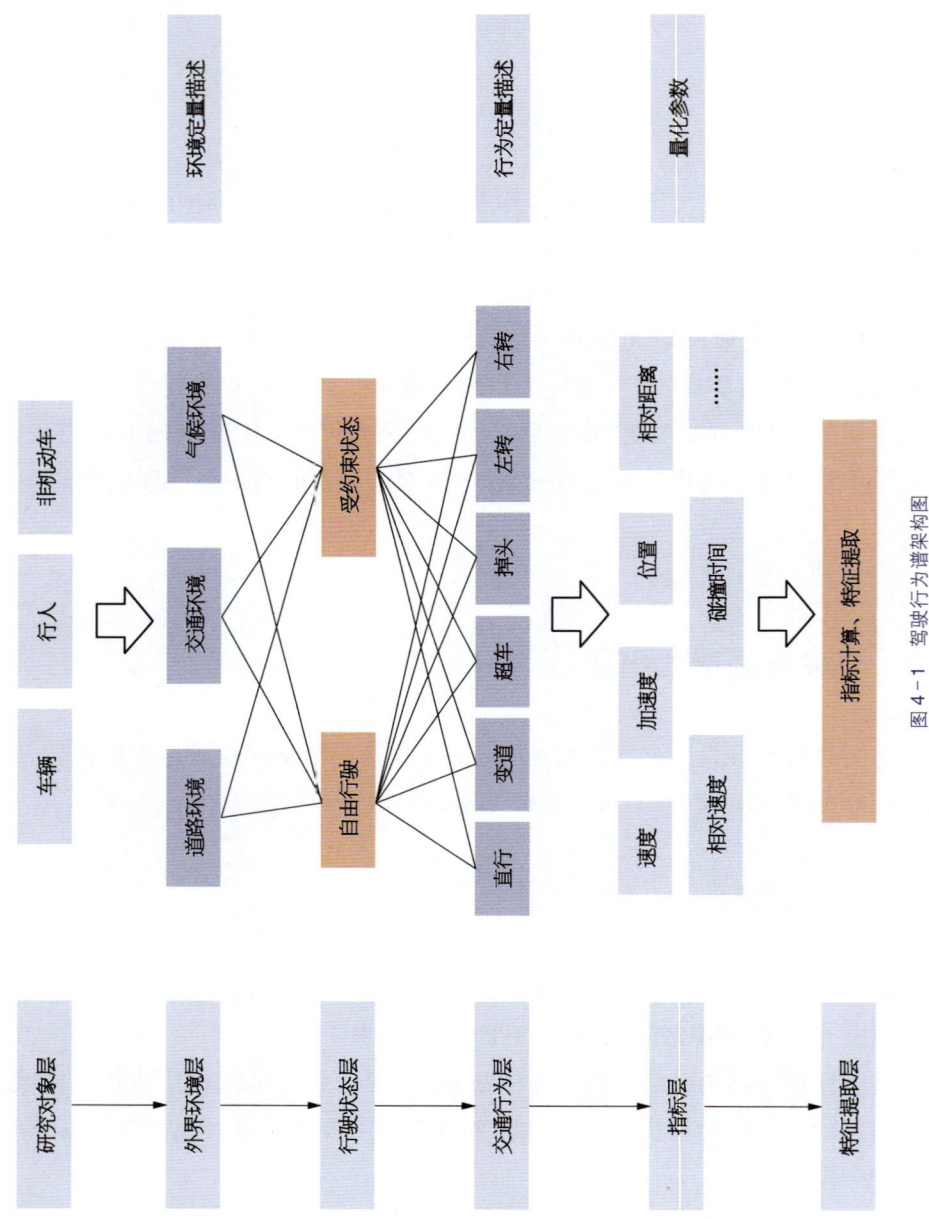

图 4-1 驾驶行为谱架构图

表 4-1 环境参数

序号	分类	具体指标	
1	气象环境	VIS	能见度
2		f	摩擦系数
3	交通环境	v/C	服务水平
4		P_t	铰接列车比例
5		v_l	路段限速值
6	公路环境	N_{lane}	车道数
7		L_a	所处区域类,如山区、平原等
8		I_n	线形指标,如曲线半径、纵坡坡度等
9		S_t	构造物类别,如隧道、桥梁、立交等
10		Rs	路侧设施,如护栏、标志立柱、灯杆等

交通环境指标主要包括交通流密度、车型组成和路段限速值等相关的交通管理规定,采用服务水平表征交通流密度、铰接列车的比例表征车型组成。

4.1.2 单一交通行为指标

交通行为指标主要分为单一交通行为指标和群体交通的相互状态指标。单一交通行为指标主要指其行为主体本身的状态指标,单一交通行为指标见表 4-2。

表 4-2 交通单体行为指标

序号	具体指标	说明
1	TY	车辆类型,小客车、大型客车、铰接客车、载重汽车、铰接列车
2	v	速度
3	a	加速度
4	Lane	车道位置
5	DL	偏移车道中心距离

4.1.3 多车相互状态指标

多车相互状态指标是指车辆自身与相关车辆之间的状态指标。主要包括3种不同的状态,分别是跟驰、变道和超车。超车可以分解为两次连续的变道,因此仅列出跟驰与变道状态的相关指标:在跟驰状态下,与前车的状态指标;在变道状态下,与本车道前车的状态和与目标车道前后车之间的状态数据。

4.1.3.1 跟驰行为

跟驰行为状态数据主要包括与前车的相对速度和距离。基于这些参数,可以衍生出多种不同的状态指标,包括相对速度、TTC等指标。车辆之间的相互状态如图4-2所示。

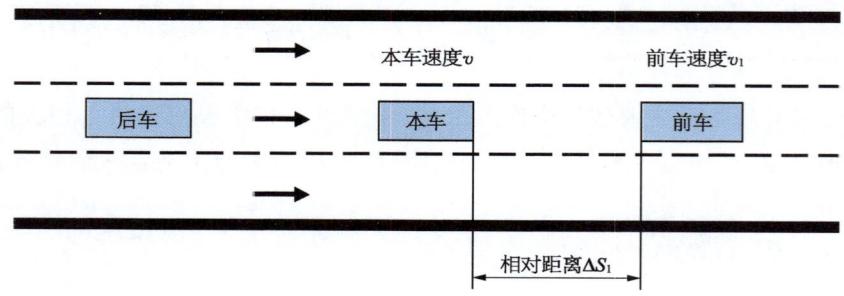

图4-2 车辆之间的动态行为示意图

跟驰行为相互状态指标见表4-3。

表4-3 跟驰行为相互状态指标

序 号	具体指标	说 明
1	v	本车速度
2	v_1	前车速度
3	ΔS_1	与前车相对距离

4.1.3.2 变道行为

变道行为的状态数据不仅要包括跟驰行为的状态数据,还需要包括与目标车道前后车之间的关系,主要是与目标车道前后车的相对速度与距离关系。基于这些参数,可以衍生出多种不同的状态指标,包括相对速度、TTC、MTC 等指标。变道行为如图 4-3 所示。

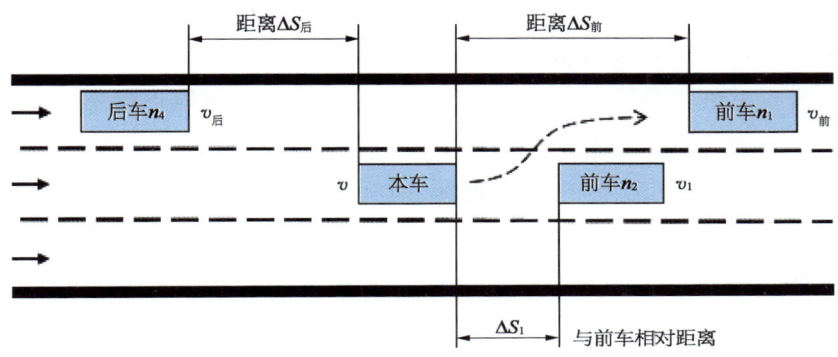

图 4-3　车辆之间的动态行为示意图

变道过程与目标车道车辆之间的相互状态指标见表 4-4。

表 4-4　车辆之间的相互状态指标(变道过程)

序　号	具体指标	说　　明
1	v	本车速度
2	v_1	目标车道前车速度
3	v_2	目标车道后车速度
4	ΔS_1	与目标车道前车的距离
5	ΔS_2	与目标车道后车的距离

4.1.4　驾驶行为谱特征参数

所谓驾驶行为谱特征参数,是指能够表征驾驶员行为特征的一系列参数,它是在驾驶员行为状态指标上进行一系列计算而得到的,采用的计算方法不同,所表示的特征含义也将有所不同。一般采用最大值、最小值和方差等方法进行表征计算时间内的行为特征规律。不同的特征参数代表不同的行为规律。例如,对于交通安全而言,重点关注与安全行驶相关的特征参数,例如超速、跟驰距离过近、频繁变换车道等。由于跟驰行为与变道行为所涉及的相关车辆有所区别,因此将跟驰行为与变道行为所对应的驾驶行为谱特征参数进行分别说明。

4.1.4.1 计算时间间隔

在进行驾驶行为谱计算之前,首先应当确定计算的时间间隔。时间间隔的确定由数据的精度和需求目标共同来决定。例如数据精度较差、波动性较大,则不宜采用较小的时间间隔,因为较小的时间间隔很可能增大数据计算结果的误差。如果想计算实时的交通安全水平,则应该采用较小的时间间隔。

4.1.4.2 跟驰行为的特征参数

计算一定时间段内基础指标,以及由这些基础指标所衍生出来的新指标,例如最大值、最小值、平均值、标准差、TTC 等。相关的特征参数见表 4-5。

表 4-5 驾驶行为谱特征参数

序号	指标类别划分		具体指标		特征参数
1	车辆行为指标	车辆自身指标	TY	车型	小客车、大型客车、铰接客车、载重汽车、铰接列车
2			v	速度	最大值
3					超速百分比
4					最小值
5					平均值
6					标准差
7			P_{lane}	变道率	变道率
8			a	加速度	最大值
9					最小值
10					平均值
11					标准差

续表

序号	指标类别划分		具 体 指 标		特 征 参 数
12	车辆行为指标	车辆自身指标	DL	偏移车道中心距离	最大值
13					平均值
14					标准差
15		相互状态指标	Δv_1	本车与前车的相对速度	最大值
16					平均值
17					标准差
18			ΔS_1	与前车相对距离	最小值
19					平均值
20					标准差
21			MTC_1	与前车的碰撞余量	最小值
22					平均值
23					标准差
24			TTC_1	与前车碰撞时间	最小值
25					平均值
26					标准差

4.1.4.3 变道行为的特征参数

对于变道行为,除了要采集跟驰行为的相关指标外,还需要考虑与目标车道前后车的相互状态关系,具体参数见表 4-6。

表 4-6 变道行为特征参数

序 号	具 体 指 标		特 征 参 数
1	Δv_1	与目标车道前车的相对速度	最大值
2			平均值
3	Δv_2	与目标车道后车的相对速度	最大值
4			平均值

续　表

序号	具体指标		特征参数
5	ΔS_1	与目标车道前车相对距离	最小值
6			平均值
7	ΔS_2	与目标车道后车相对距离	最小值
8			平均值
9	MTC_1	与目标车道前车的碰撞余量	最小值
10			平均值
11	MTC_2	与目标车道后车的碰撞余量	最小值
12			平均值
13	TTC_1	与目标车道前车碰撞时间	最小值
14			平均值
15	TTC_2	与目标车道后车碰撞时间	最小值
16			平均值

4.2　不良驾驶行为风险参数及阈值

4.2.1　不良驾驶行为的分类

驾驶行为是驾驶员操作车辆后的外在表现,其过程为车辆行驶时,驾驶员通过感知外界的道路环境和交通环境等外界信息,对信息进行综合分析然后决策,最后通过操作改变车辆的速度和方向,使得车辆能快速通行。而不良驾驶行为主要是指驾驶员为实现自己的驾驶意图而产生不规范、违反交通规则等侵犯其他交通参与者的利益,并导致或者可能导致交通秩序紊乱、危害他人或自身安全的驾驶行为,例如超速行驶、违规超车等不良驾驶行为。

驾驶员在驾驶中的不良驾驶行为很多,在不同等级的公路出现的不良驾驶行为也有差异,对交通安全的危害程度也各不一样。不良驾驶行为研究中的一项基本任务就是对不良驾驶行为进行分类。

4.2.1.1 国省干道不良驾驶行为的分类

我国公路网行政等级共分为五级：国道、省道、县道、乡道和专用路。截至 2017 年末，我国国道里程 $35.84×10^4$ km，省道里程 $33.38×10^4$ km。国省干道交通较复杂，相关资料表明在国省干道立案的交通事故中，肇事车辆多为小客车、摩托车和小货车，这类事故占事故总数的 60% 以上，且相比其他等级公路，国省干道公路交通事故程度更为严重。

国省干道驾驶工况下，驾驶条件相对单一，道路车道线明显，行驶过程主要以跟驰与超车行为为主。国省干道（双车道）公路的交通事故多发生在线性条件良好的平直道路上，原因是平直路段为公路的主要组成部分，驾驶员在平直路段上更容易发生超速行驶、跟驰过近以及不良变道等不良驾驶行为。其中，超速行为对国省干道交通安全性影响十分明显。驾驶员超速行为会导致驾驶员视野变窄，动视力和辨别事物的能力下降，根据实测结果，车速提高 1/3，则视认距离降低 33%。超速还会影响车辆操纵稳定性。跟驰距离过近会导致在突发情况下给予驾驶员的反应时间过短，容易发生追尾冲突，追尾冲突发生时，会采取制动与变道驾驶行为避险，若操作不当极易导致车辆刮擦和追尾碰撞等交通事故；超车行为也存在刮擦和追尾碰撞的风险。分析总结国省干道历年交通事故致因，可以将国省干道的不良驾驶行为分为超速行驶、不良变道、跟驰距离过近、车道侵占、频繁加减速和行车偏航等几类。

4.2.1.2 低等级公路不良驾驶行为分类

按照《公路工程技术标准》（JTG B01—2014）的公路分级标准，我国公路分为高速公路、一级公路、二级公路、三级公路和四级公路等 5 个技术等级，一般将三级公路和四级公路合称为低等级公路。三级公路沟通县及县以上城镇的一般干线公路。四级公路沟通县、乡、村等的支线公路。

截至 2017 年年底，全国公路总里程 $477.35×10^4$ km，其中低等级公路里程达到 $371.64×10^4$ km，占公路总里程 77.9%。结合道路里程统计数据，我国低等级公路在道路总里程中占比持续增长，从 2006 年的 52.18% 至 2016 年的 77.9%，占比增加接近 5 成。低等级公路相对高速公路、干道公路和城市道路来说，存在混合交通、交通组成复杂、出入口多、弯道较多等问题。通过事故数据统计,低等级公路发生频率最高的事故形态包括同向刮擦和翻车等。分析总结低等级公路历年交通事故致因,可以将低等级公路的不良驾驶行为分为跟驰过近、违规超车、蛇形驾驶(横向摆动)、车道侵占、速度不稳定、不良变道和强行插入等几类。

4.2.2 不良驾驶行为风险参数

不良驾驶行为风险参数 MOR(measurement of risk)是研究不良驾驶行为的前提和基础。本书针对低等级公路和国省干道公路,综合对比分析了相关交通事故数据和视频数据,参考相关研究,针对不同的不良驾驶行为提出对应的 MOR。

已经针对国省干道公路和低等级公路将不良驾驶行为分为跟驰过近、危险变道、不良变道、蛇形驾驶(横向摆动)、车道侵占、速度不稳定和强行插入等几类。

跟驰过近主要体现在前、后车车头时距或者距离过近,车距保持不足,会导致车辆追尾和连环碰撞等交通事故的驾驶行为。

危险变道是指车辆在变道的过程中,与周围车辆之间因速度差较小、间距保持不足或对向车道有来车会引发危险的驾驶行为。危险变道容易对交通流造成较大干扰,从而引起交通事故。

不良变道是指车辆在变道过程中,由于操作不当引起交通冲突的驾驶行为。不良变道主要体现为频繁变换车道、连续变换两车道等。频繁变道是指驾驶员变更车道的次数超过正常安全行驶变更车道次数的驾驶行为。

蛇形驾驶是指车辆在行驶过程中左右摆动,呈现蛇形驾驶状态的驾驶行为,频繁横向摆动容易干扰周围车辆的视线,导致周边驾驶员对交通情况判断不及时从而引发交通事故。

车道侵占是指驾驶员所驾驶的车辆未在规定车道行驶的驾驶行为,主要体现为压线行驶。这本身就是一种违章的驾驶行为,不仅会对自身车辆产生不利影响,也会影响周围正常行驶的车辆安全。

速度不稳定主要体现在车辆频繁加减速,容易造成后车驾驶员无法准确判断跟驰距离,从而导致车辆追尾和连环碰撞等交通事故。

强行插入和正常汇入的差异体现在汇入车辆驾驶员对可插车间隙的选

择,驾驶员选择安全间隙时间实施汇入行为不会对主路交通流造成不良影响。但汇入车辆驾驶员在小于临界间隙时间的强制汇入行为则会严重影响主路车流的运行效益和交通安全。

由以上分析可知这些不良驾驶行为与车辆的行驶速度、加速度、车头时距等参数有关。由于研究是针对车辆的驾驶轨迹,故构建各不良驾驶行为 MOR 时所选取的参数必须是可测、可控的,利用现有的技术手段如车载传感器、视频等可以直接测量的,而且对数据的精度有一定要求。具体描述见表 4-7 和表 4-8。

4.2.3 风险参数的阈值确定

上一节提出的 MOR 在不同的驾驶环境中存在一定的差异性,所以需要构建典型场景工况集合,对比分析不同场景下的不良驾驶行为和正常驾驶行为,以确定 MOR 阈值。MOR 阈值还需要通过模拟驾驶试验进行进一步的修正和验证,从而为国省干道公路和低等级公路的不良驾驶行为判断提供标准。

道路系统是一个包含了人、车、路、环境在内的动态系统,系统中各因素相互影响,共同维持系统平衡。而系统一些因素(如道路状况、交通量、天气状况等)的动态变化都会对驾驶员的驾驶行为产生重要影响。因此不良驾驶行为识别参数即 MOR 阈值的确定应该遵循以下原则:MOR 的阈值应体现道路系统的动态特性;MOR 的阈值应该是合理的,不应该过低,避免将绝大多数驾驶员的正常驾驶行为识别为不良驾驶行为;对于不同等级不同路面情况的道路,MOR 的阈值也应不同。

目前国内对于不良驾驶行为判断的定量指标界定处于空白阶段。为了明确 MOR 的阈值,可以借鉴目前路段限速值的确定方法。目前国内外对于路段限速值的确定大都采用 85% 车速作为基准,美国交通工程学会车速限制区间指导委员会建议,车辆限速值应该建立在工程研究的基础上,其数值最好是比 85% 位车速高 5 mph 左右;加拿大多伦多大学土木工程系的公路限速研究报告指出,在实施限速时需要将 85% 车速作为重要因素考虑。且大量研究表明,车辆以 85% 位车速行驶时发生事故率最低,以 85% 位车速作为限速值达到了很好的车速管理效果。

因此,本书使用的 MOR 阈值的确定方法为:基于无人机拍摄的交通流视

表 4-7 低等级公路（双向双车道）不良驾驶行为类别及 MOR

序号	不良驾驶行为类别	不良驾驶行为描述	相关参数	MOR	备注
1	不良跟驰	车辆跟驰过近	本车速度 v，前车速度 v_p，前后车间隔 x_r	$\dfrac{v-v_p}{x_r}$	
2	危险变道（超车即为两次变道行为，所以不单独研究）	对向车道无车辆	本车速度 v，原车道前车速度 v_p，原车道前后车间隔 x_r	$\dfrac{v-v_p}{x_r}$，$\dfrac{v_f-v}{x_r}$	原车道变道对向车道
		对向车道有车辆时超车	本车速度 v，原车道前车速度 v_p，目标车道对向车辆速度 v_{tp}，前后车间隔 x_r	$\dfrac{v+v_p}{x_r}$（只计算完全变道到对向车道的瞬间值即可），$\dfrac{v-v_p}{x_r}$	原车道变道对向车道因为两车对向行驶的，风险参数是不断增加的，所以在对向车道的起始和终点两个值即可
				$\dfrac{v+v_p}{x_r}$（只计算完全变道到原车道的瞬间值即可），$\dfrac{v_f-v}{x_r}$	对向车道变道原车道
3	蛇形驾驶（横向摆动）	车辆行驶过程中左右摆动的驾驶状态	横向速度 v_{lat}	$\mathrm{var}(v_{lat})/\overline{v_{lat}}$	横向速度变异系数，即方差与均值的比值
4	车道侵占	压线行驶，侵占到其他道路	压线时间 t，单位时间窗口 T	$\dfrac{t}{T}$	例如，以 3 s 为一时间窗，压线时间窗，判断 1 s 为滑动长度，判断下一个 3 s 内的压线时间。时间窗和滑动长度可经过比较后确认
5	速度不稳定	加减速频繁	本车纵向速度 v	$\mathrm{var}(v)/\overline{v}$	纵向速度均值与方差的比值

表 4-8 普通公路(多车道)的不良驾驶行为及 MOR

序号	不良驾驶行为类别	不良驾驶行为描述	相关参数	MOR	备注
1	不良跟驰	车辆跟驰过近	本车速度 v,前车速度 v_p,前后车间隔 x_r	$\dfrac{v-v_p}{x_r}$	
2	危险变道(危险超车行为,实际上就是两次变道行为,分别评价两次变道行为即可)	变道过于激进而产生危险	本车速度 v,原车道前车速度 v_p,目标车道前车速度 v_{tp},目标车道后车速度 v_{tf},前后车间隔 x_r	$x_1=\dfrac{v-v_p}{x_{r1}}, x_2=\dfrac{v-v_{tp}}{x_{r2}}, x_3=\dfrac{v_{tf}-v}{x_{r3}}$(三者取最大值,即可该次变道的风险值)	只考虑本车与原车道前车,目标车道前后车这3辆车之间的风险
3	强行插入	强行变换车道,插入车辆	目标车道前车速度 v_{tp},目标车道后车速度 v_{tf},前后车间隔 x_r	$\dfrac{v_{tf}-v_{tp}}{x_r}$	强行插入的前提是,目标车道的前后车间距比车辆本身的长度小
4	蛇形驾驶(横向摆动)	车辆行驶过程中左右摆动的驾驶状态	横向速度 v_{lat}	$\text{var}(v_{lat})/\overline{v_{lat}}$	横向速度变异系数,即方差与均值的比值
5	车道侵占	压线行驶,侵占到其他道路	压线时间 t,单位时间窗口 T	$\dfrac{t}{T}$	例如,以 3 s 为一时间窗,然后以 1 s 内的压线时间长度,判断下一个 3 s 内滑动时间窗的压线长度可经过比较后确认
6	速度不稳定	加减速频繁	本车纵向速度 v	$\text{var}(v)/\overline{v}$	纵向速度均值与方差的比值
7	不良变道	频繁变换车道,连续双车道变换	变道的次数 x,单位时间窗口 T	$\dfrac{x}{T}$	例如,以 3 s 为一时间窗,然后以 1 s 内变道的次数,判断下一个 3 s 内滑动时间窗和滑动长度可经过比较后确认

频提取大量车辆轨迹数据,绘制相同驾驶环境下的各项 MOR 的累计频率分布图。在 MOR 累计频率分布曲线图上,与纵坐标上累加百分数相对应的 MOR 称为百分位 MOR,选取合适的累计频率的百分位 MOR 值作为该驾驶环境的 MOR 的阈值。借鉴路段限速值的确定方法,初步选取累计频率为 85% 时的 MOR 值作为对应驾驶环境的 MOR 阈值。

4.2.4 实例分析

视频采集时间为 10 min,路段覆盖长度为 230 m,采集路段和车辆轨迹提取如图 4-4 和图 4-5 所示。

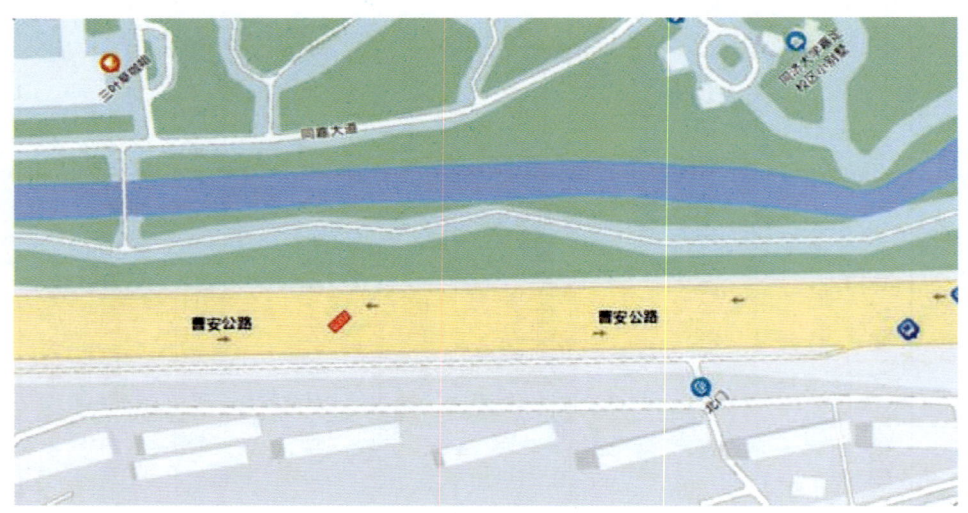

图 4-4 采集路段

基于无人机数据和 MOR 的定义,得到如下结果:

(1) 频繁加减速 MOR 分布如图 4-6 所示。部分驾驶员在驾驶过程中存在频繁加减速的行为。MOR 为驾驶过程中速度标准差与速度均值的比值,即速度的变异系数。MOR 越小,说明行驶过程越平稳。85% 的驾驶员速度变异系数小于 0.122 7。

(2) 跟驰行为 MOR 由图 4-7 可知,在跟驰驾驶过程中,存在过近跟驰问题。MOR 代表在跟驰过程中,车辆相对速度与相对距离的比值,MOR 值越小,说明跟驰过程的安全性越高。85% 的驾驶员跟驰系数小于 0.053 3。

图 4-5 车辆轨迹提取

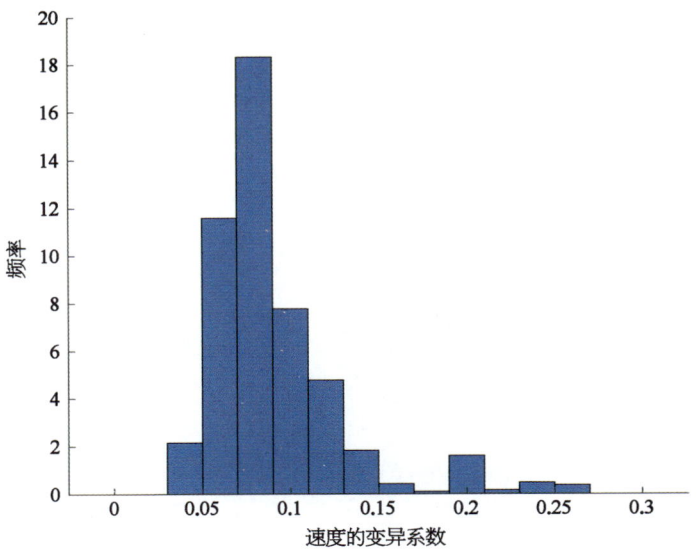

图 4-6 频繁加减速 MOR 分布

（3）摆动驾驶行为 MOR 由图 4-8 可知，部分驾驶员在驾驶过程中存在左右摆动、不稳定的驾驶行为。MOR 代表单位距离内左右摆动的平均幅度。MOR 越小，说明驾驶员的驾驶越平稳。85%驾驶员在单位距离内平均摆幅为小于 0.028 7 m。

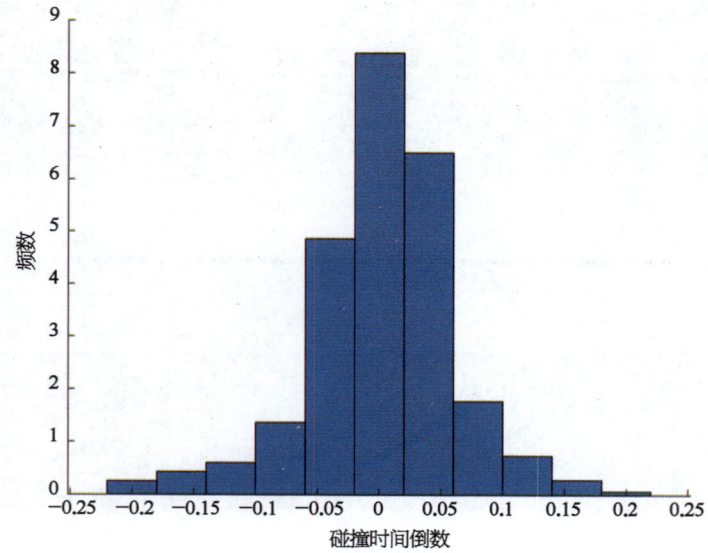

图 4-7　跟驰行为 MOR 分布

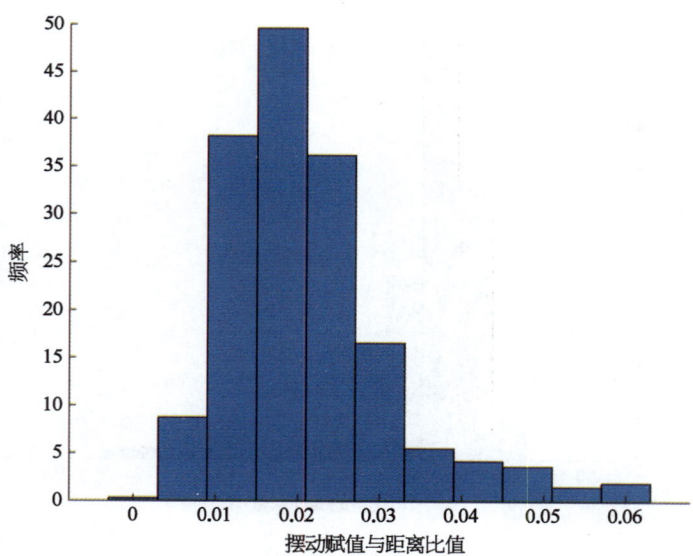

图 4-8　摆动驾驶行为 MOR 分布

（4）车道侵占 MOR　由图 4-9 可知，部分驾驶员在驾驶过程中存在侵占相邻车道的行为。MOR 代表单位距离内，偏移车道中心的距离。MOR 越小，说明车道侵占越少。85% 的驾驶员在 100 m 内偏移车道中心的距离小于 2.061 m。

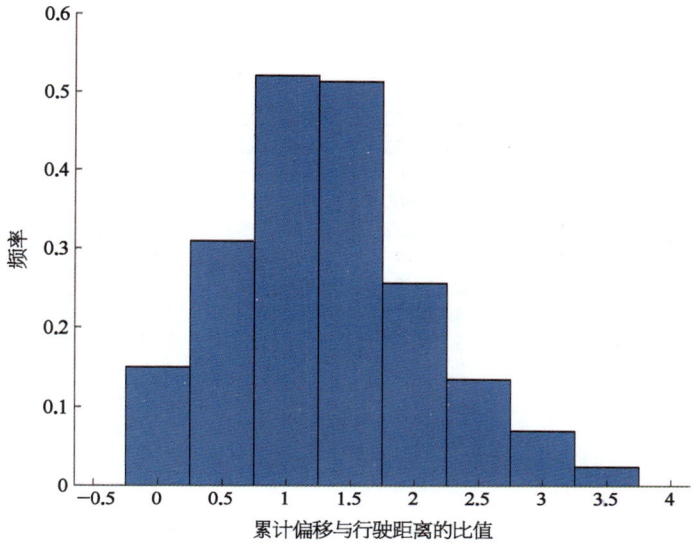

图 4-9 车道侵占 MOR 分布

4.3 不良驾驶行为谱特征值

MOR 是一个瞬时性判断。不良驾驶行为是一个针对 MOR 动态过程的判断,也就是针对不良驾驶行为谱的判断过程。本章定义了驾驶行为谱与其参数构成,阐述了基于风险度量的不良驾驶行为谱构成与阈值计算方法,提出了不良驾驶行为谱的特征值计算方法。

4.3.1 不良驾驶行为谱与风险度量

在自然驾驶的前提下,通过检测手段,获得不良驾驶行为 MOR 的时间序列(M01,M01,…,M09)共 10 个数据,时间序列组成向量 M1。针对第 p_1 辆车,列向量 M1~M5 可组成对应的 MOR 矩阵 Mp_1、Mp_2(图 4-10、图 4-11)。

在自然驾驶的前提下,通过检测手段,获得不良驾驶行为 MOR 的环境变量和驾驶员等影响因素,构成向量 H。针对第 p_1 辆车,由驾驶员的性别、年龄、驾龄、道路特征、等级,以及车流量等因素构成 Hp_1(图 4-12)。

$$Mp_1 = \begin{pmatrix} & \text{频繁加减速M1} & \text{车辆跟驰M2} & \text{横向摆动M3} & \text{车道侵占M4} & \text{不良变道M5} \\ & 0.251184 & 3.545252 & 0.003082 & 0.442841 & 0 \\ & 0.246407 & 3.046573 & 0.006182 & 0.476194 & 0 \\ & 0.243312 & 3.14196 & 0.003135 & 0.505005 & 0 \\ & 0.235009 & 3.213609 & 0.003145 & 0.527238 & 0 \\ & 0.237165 & 5.732228 & 0.003115 & 0.556766 & 0 \\ & 0.233101 & 3.35272 & 0.00471 & 0.588656 & 0 \\ & 0.011303 & 2.640496 & 0.004762 & 0.614427 & 0 \\ & 0.010513 & 3.686125 & 0.004762 & 0.637172 & 0 \\ & 0.010399 & 3.084027 & 0.004739 & 0.66493 & 0 \\ & 0.009633 & 2.896444 & 0.004754 & 0.691392 & 0 \end{pmatrix}$$

图4-10 车辆部分 MOR 矩阵

$$Mp_2 = \begin{pmatrix} & \text{频繁加减速M1} & \text{车辆跟驰M2} & \text{横向摆动M3} & \text{车道侵占M4} & \text{不良变道M5} \\ & 0.014003 & 0.597442 & 0.027143 & 0.378959 & 0 \\ & 0.012624 & 0.532844 & 0.030435 & 0.343545 & 0 \\ & 0.010018 & 0.614759 & 0.03 & 0.312117 & 0 \\ & 0.007098 & 0.728783 & 0.031429 & 0.283307 & 0 \\ & 0.004134 & 0.670219 & 0.033333 & 0.243545 & 0 \\ & 0.002815 & -0.02973 & 0.035714 & 0.212292 & 0 \\ & 0.003688 & 0.025089 & 0.034783 & 0.173162 & 0 \\ & 0.003986 & 0.190924 & 0.03913 & 0.135481 & 0 \\ & 0.004139 & -0.23897 & 0.037681 & 0.09635 & 0 \\ & 0.004094 & 0.561192 & 0.03913 & 0.058669 & 0 \end{pmatrix}$$

图4-11 车辆部分 MOR 矩阵

$$Hp_1 = \begin{pmatrix} \text{性别} & \text{年龄} & \text{驾龄} & \text{道路弯曲度} & \text{道路等级} \\ 1 & 35 & 10 & 0 & 1 \\ 1 & 35 & 10 & 0 & 1 \\ 1 & 35 & 10 & 0 & 1 \\ 1 & 35 & 10 & 0 & 1 \\ 1 & 35 & 10 & 0 & 1 \\ 1 & 35 & 10 & 450 & 1 \\ 1 & 35 & 10 & 450 & 1 \\ 1 & 35 & 10 & 450 & 1 \\ 1 & 35 & 10 & 450 & 1 \\ 1 & 35 & 10 & 450 & 1 \end{pmatrix}$$

图4-12 车辆部分环境矩阵

Hp 和 Mp 的组合即为第 p 辆车的不良驾驶行为谱条。

4.3.2 不良驾驶行为风险度量阈值

当获取车辆在行驶中每个时刻的 MOR 值后,需要确定阈值 MOR* 可以用来划分各种不良驾驶行为的状态。当第 i 种 MOR 值低于其阈值 MOR$_i^*$ 时,表示该驾驶员不存在第 i 种不良驾驶行为;反之,表示该驾驶员存在第 i 种不良驾驶行为,MOR 超出阈值的程度越高,表示不良驾驶行为严重性越高,危险度越高。

由于不良驾驶行为与违法驾驶行为不同,不存在明确的定义与判断方法,寻找不良驾驶行为的判定阈值是一个难点。本文假设 MOR 值可以反映驾驶行为的风险程度,而绝大部分驾驶员的 MOR 应集中在一个合理的区间内,而远离此区间的 MOR 值即为不合理值。另外,由于 MOR 在不同的驾驶环境中存在一定的差异性,所以需要构建典型场景,对比分析不同场景下的 MOR 分布情况,以分别确定各场景的 MOR 阈值。MOR 阈值还需要通过模拟驾驶试验进行进一步的修正和验证,从而为不良驾驶行为判断提供标准。

本文提出 MOR 阈值的确定方法为:基于无人机拍摄的交通流视频提取的大量车辆轨迹数据,统计分析绘制相同驾驶场景下的各种 MOR 的概率分布曲线,使用四分位法确定不良驾驶行为阈值 MOR*。四分差法是异常值检测中一种常见的方法。第 i 个 MOR 所针对的不良行为阈值为:

$$\text{MOR}_i^* = Q_3 + 1.5 \times \text{IQR} \quad (4-1)$$

式中 Q_3——第 i 个 MOR 样本分布的上四分位;

IQR(interquartile range)——四分位差,即上四分位和下四分位的差值。

4.3.3 不良驾驶行为谱特征值权重计算

不良驾驶行为谱特征值代表了一个不良驾驶行为谱条的综合不良程度。特征值越高,则该驾驶员的不良驾驶行为越严重;反之,则驾驶员的行为越安全。不良驾驶行为谱特征值综合考量了驾驶员在各项不良驾驶行为的表现。

当驾驶员同时出现多种不良驾驶行为时,其特征值会偏高;反之,当驾驶员只出现少数不良驾驶行为或没有不良驾驶行为时,其特征值会偏低。

通过计算每辆车 MOR 超出阈值的比例,可以得到每辆车在时刻 t 的第 i 种不良驾驶行为的得分 $S_i(t)$,得分越高代表危险程度越高。当 MOR 值没有超出阈值时,得分为 0,代表不存在危险。

$$S_i(t) = \begin{cases} \dfrac{MOR_i(t) - MOR_i^*}{MOR_i^*} & MOR_i(t) > MOR_i^* \text{ 时} \\ 0 & MOR_i(t) \leqslant MOR_i^* \text{ 时} \end{cases} \quad (4-2)$$

将 $S_i(t)$ 进行时间累计平均,得到每辆车第 i 种不良驾驶行为的时间平均得分 TAS_i(Time-Averaged Score),如下所示:

$$TAS_i = \frac{1}{T} \sum_{t=0}^{T} S_i(t) \quad (4-3)$$

TAS_{iNorm} 是对所有车辆第 i 种不良驾驶行为的 TAS 进行归一化处理后的数值。归一化处理保证所有车辆的 TAS 均处于 0 与 1 之间。

$$TAS_{iNorm} = \frac{TAS_i - \min(TAS_i)}{\max(TAS_i) - \min(TAS_i)} \quad (4-4)$$

对归一化后的 TAS 加权平均,可以得到一辆车的综合不良驾驶得分 λ,称为该车不良驾驶行为谱的特征值,如下所示:

$$\lambda = \sum_{i=1}^{4} w_i \times TAS_{iNorm} \quad (4-5)$$

式中 w_i——第 i 种不良驾驶行为的权重,代表其在不良驾驶中所占比重。

所有不良驾驶行为的权重之和为 1。

权重确定方法一般分为客观赋权法与主观赋权法。客观赋权法包括 CRITIC 权重法、独立性权重法、变异系数法等。主观赋权法包括层次分析法与优序图法等。本文使用 CRITIC 权重赋权法计算不良驾驶行为的权重。CRITIC 权重赋权法使用对比强度和冲突性指标。对比强度使用标准差进行表示,如果数据标准差越大说明波动越大,权重会越高;冲突性使用相关系数进行表示,如果指标之间的相关系数值越大,说明冲突性越小,那么其权重也就越低。权重计算时,对比强度与冲突性指标相乘,并且进行归一化处理,即得到最终的权重。

第 i 个不良驾驶行为的信息量计算公式为:

$$C_i = s_i R_i = s_i \sum_{j=1}^{n}(1 - r_{ij}) \tag{4-6}$$

式中　C_i——第 i 个不良驾驶行为的信息量;

　　　s_i——所有样本的第 i 个不良驾驶行为特征参数的标准差,即对比强度;

　　　R_i——所有样本的第 i 个不良驾驶行为特征参数的冲突性指标;

　　　r_{ij}——所有样本的第 i 个不良驾驶行为特征参数与所有样本的第 j 个不良驾驶行为特征参数的相关系数。

对信息量进行归一化处理后,得到最终的权重 w_i:

$$w_i = \frac{C_i}{\sum_{i=1}^{n} C_i} \tag{4-7}$$

第 5 章
基于无人机数据的驾驶行为特征分析

本章将重点介绍基于无人机高空拍摄视频数据的跟驰行为与变道行为特征分析方法,以及变道行为的安全性分析。

5.1 数据采集

为了在短时间内拍摄大量的交通行为数据,选择对交通流量较大且非拥堵状态的时间段进行无人机视频拍摄。车辆速度的分布范围在 60~140 km/h 之间,考虑到高速公路车辆行驶速度较快,单台无人机拍摄范围有限,因此决定同时采用 3 台无人机在 200 m 高空进行连续拍摄,在拍摄的过程中,保证一定的重叠区域,方便后期进行视频拼接。3 台无人机建立同一坐标系,如果车辆在重叠区域具有相同的坐标,则判定为同一车辆,从而实现跨视频画面的车辆拼接。

为了使获取的数据能够满足研究需要,对所拍摄的路段采用倾斜摄影的方法建立高精度地图,精度误差可控制在 5 cm 之内。在车辆识别的过程中,由于部分车辆颜色与路面接近等原因,存在轨迹跳跃的现象,因此对获取的数据进行降噪平滑,排除异常数据。通过在试验车上搭载 GPS 获取车辆的真实行驶速度,与视频中提取的速度值进行对比,得出速度误差在 ±2 km/h 的范围。最终从无人机视频中获取的数据包括每辆车的唯一编号,帧号(15 f/s),纵向、横向坐标,车辆类型,车道位置,速度和加速度,总共 8 种类型的数据(图 5-1~图 5-3)。表 5-1 是从视频中获取的数据样式。

图 5-1 高精度地图

图 5-2 实际拍摄图

图 5-3 图像拼接示例

表 5-1　数据样式(车辆 ID:1)

帧号	纵向坐标	横向坐标	车型	车道	速度/(m·s^{-1})	加速度/(m·s^{-2})
10	-21.15	-22.23	0	4	27.34	0.00
11	-19.24	-22.16	0	4	27.38	0.52
12	-17.48	-22.11	0	4	27.38	-0.01
13	-15.57	-22.04	0	4	27.35	-0.42
14	-14.12	-22.15	0	4	27.29	-0.85
15	-11.89	-21.78	0	4	27.29	-0.07

5.2　跟驰行为特征规律分析

车辆跟驰行为是指后随车的自由度受到前车限制,不得不跟随前车行驶的一种行为,它是车辆行驶过程中非常普遍的一种交通行为,早在 1958 年就有学者对跟驰行为进行了研究,但随着数据获取手段的不断发展,该主题在国内外仍然是研究的热点。现阶段绝大多数学者基于实车试验开展跟驰行为分析。Rui 等采用 25 辆车进行列队行驶,在 3.2 km 长的道路上进行实车试验,研究发现,即使在同一速度下,车辆也可能保持不同的跟驰距离。王雪松等基于自然驾驶试验分析了前向碰撞预警系统(FCW)对跟车行为中跟车距离和反应时间的影响,所采用的试验车辆为小型车。张磊等利用 3.5 L 排量自动挡轿车在城市四车道快速路上进行实车试验,获取稳定跟车状态下的跟驰数据。袁伟等基于实车试验在高速公路上采集跟车数据,探讨了稳速跟车阶段驾驶员的期望跟车间距与跟车速度之间的关系。也有采用视频录像的方法来获取数据。Sarvi 研究了大型货运车辆在交通拥堵状态下的跟车行为。Asaithambia 等研究混合交通条件下的跟驰行为。还有学者研究发现,跟车反应时间的长短对交通流的稳定性具有较大的影响。此外还有学者基于模拟仿真的方法进行研究。研究发现前方跟驰车辆类型不同,跟驰行为也有所差异。Sayer 等研究了前方不同类型车辆对小型车跟驰距离的影响,前方车辆为小型货车的情况下,跟驰距离会更短。Pariota 等分析了前方不同跟驰车辆类型对跟驰行为的影响。也有部分学者对跟驰过程中人的行为进行分析。

跟驰行为是高速公路最基本的交通行为之一，中国交通状况、驾驶行为特性等都与国外有着较大的差异，因此，开展跟驰行为基础数据研究就显得尤为迫切。通过建立较为先进完善的跟驰轨迹、驾驶员反应特性数据库，为建立适合中国交通流特性的跟驰模型奠定基础，对跟驰行为的特性开展相关的研究工作，可对交通流运行状态，以及交通安全改善方案的提出提供理论支持。

5.2.1 数据基本情况

已有的研究成果表明，不同车辆的跟驰行为具有不同的特点，并且不同车辆类型的动力性能也有所区别。因此，对于不同车辆的跟驰行为需要单独进行分析。根据《公路工程技术标准》（JTG B01—2014）将车辆类型划分为4种，分别是小客车、中型车、大型车和汽车列车，基于这4种车辆类型，将跟驰行为划分为16种，结果见表5-2。

表5-2 跟驰类别划分

序　号	前方车辆类型	后方车辆类型
1	小客车	小客车
2	小客车	中型车
3	小客车	大型车
4	小客车	汽车列车
5	中型车	小客车
6	中型车	中型车
7	中型车	大型车
8	中型车	汽车列车
9	大型车	小客车
10	大型车	中型车

续表

序号	前方车辆类型	后方车辆类型
11	大型车	大型车
12	大型车	汽车列车
13	汽车列车	小客车
14	汽车列车	中型车
15	汽车列车	大型车
16	汽车列车	汽车列车

不同跟驰类型所占的具体百分比见表 5-3。

表 5-3 跟驰行为类型

跟驰类型	数据组数	百分比/%	累计百分比/%
小客车-小客车	18 545	89.8	89.8
小客车-中型车	190	0.9	90.7
小客车-大型车	117	0.6	91.2
小客车-汽车列车	247	1.2	92.4
中型车-小客车	683	3.3	95.7
中型车-中型车	47	0.2	96.0
大型车-小客车	182	0.9	96.8
汽车列车-小客车	474	2.3	99.1
汽车列车-大型车	16	0.1	99.2
汽车列车-汽车列车	161	0.8	100.0
总计	20 662	100.0	

由表 5-3 可以明确看出，所观测的高速公路路段主要的跟驰类型以小型车跟驰小型车为主，约占总数的 90%。因此重点对小型车与小型车的跟驰行为进行研究，车辆跟驰行为类型见图 5-4。

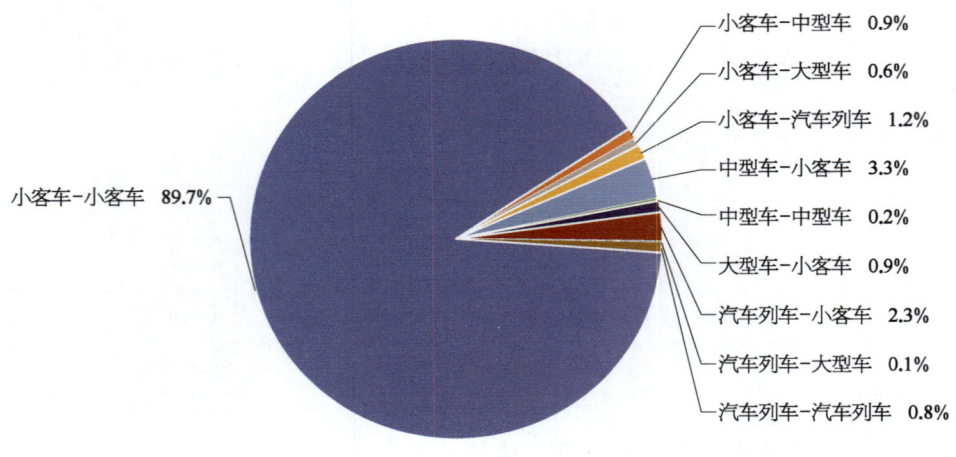

图 5-4　车辆跟驰行为类型

5.2.2　不同距离条件下的速度相关性

采用前后车之间的相关系数来表示跟驰状态的变化情况,计算不同跟驰距离条件下,前后车之间速度的相关性。由于在实际的数据统计中,在高速公路上,没有发生跟驰距离小于 10 m 的情况,因此,仅统计 10~300 m 范围内的跟驰行为数据,每 10 m 为划分为一组,共划分为 29 组,计算前后车速度的相关性。采用 Pearson 相关系数进行表示两者之间的相关性。Pearson 相关系数的取值范围是[-1,1],正值表示正相关,负值表示负相关,绝对值越大表示相关性越强。图 5-5 为不同车道条件下,不同距离区间的前后车速度相关性计算结果。

从图 5-5 可以看出,在 0~100 m 的范围内,随着距离的增大,相关性呈现出单调递减的情况。在 100~140 m 的范围内,变化趋势较为平稳,在 140 m 之后,呈现出无规律性。也就说说在 0~100 m 的范围内,前车速度的变化对后方跟驰车辆具有一定的影响,而在 100~140 m 的范围内,处于跟驰状态的过渡区,在 140 m 之后,车辆处于自由行驶的状态。

在 0~100 m 的跟驰距离内,内侧车道的速度相关系数明显高于中间车道,外侧车道相关系数最低。主要是由于内侧车道车辆行驶速度高,因此在同样的跟驰范围内,内侧车道的车辆对于前方车辆速度的变化更为敏感。

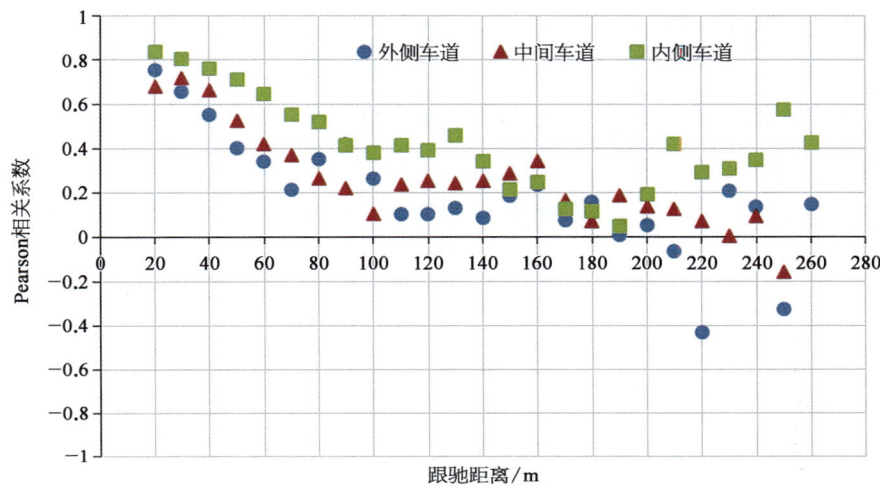

图 5-5　不同跟驰距离条件下的速度相关系数(分车道)

距离越近,速度相关系数越高,在 10~20 m 的范围内,外侧车道的相关性为 0.75,中间车道的相关性为 0.70,内侧车道的相关性为 0.84。可以看出,在距离较小的情况下,两者之间表现出较强的相关性。3 条车道数据汇总得出的结果见图 5-6。

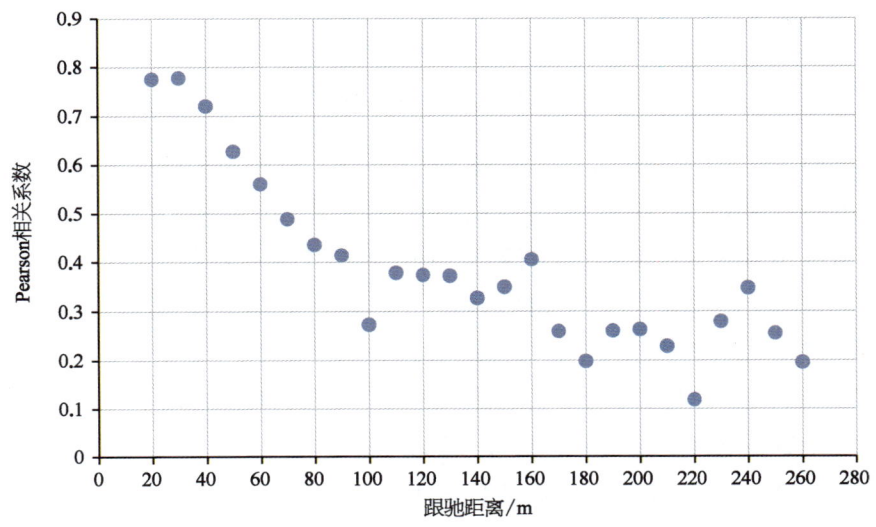

图 5-6　不同跟驰距离条件下的速度相关系数(汇总)

5.2.3 不同车头时距下的速度相关性

从上文的分析可以看出,不同速度条件导致跟驰状态的距离有所差异,为了消除速度的影响,采用车头时距进行分析。在 0~15 s 的车头时距范围内,以 1 s 为间隔,计算前后车速度的相关性,计算结果如图 5-7 所示。

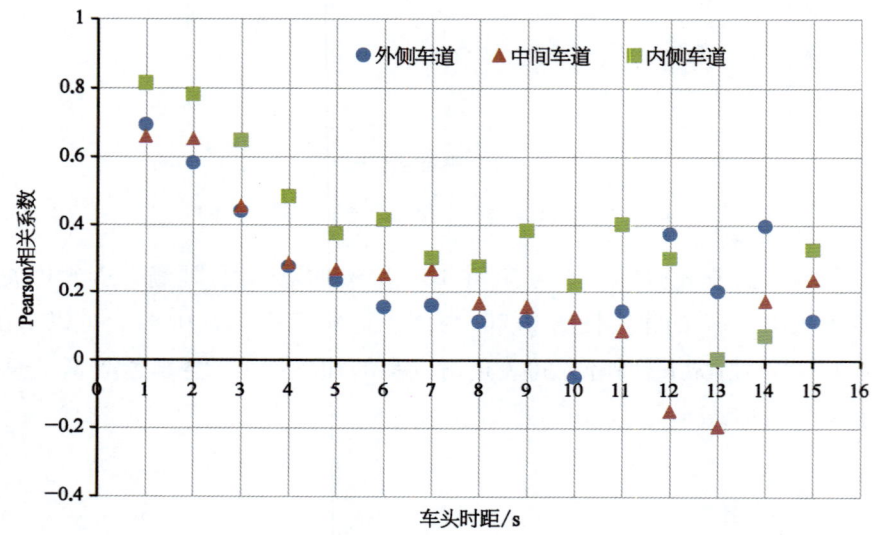

图 5-7 不同车头时距下速度相关系数

从图 5-7 可以看出,在 0~5 s 的范围内,随着车头时距的增加,相关性逐渐降低;在 6~8 s 的范围内速度降低趋势减慢;在 8 s 之后,出现了明显的波动。可以认为在 0~5 s 的车头时距范围内,前方车辆行驶状态的变化会影响到后方车辆;而在 6~8 s 甚至是 9 s 的范围内,属于跟驰状态与自由行驶状态的过渡区;在 9 s 之后,车辆处于自由行驶的状态。

对于不同的车道,虽然车头时距考虑了速度的因素,但是内侧车道的速度相关系数明显高于其他两条车道,而中间车道与外侧车道的速度相关性较为接近。也就说是,在速度较高的情况下,驾驶员对于前方车辆速度的变化更为敏感,即使在车头时距相同的情况下,本车速度越高,对前方车辆的速度变化也更为敏感。

5.2.4 速度与跟驰距离的关系

从图5-8可以看出,随着跟驰车辆速度的增加,跟驰距离逐渐增大。在20 m/s(72 km/h)的速度范围内,车辆跟驰距离基本保持在40 m左右,从22 m/s开始,跟驰距离开始比较明显的上升。

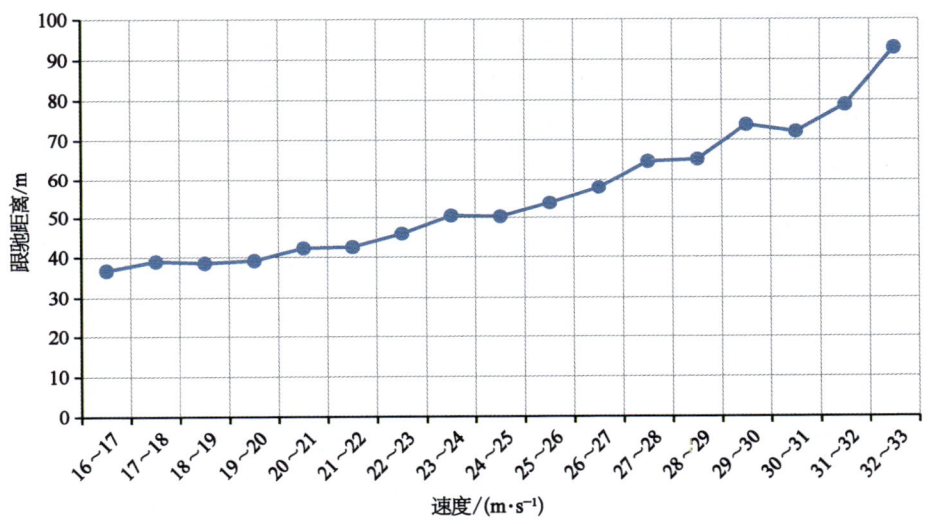

图5-8 速度与跟驰距离的关系

5.3 变道行为特征规律分析

与直行相比较,变道不仅要考虑当前车道前方车辆的运行情况,还需要考虑目标车道前后方车辆的运行状态,因此变道行为更复杂,面临的风险更大。此外,合适的变道策略也是微观交通仿真、高级辅助驾驶装备和自动驾驶车辆的关键控制因素,因此有必要基于变道数据对变道行为的特性开展深入研究。

5.3.1 变道起终点与特征参数

对变道行为特性进行分析首先需要确定变道的起终点,在此基础上对变道的时长、空间距离、与周边车辆的相对状态进行分析。

5.3.1.1 变道起终点

单次变道行为主要包含 3 个不同的阶段,分别是变道准备阶段、执行阶段和变道结束调整阶段。图 5-9 为某次变道行为车辆轨迹偏移图:在准备阶段,驾驶员观察前方车辆和目标车道前后方车辆的运行情况,车辆轨迹的横向偏移量较小,并有一定的波动;而在执行阶段,驾驶员大角度转动方向盘,车辆轨迹横向偏移量迅速增大;在结束调整阶段,车辆轨迹横向偏移的变化量逐渐减小,在该阶段驾驶员微调方向盘,使车辆姿态与目标车道相匹配,出现一定的波动。

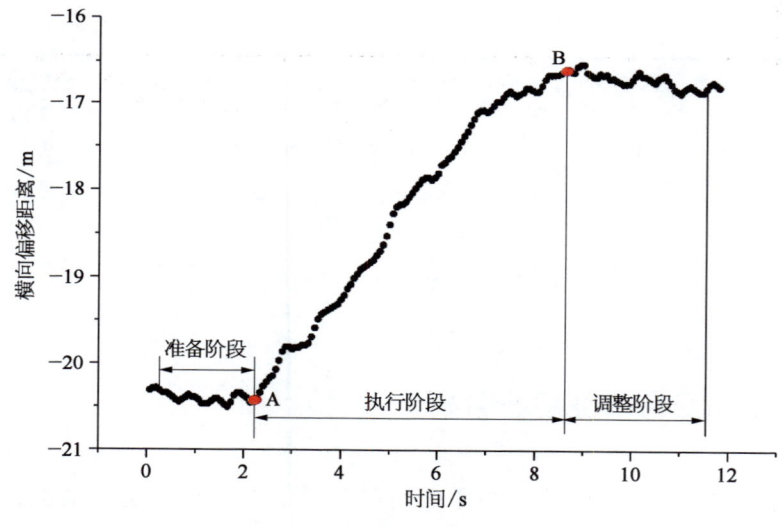

图 5-9 变道行为轨迹横向偏移

现阶段不同的学者关于变道起点的判定有不同的定义,目前主要是基于车辆中心位置或者外轮廓与车道线之间的相互关系来判定的,但在实际情况中,车辆在到达车道线之前已经完成如调整方向盘角度等准备工作开始执行变道。也有学者采用车辆变道意图开始后 1 s 内的数据是否存在波动来判断车辆是否执行了变道行为,但是对变道意图的判定可能会得出不同的结果。

通过对变道车辆的行驶轨迹观测发现,变道行为的执行阶段非常明确,而变道的准备阶段和结束后的调整阶段有时较为模糊,仅依靠车辆轨迹无法准确判定。因此,本文采用车辆轨迹是否持续偏移作为判断变道行为起终点的依据,也就是针对变道的执行阶段开展相关的研究,对变道的准备阶段和结束调整阶段暂不考虑。

5.3.1.2 变道特征参数

车辆在变道过程中,相关的车辆主要包括本车道前、后方车辆,目标车道前、后方车辆,分别统计其速度、相对距离、相对速度和 TTC 值,图 5-10 为变道特征参数示意图。

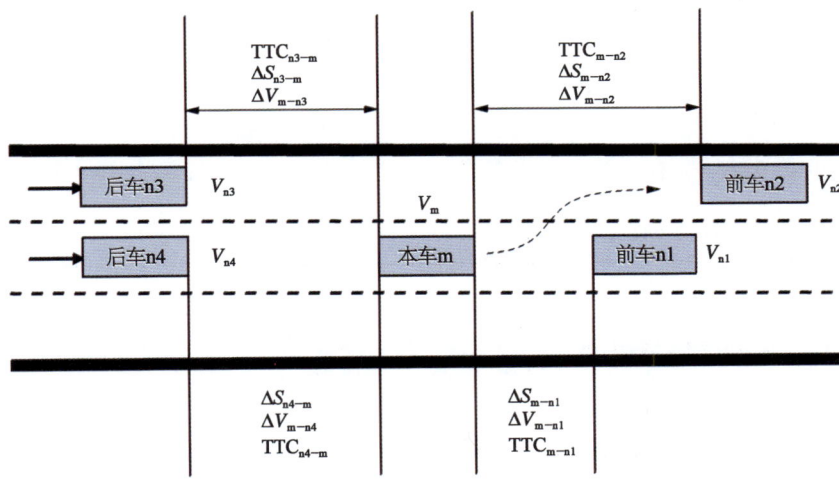

图 5-10 变道特征参数示意图

相对速度是指本车速度减去相关车辆的速度,计算公式见式(5-1):

$$\Delta V = V_m - V_{ni}, i = 1, 2, 3, 4 \qquad (5-1)$$

式中 V_m ——变道车辆速度值;

V_{ni} ——相关车辆的速度值;

V_{n1} ——本车道前方车辆速度值;

V_{n2} ——目标车道前方车辆速度值;

V_{n3} ——目标车道后方车辆速度值;

V_{n4}——本车道后方车辆速度值。

碰撞时间 TTC(time to collision)表示在当前时间点,本车与前车相对速度不变的情况下,本车与前车发生碰撞的时间,计算公式如式(5-2):

$$\mathrm{TTC}_{h-q} = \frac{\Delta S}{V_h - V_q} \tag{5-2}$$

式中　V_h——后方车辆 h 的行驶速度;

V_q——前方车辆 q 的行驶速度。

不同特征参数的符号表示与含义见表 5-4。

表 5-4　特征参数符号表示与含义

特征参数符号	含　义
V_m, V_{n1}, V_{n2}, V_{n3}, V_{n4}	车辆 m, n1, n2, n3, n4 的速度值
ΔV_{m-n1}, ΔV_{m-n2}, ΔV_{m-n3}, ΔV_{m-n4}	不同车辆之间的相对速度值
ΔS_{m-n1}, ΔS_{m-n2}, ΔS_{n3-m}, ΔS_{n4-m}	不同车辆之间的相对距离值
TTC_{m-n1}, TTC_{m-n2}, TTC_{n3-m}, TTC_{n4-m}	不同车辆之间 TTC 值

5.3.2　变道行为特性分析

从变道时间长度、距离长度、与周边车辆相对距离和相对速度 4 个方面对变道行为特性进行分析。

5.3.2.1　变道时间长度分析

对变道执行阶段的数据进行统计分析,执行阶段的平均时间长度是 6.09 s,最小值为 3.33 s,最大值为 12 s,而王雪松等得出的平均变道时间是 3.82 s,主要是由于两者统计的道路类型不同,并且对于变道的起终点判定方式有所区别,Wang 基于 NGSIM 的数据统计了美国某高速公路平均变道时间长度,在速度 54~72 km/h 的范围内,平均变道的时间长度为 6.836 1 s,与本文的计算结果较为接近,具体统计结果见表 5-5。不同研究成果的对比见表 5-6。

表 5-5 变道时间长度统计结果/s

	均值	标准差	方差	最小值	中位数	最大值	P15%	P85%
全部数据	6.09	1.34	1.79	3.33	6.00	12.00	4.67	7.33
向左变道	5.93	1.30	1.69	3.33	6.00	12.00	4.67	7.00
向右变道	6.22	1.36	1.84	3.33	6.00	11.00	5.00	7.67

表 5-6 不同研究成果对比表

序号	作者	μ	σ	平均值	标准差	备注
1	本研究	1.783 0	0.213 4	6.09	1.34	高速公路小客车
2	王雪松	1.174	0.517	3.82	2.28	地面道路、高速公路、快速路
3	Tomer Toledo	1.376	0.550	4.6	2.3	NGSIM 数据集

图 5-11 为变道执行阶段的时间长度分布图,变道时间呈对数正态分布,对数正态分布的密度函数公式如下:

$$f(x \mid \mu, \sigma) = \frac{1}{x\sigma\sqrt{2\pi}}\exp\left\{\frac{-(\ln x - \mu)^2}{2\sigma^2}\right\} \quad (5-3)$$

计算得到 $\mu = 1.783\,0$,$\sigma = 0.213\,4$。

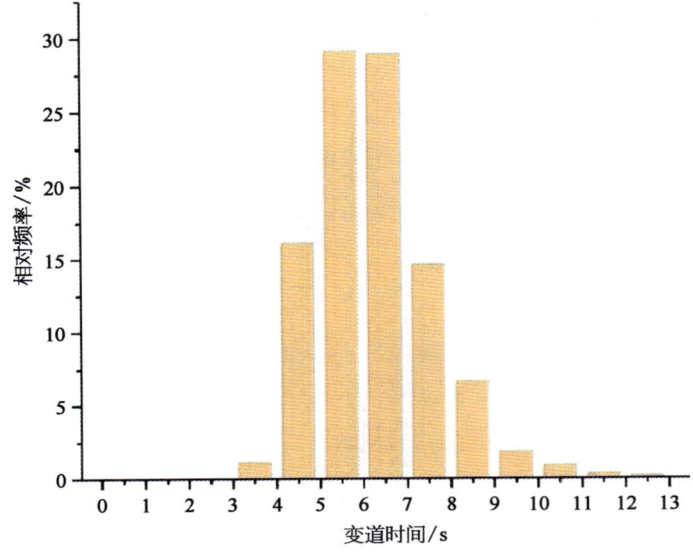

图 5-11 变道时间分布图

图 5-12 为不同研究成果变道时间长度分布对比图,可以看出,本研究与另外两位学者的研究成果有所区别,主要是由于变道行为所处的道路环境和交通环境不同造成的。

图 5-13 为向左变道与向右变道的时间分布图,两者之间整体分布规律

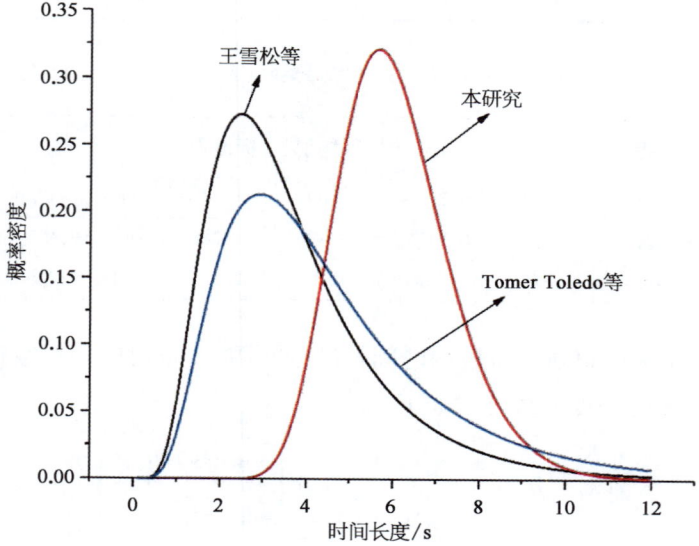

图 5-12　变道时长分布对比

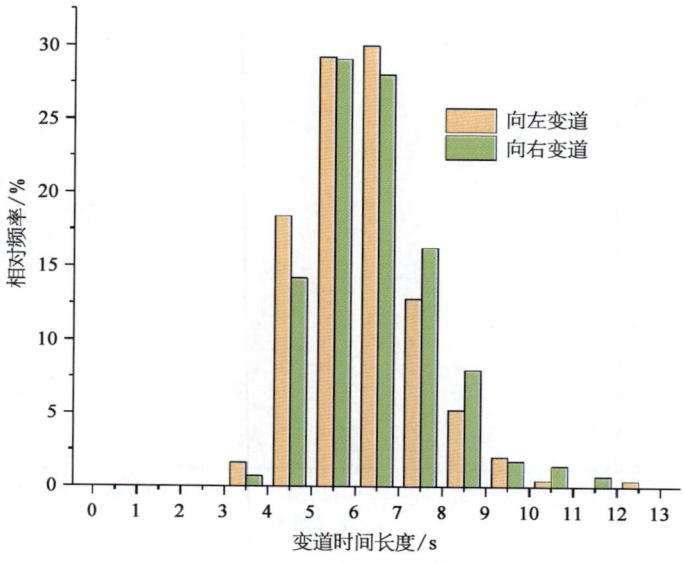

图 5-13　向左变道与向右变道时间长度

接近，但有所区别，向左变道的平均时间是 5.93 s，向右变道的平均时间是 6.22 s。我国驾驶员位于车辆的左前方位置，向左变道的过程中，更有利于观测目标车道的交通状况，因此变道时间较短。

5.3.2.2 变道距离长度分析

表 5-7 为变道距离的统计结果，平均变道距离为 148.08 m。

表 5-7 变道空间距离统计结果/m

	均值	标准差	方差	最小值	中位数	最大值	P15%	P85%
变道距离	148.08	35.64	1 270.32	59.06	143.57	299.80	112.64	183.23
向右变道	150.23	35.56	1 264.36	59.06	145.06	299.80	118.17	184.44
向左变道	145.60	35.65	1 270.77	81.59	140.17	273.25	109.10	175.85

图 5-14 为变道的空间距离分布图，经数据拟合分析，变道距离分布符合对数正态分布，计算得到对数正态分布的关键参数 $\mu = 4.9702$，$\sigma = 0.2341$。

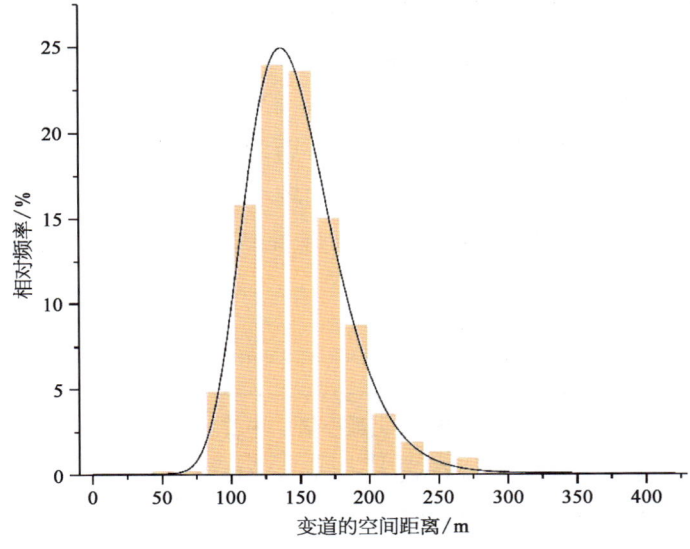

图 5-14 变道距离分布

图 5-15 为向左变道与向右变道的距离分布图,两者规律类似,但向右变道的距离均值略大于向左变道,向右变道的平均值为 150.23 m。

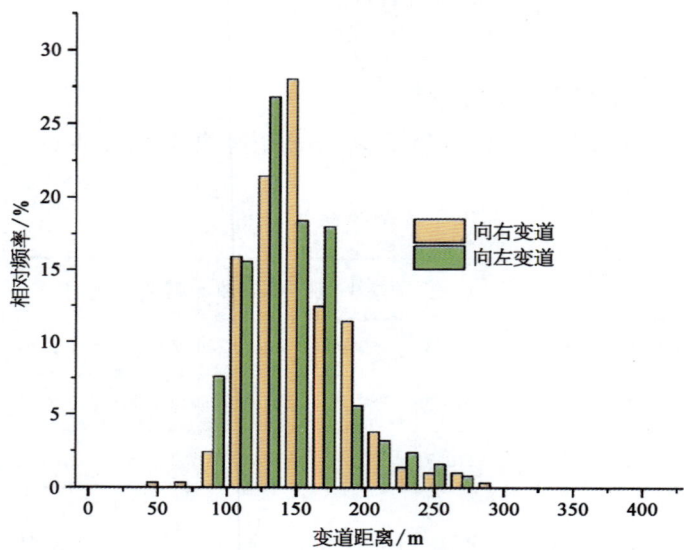

图 5-15 向左变道与向右变道距离分布图

5.3.2.3 与周边车辆的相对距离

统计得出,变道车辆与周边车辆的相对距离较为集中,其中约 95% 的情况下,与周边车辆的相对距离集中在 150 m 之内,即在变道的起始时刻周边车辆分布较多。该结果与实际情况相符合,因为在周边交通量较为小的情况下,驾驶员可自由行驶,受周边车辆的影响较小,在不变换车道的情况下可按照期望车速行驶。在 150 m 的范围内,变道车辆与周边不同车辆的相对距离关系统计值见表 5-8。

表 5-8 变道起始时刻与周边车辆的相对距离/m

	均值	标准差	方差	最小值	中位数	最大值	P15%	P85%
与 n1 的距离	52.2	43.4	1 885.2	10.1	39.8	334.7	20.6	82.9
与 n2 的距离	58.4	56.2	3 159.5	2.1	39.4	394.4	13.2	102.7
与 n3 的距离	42.8	49.2	2 416.2	1.4	24.7	268.3	6.4	88.6
与 n4 的距离	73.2	50.8	2 579.3	6.4	58.9	244.1	26.9	129.8

图 5-16 为与周边车辆的距离分布图,从图中可以看出,在变道起始时刻,ΔS_{n3-m} 的分布规律与其他截然不同,平均值仅为 42.8 m,ΔS_{n3-m} 分布在 10 m 以内的占 28.24%。驾驶员为了加快行驶,在与 n3 距离较小的情况下,依然采取变道措施(该时刻轨迹已经发生连续偏移),ΔS_{n3-m} 的分布最为集中,这一点与王畅等的分析结果一致。通过对实际视频观察发现,该情况主要出现在交通量较大的情况下,并且 n2 行驶速度较快。变道车辆 m 与本车道的 n1、n4 相对距离分布表现出类似规律。ΔS_{m-n1} 的平均距离为 52.2 m,而 ΔS_{n4-m} 平均距离为 73.2 m,两者之间的差异也反映了变道车辆希望尽快向前行驶的意愿。ΔS_{m-n2} 分布在 0~10 m 的车辆数占 9.52%,分布在 10~20 m 的车辆数占 19.05%。

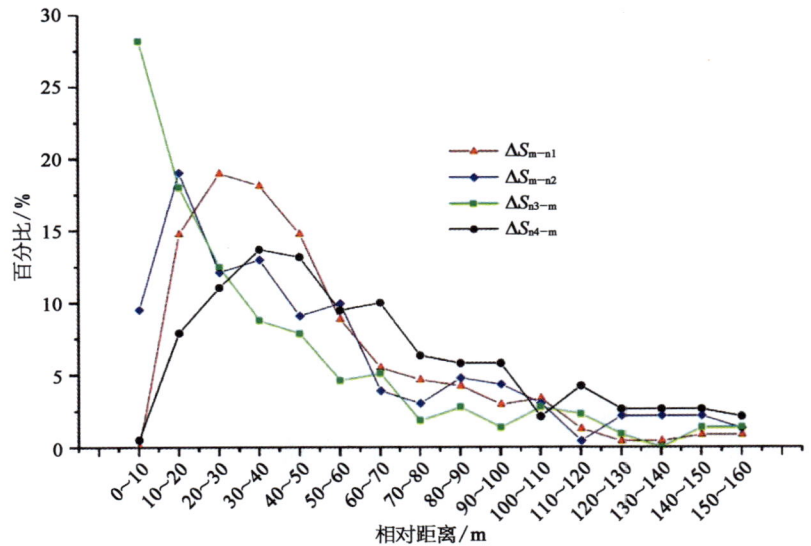

图 5-16 与周边车辆的距离分布图

5.3.2.4 与周边车辆的相对速度

变道车辆与周边车辆的相对速度分布情况见图 5-17。从图中可以看出,相对速度的分布规律有所区别,ΔV_{m-n3} 与其他的分布规律区别最大,分布最为离散。表 5-9 为变道车辆与周边车辆的速度差分布情况,对于速度差的均值,除了 ΔV_{m-n2} 之外,ΔV_{m-n1}、ΔV_{m-n3}、ΔV_{m-n4} 均大于零。ΔV_{m-n2} 的平均值为 -1.1 km/h,目标车道前方车辆的速度较快。ΔV_{m-n1} 的平均值最大,为

10.2 km/h,并且在83%的情况下,本车的速度大于本车道前方车辆,进一步说明车辆变道是由于前方车辆行驶速度较慢所引起。变道车辆与n3的平均速度差为5.1 km/h,速度差分布最为离散,在74.2%的情况下$\Delta V_{m-n3} > 0$,主要是由于变道车辆为了进入目标车道,采用较高的速度。在实际观察中发现,少数变道车辆在并行的情况下开始加速超越n3,最终完成变道行为。

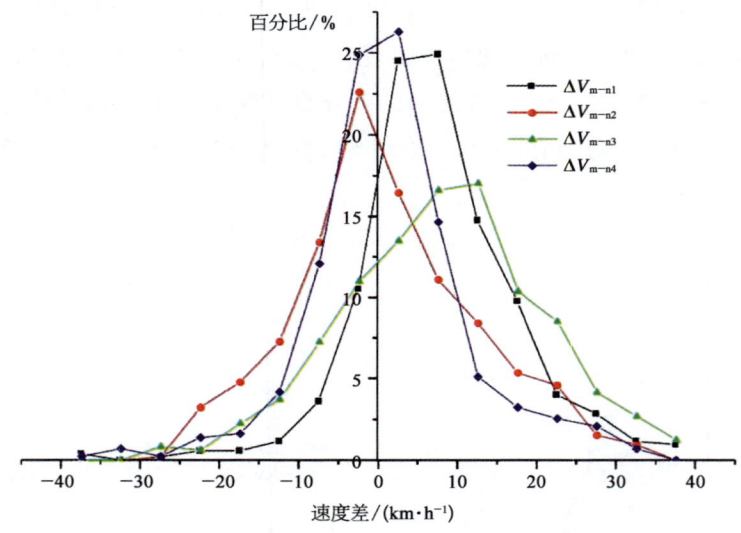

图5-17 变道车辆与周边车辆的相对速度分布

表5-9 变道车辆与周边车辆速度差 单位:km·h^{-1}

序号	均值	标准差	方差	最小值	中位数	最大值	P15	P85	>0
$V-V_1$	10.2	10.2	103.5	-27.6	9.2	37.6	1.1	20.2	83.0%
$V-V_2$	-1.1	10.7	115.1	-34.6	-1.8	33.3	-11.1	9.8	48.5%
$V-V_3$	5.1	12.1	146.6	-28.2	5.5	36.4	-6.5	17.4	74.2%
$V-V_4$	3.1	11.4	130.6	-31.9	1.9	39.0	-6.3	13.7	54.7%

5.4 变道行为安全性分析

目前关于安全状态计算的指标较多,TTC由于其计算方法简单、物理意义明确,因而被广泛采用。此外 MTC 由于其考虑的因素较多,也是较为常用的安全评价指标之一,因此分别采用 TTC 和 MTC 计算在变道起始时刻的安全性。

5.4.1 基于 TTC 的安全性分析

采用 TTC 对变道起始时刻的安全性进行分析。TTC 对前后车的相对速度非常敏感,如果后车速度小于前车,则 TTC 为负值,表明在当前状态下,后车与前车不存在碰撞的可能。分别计算变道车辆与周边 4 个相关车辆的 TTC 值,在 0~100 s 之内 TTC 的分布情况见图 5-18。

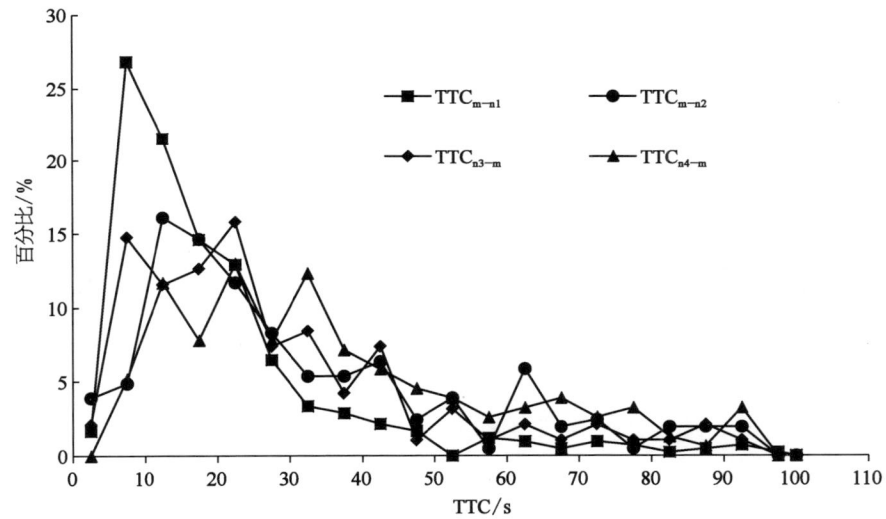

图 5-18 变道起始时刻本车与周边车辆的 TTC 分布

从图 5-18 中可以看出,在变道起始时刻,TTC 表现出两种不同的分布规律,TTC_{m-n1} 最为集中,尤其是在 15 s 内的 TTC 占 50%。上文分析得出在变道起始时刻,本车与前车 n1 的平均速度差为 10.2 km/h,速度差较大,因此 TTC 分布最为集中。

上文分析得出 ΔS_{n3-m} 分布最集中,10 m 以内的占 28.24%,但是从 TTC 的分布来看,所表现出来的特征并不是非常明显。由于 TTC 和相对速度关系密切,即使距离很近,但只要前车比后车速度高,或者两者较为接近时,TTC 计算结果为负值或者是较大的正值。TTC_{m-n1}，TTC_{m-n2}，TTC_{n3-m}，TTC_{n4-m} 在 $0\sim5\ s$ 之内的占比分别为 1.67%、3.90%、2.11%、0.00%，在所观测样本中，本车道后方车辆追尾变道车辆的可能性非常低。

5.4.2 基于 MTC 的安全性分析

TTC 由于受相对速度的影响较大，在相对距离较小的情况下不能够很好地反应前后车之间的安全状态，因此进一步采用 MTC 来分析变道起始时刻的安全性，当 MTC 小于 1 时，存在碰撞可能性，MTC 越小表示碰撞的严重性越大。MTC 在 $0\sim1$ 的分布情况见图 5-19。MTC 在 $0\sim1$ 的全部数据中，98.8% 的 MTC 大于 0.6，89.1% 的 MTC 大于 0.7，即 MTC 主要分布在 $0.7\sim1.0$。

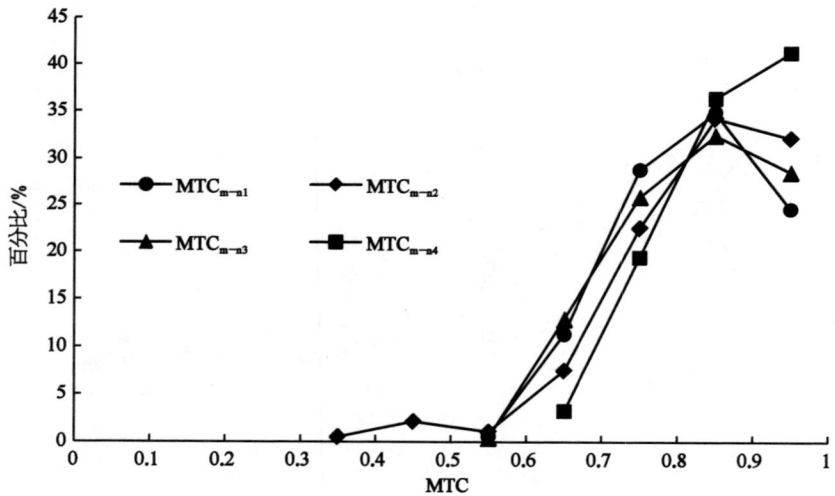

图 5-19 MTC 分布情况($0\sim1$)

从图 5-19 可以看出，在 $0.8\sim1$ 的范围内，MTC_{m-n4} 大于其他值，因为在变道起始时刻，变道车辆速度高于后车，并且相对距离较大，导致计算结果偏大，即碰撞的严重性较小。在 $0.6\sim0.8$ 的范围内，MTC_{m-n1} 和 MTC_{m-n3} 大于其他两个值，主要是由于在变道起始时刻，变道车辆与正前方车辆以及目标车道后方车辆距离较近，一旦发生碰撞，其严重性较大。

5.4.3 指标计算结果讨论

上文分别计算了 TTC、MTC 的分布情况,当 TTC 的取值范围在(-100~100 s)时,TTC 与 MTC 的对应关系见图 5-20。

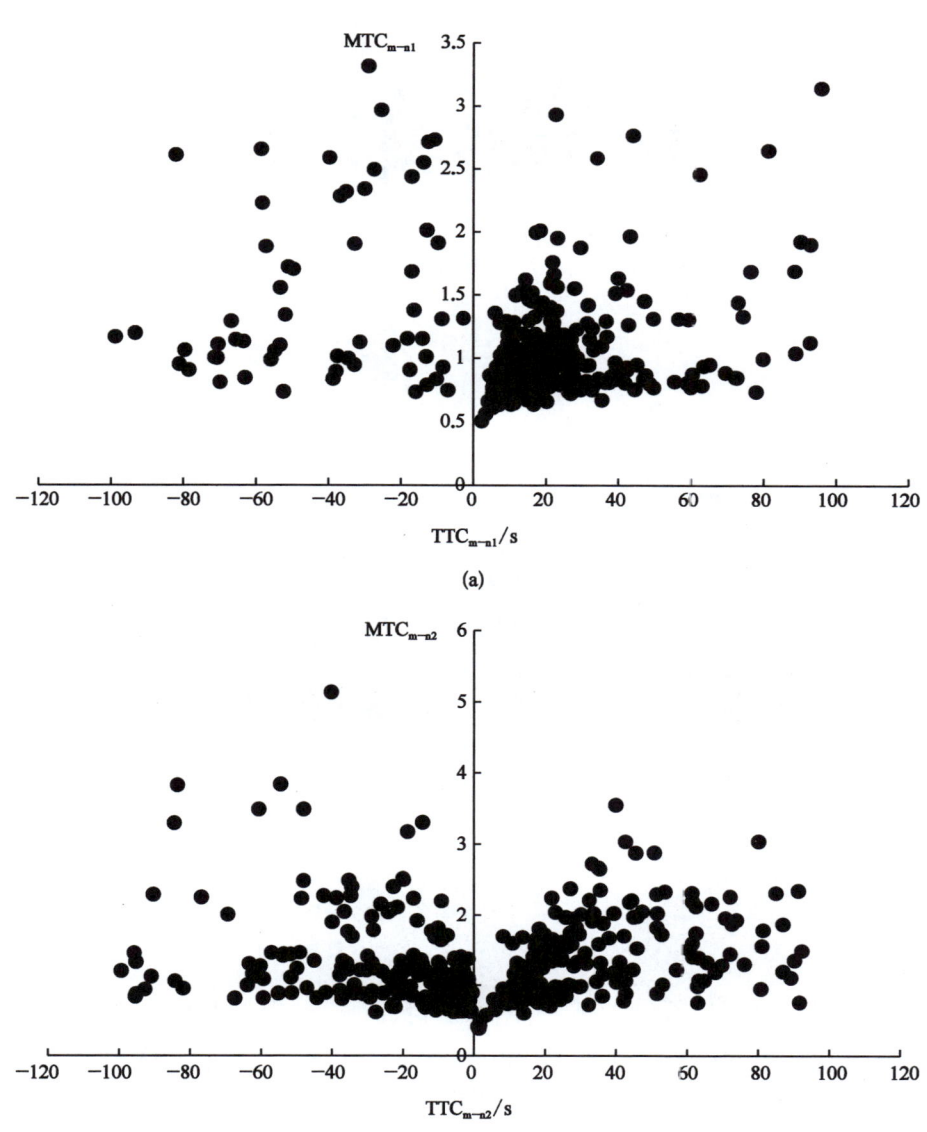

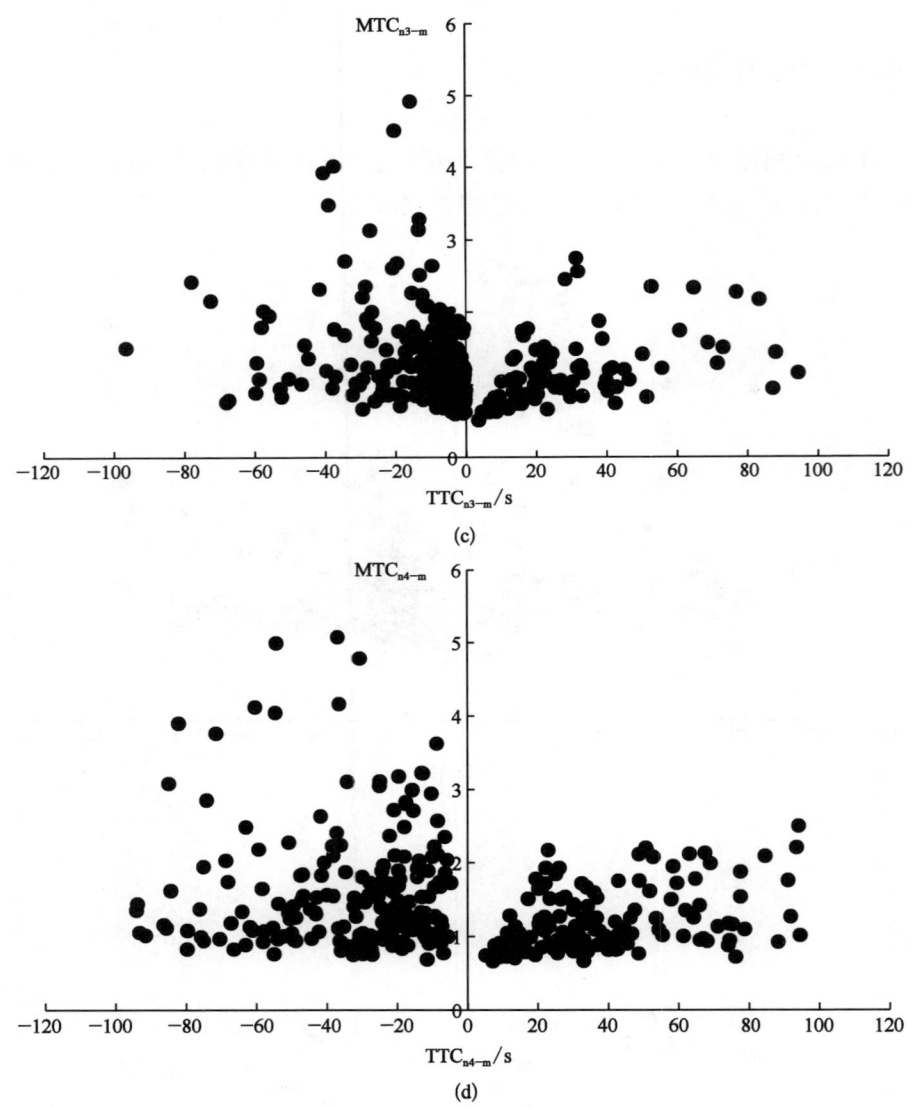

图 5-20 TTC 与 MTC 对应关系
(a) m-n1;(b) m-n2;(c) n3-m;(d) n4-m

由图 5-20 可以看出，TTC 有正值也有负值，总体表现为 TTC 的绝对值越大，MTC 也越大的趋势。以图 5-20(a) 中 m-n1 为例，由于在 83% 的情况下变道车辆的速度大于本车道前方车辆的速度，因此 TTC 计算结果以正值为主，而在图 5-20 中，TTC 则以负值为主。

TTC 假设前后车以当前速度继续行驶，未来发生碰撞需要的时间，TTC 越小表示将来发生碰撞的时间越小,说明情况越紧急,也就是发生碰撞的概率越高。如果相对速度为负值或者接近于零时,TTC 计算结果为负值或者是一个很大的数值,认为发生碰撞的可能性很小。MTC 假设前车突然减速采取紧急制动措施时,后车碰撞前车的可能性,MTC<1 则表示存在碰撞的可能性,MTC 越小碰撞的严重性越高。MTC 考虑了驾驶员的反应时间与路面摩擦系数,当后车速度小于前车,并且相对距离较小的情况下,MTC 也有可能小于 1,即两者之间可能发生碰撞。

由此可见,TTC 表示的是发生碰撞的紧急程度,MTC 表示的是碰撞的可能性及其严重程度。将 0 s<TTC<5 s 的状态定义为紧急状态,其他为非紧急状态,将 MTC<1 的状态定义为严重状态,MTC>1 则定义为非严重状态。则可以将所有的状态划分为 4 种类型,分别是严重—紧急状态、严重—非紧急状态、非严重—紧急状态、非严重—非紧急状态。分别计算每种状态所占的百分比,结果见表 5-10。

表 5-10 安全状态计算结果

车辆状态	严重-紧急 (MTC<1, 0<TTC<5)	严重-非紧急 (MTC<1, TTC>5 或 TTC<0)	非严重-紧急 (MTC>1, 0<TTC<5)	非严重-非紧急 (MTC>1, TTC>5 或 TTC<0)	合计
m-n1	1.1%	64.2%	0.0%	34.7%	100%
m-n2	1.6%	39.3%	0.0%	59.1%	100%
n3-m	0.5%	49.1%	0.0%	50.5%	100%
n4-m	0.0%	29.8%	0.0%	70.2%	100%

从表 5-10 可以看出,安全状态主要为严重—非紧急,非严重—非紧急。对于严重—紧急状态,与目标车道前方车辆的占比最高(1.6%);对于严重—非紧急状态,与本车道前方车辆的占比最高(64.2%),其次为与目标车道后方的占比(49.1%);对于非严重—非严重状态,与本车道后方车辆的占比最高(70.2%)。

第 6 章

基于自然驾驶试验的驾驶
　　行为特征分析

驾驶员在能力、知觉、态度上的差异,导致不同个体在外界环境刺激下的出现不同的驾驶行为,这种大量客观存在于个体间的驾驶行为差异是导致交通系统运行紊乱的重要原因。人的行为复杂且多变,驾驶行为受到众多的影响。微观驾驶行为既受到道路、交通,以及气象因素的影响,也受驾驶员性格、态度、技能的影响。目前,驾驶行为各影响因素之间的交互作用机理依然复杂,研究多基于群体数据的行为共性来描述驾驶行为特征变化规律,对于个体差异对驾驶行为特征表达的考虑较为欠缺。为进一步提高个体层面的驾驶行为识别和驾驶员辨识模型的精度与准确性,分析驾驶个体间的行为差异是研究中不可或缺的重要环节。因此本章通过设计自然驾驶试验采集方案,利用低成本的道路交通环境与驾驶行为同步采集设备及软件,获取个体驾驶员在真实行车环境下的驾驶行为数据,并对其特征进行分析。从数据需求和功能应用出发,选择时频分析方法进行对比分析,深度剖析个体层面的驾驶行为表现特征,为个体驾驶行为的实时分析判别提供技术支持和理论支撑。

6.1 自然驾驶试验

试验中的控制因素主要为驾驶员个体,以分析不同的驾驶员在驾驶行为上的异同。在试验过程中,需要严格控制除驾驶员个体因素以外的其他因素的干扰,以获得理想的试验数据,因此为摒除道路、交通及环境因素的影响,选择无行人、无其他车辆、无非机动车辆干扰的道路作为试验场地。为完整采集驾驶员在驾驶过程中的加减速、转弯、停车等行为,试验路段必须具有足够长度。在驾驶试验中为尽可能找到能区分驾驶员的特征,试验任务不宜太过单一,因此试验路线中道路线形应存在一定变化,最终选取长度约 4 km,

且包含直线和曲线路段的环形双向四车道路段作为试验场地,测试道路示意图及实拍图分别如图 6-1、图 6-2 所示。

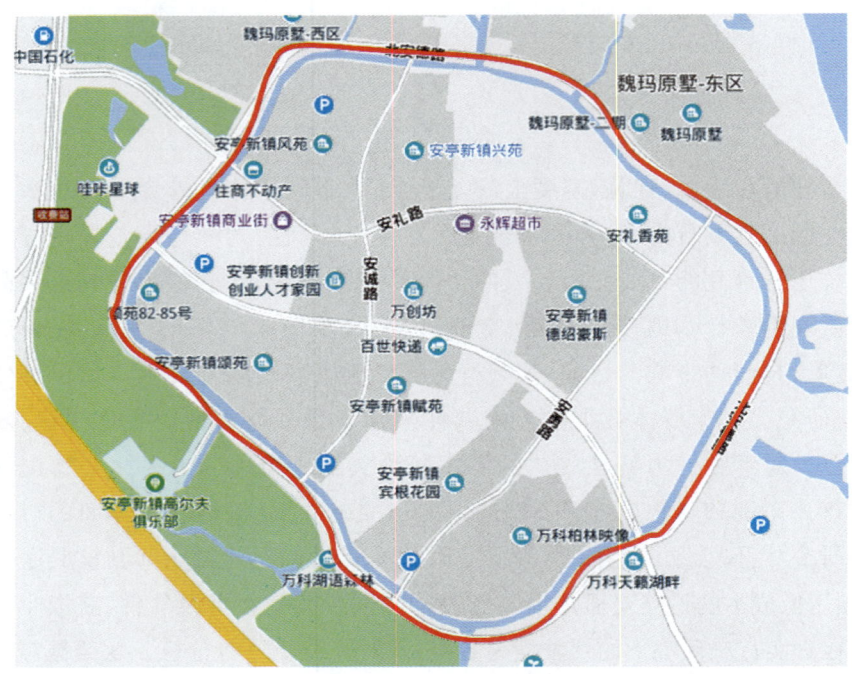

图 6-1 实车试验路线

图 6-2 实车试验路段场景实拍图
(a) 直线路段;(b) 曲线路段

为减少测量误差,确保采集数据的准确性,测试前需要对设备进行校准。汽车姿态系统水平放置,Y轴方向与车身方向一致。天气良好、设备校准无误的情况下,驾驶员熟悉车辆使用方法与行驶环境后,方可进行测试者。在整个驾驶过程中,除紧急情况外,车内人员不以任何形式(语言、肢体动作、开启播放设备等行为)干扰测试者的驾驶,保证测试驾驶员在安全驾驶的许可范围之内处于自由驾驶状态。每次测试结束后,同步保存测试数据。按照设计的试验方案,共采集了 8 名驾驶员的驾驶行为数据,对其进行处理和分析。

6.2 驾驶行为时域特性分析

6.2.1 速度特征

由图 6-3 可知,从驾驶员的速度分布图来看,各个驾驶员在自由驾驶状态速度的中位数集中在 30~40 km/h,但不同驾驶员在速度分布上存在一定差异。除 2 号驾驶员外,其他驾驶员在速度分布上呈现一定的偏态性。在离散程度上,2、3、5 号驾驶员的速度离散程度较大,其他驾驶员在速度控制上较

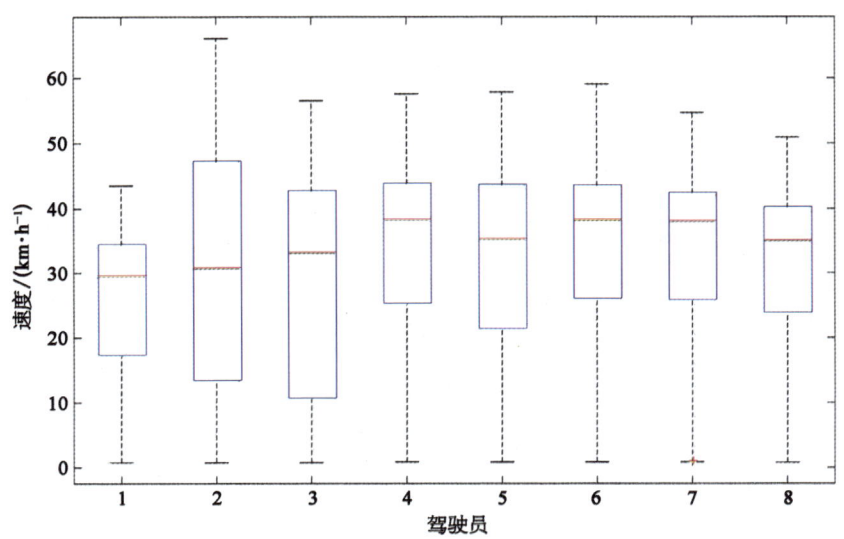

图 6-3 驾驶员速度分布图

为集中,表明驾驶员在无干扰的自由驾驶环境下,在行驶速度选择上存在一定差异。

6.2.2 加速度特征

从 X 轴加速度(图6-4)与 Y 轴加速度(图6-5)的分布来看,可以看出不同驾驶员其加速度分布中位数存在一定差异,由于驾驶过程中以左转弯为

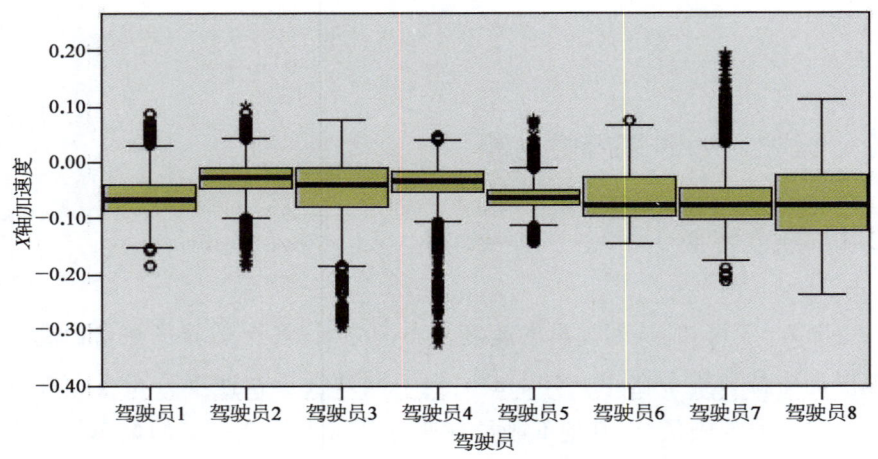

图6-4 横向加速度分布图

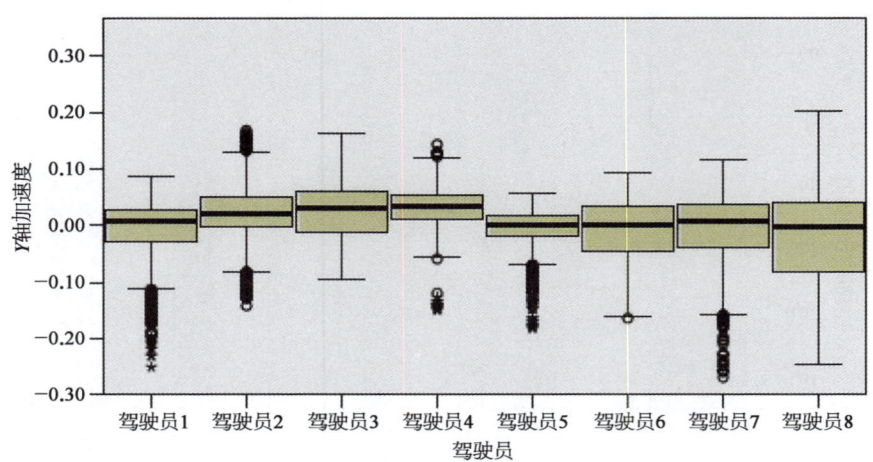

图6-5 纵向加速度分布图

主,(汽车姿态系统中 X 轴正向为右),因此横向加速度的中位数均小于 0。其中 1、2、4、5 号驾驶员的 X 轴加速度较为集中,说明在驾驶过程中横向摆动较小。3、6、7、8 号驾驶员横向加速度较为分散。Y 轴加速度与 X 轴加速度类似,中位数集中在 0 左右,1、2、4、5 号的驾驶员的纵向加速度分布较为集中,3、6、7、8 号驾驶员纵向加速度较为分散。

6.2.3 角速度特征

在角速度的分布图上,不论是 X 轴角速度还是 Y 轴角速度,直接从箱型图(图 6-6、图 6-7)难以看出不同驾驶员之间在角速度上的差异。因此需要对驾驶员的驾驶数据进行进一步的分析,剖析其内在特征。

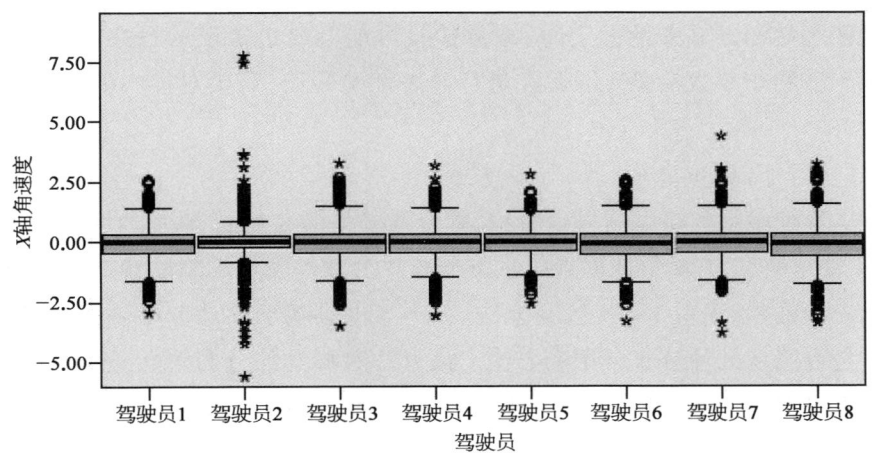

图 6-6 横向角速度分布图

6.2.4 差异性检验

为检测驾驶员之间是否存在差异性,驾驶员因素是否显著影响其驾驶行为,选择采用统计假设检验的方法对其进行验证。显著性检验根据样本的分布是否服从正态分布分为参数检验和非参数检验。参数检验要求样本来源于正态总体(正态性假定),且这些正态总体拥有相同的方差(方差齐性假定),在两项基本假定下检验各总体均值是否相等,属于参数检验。当数据不

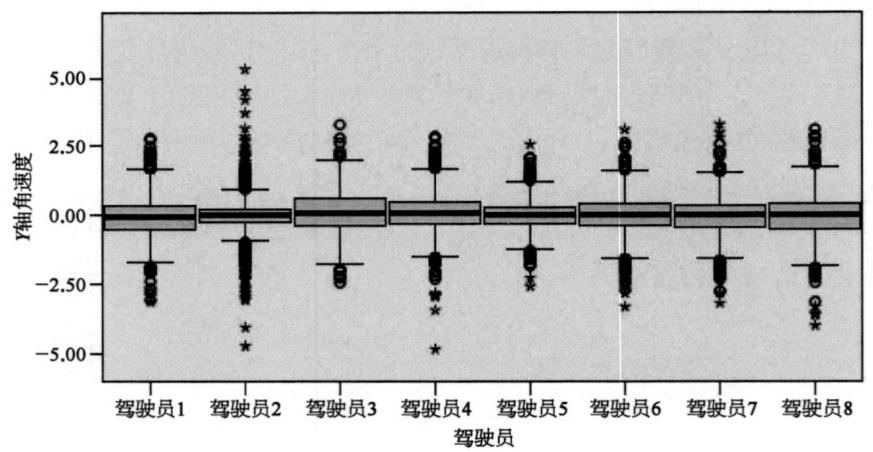

图 6-7 纵向角速度分布图

满足正态性和方差齐性假定时,参数检验可能会给出错误的答案,此时应采用基于秩的非参数检验。因此在进行显著性检验前,需要对样本的分布进行检验。

1) K-S(Kolmogorov-Smirnov)检验

从驾驶参数的箱型图可以看出,部分驾驶员的 X 轴、Y 轴加速度呈偏态分布,X 轴角速度、Y 轴角速度近似正态分布。为对驾驶员的驾驶参数的分布进行进一步检验,采用 K-S 检验方法。K-S 检验基于累计分布函数,是检验样本是否服从某种分布常用的方法。该方法对样本的分布形状差异很敏感,其基本思想是:将样本观测值的累积频率与假设的理论概论分布相比较来建立统计量。

对驾驶员采集的速度、加速度、角速度等数据进行 K-S 检验,显著性水平 α 取 0.05,得到结果如表 6-1 所示。从表中可以看出,各个驾驶员的三轴加速度与三轴角速度的 K-S 统计量均大于临界值,即 sig 值小于 0.05。因此可以判断各个驾驶员的驾驶行为参数均不服从正态分布。从上一章的加速度、角速度箱型图中也可以看出不少驾驶员驾驶参数的中位数并未处于上下四分位的中央,驾驶数据呈偏态型分布。

2) K-W(Kruskal-Wallis)检验

由于数据分布不属于正态分布,不符合正态性假定,因此采用非参数检验方法进行统计假设检验。K-W 检验是统计学中非参数多样本比较的一种

表6-1 K-S检验结果

项 目	K-S检验		
	统计量	Sig	检验结果
X轴加速度	0.092	0.000	拒绝
Y轴加速度	0.063	0.000	拒绝
X轴角速度	0.087	0.000	拒绝
Y轴角速度	0.075	0.000	拒绝
速度	0.223	0.000	拒绝

检验方法。计算 K-W 检验的统计量如式(6-1)所示：

$$K-W = \frac{12}{n(n+1)} \sum_{i=1}^{k} n_i \left(\frac{R_i}{n_i} - \frac{n+1}{2} \right)^2 \quad (6-1)$$

式中 k——样本组数；

n——总样本量；

n_i——第 i 组的样本量；

R_i——第 i 组样本的秩总和。

利用 SPSS 软件对原假设进行检验,得到的检验结果见表6-2和表6-3。

表6-2 K-W检验结果

驾驶员	秩 均 值			
	X轴加速度	Y轴加速度	X轴角速度	Y轴角速度
1	4 208.59	4 103.11	4 674.45	4 426.86
2	6 266.58	5 459.11	5 052.05	4 735.57
3	5 218.82	5 846.19	4 758.45	5 061.82
4	5 837.57	6 188.54	4 741.60	5 132.58
5	4 089.32	3 710.23	4 688.43	4 697.78
6	3 959.43	4 057.55	4 579.18	4 744.66
7	3 712.21	4 426.54	4 832.39	4 525.31
8	3 907.06	4 064.25	4 524.45	4 647.50

表 6-3　K-W 检验统计量

	X 轴加速度	Y 轴加速度	X 轴角速度	Y 轴角速度
卡方	1 182.835	1 030.390	32.646	61.323
df	7	7	7	7
渐近显著性	0.000	0.000	0.000	0.000

从显著性结果可以看出,各项指标的显著性均小于 0.05,拒绝原假设,因此可以认为不是所有的驾驶员的加速度、角速度的分布均相同。但基本的 K-S 检验只能说明多个总体的分布存在差异,至少有 1 组样本不同于其他组样本,而不能得出个体间的差异性比较。因此,为了分析哪些总体之间存在差异性,对不同驾驶员之间的驾驶数据进行两两比较。两两比较的统计量为:

$$\Delta R(crit) = t_{(n-k,\, \alpha/2)} \cdot \sqrt{\frac{n(n+1)(n-1-H)}{12(n-K)}\left(\frac{1}{n_i} + \frac{1}{n_j}\right)} \quad (6-2)$$

式中　n_i——第 i 组的样本量;
　　　n_j——第 j 组的样本量。

同批样本群组之间的多次统计比较,在计算时可能会导致一类统计风险升高,因此需要考虑调整显著性水准。Bonferroni 法是多重检验中常用的方法,其原理是基于检验次数对显著相关值进行调整,检验次数直接与预测变量的类别数及测量等级相关,因此可以更好地控制一类错误。经 Bonferroni 法调整过后的显著性水平作为两两差异性检验的结果如表 6-4 和表 6-5 所示。

表 6-4　加速度两两比较结果

ij	X 轴加速度			Y 轴加速度		
	标准检验统计量	调整后 P 值	显著性	标准检验统计量	调整后 P 值	显著性
12	-19.395	0.000	显著	-12.779	0.000	显著
13	-8.229	0.000	显著	-14.198	0.000	显著
14	-14.648	0.000	显著	-18.752	0.000	显著

续 表

ij	X 轴加速度			Y 轴加速度		
	标准检验统计量	调整后P值	显著性	标准检验统计量	调整后P值	显著性
15	1.101	1.000	不显著	3.626	0.008	显著
16	2.217	0.746	不显著	0.405	1.000	不显著
17	4.180	0.001	显著	-2.723	0.181	不显著
18	2.396	0.464	不显著	0.309	1.000	不显著
23	9.160	0.000	显著	-3.384	0.020	显著
24	4.211	0.001	显著	-7.160	0.000	显著
25	22.050	0.000	显著	17.712	0.000	显著
26	22.362	0.000	显著	13.584	0.000	显著
27	23.206	0.000	显著	9.381	0.000	显著
28	20.050	0.000	显著	11.853	0.000	显著
34	-5.194	0.000	显著	-2.874	0.114	不显著
35	9.699	0.000	显著	18.341	0.000	显著
36	10.474	0.000	显著	14.876	0.000	显著
37	11.938	0.000	显著	11.249	0.000	显著
38	9.871	0.000	显著	13.409	0.000	显著
45	16.777	0.000	显著	23.784	0.000	显著
46	17.324	0.000	显著	19.656	0.000	显著
47	18.482	0.000	显著	15.322	0.000	显著
48	15.785	0.000	显著	17.370	0.000	显著
56	1.232	1.000	不显著	-3.293	0.028	显著
57	3.360	0.22	不显著	-6.383	0.000	显著
58	1.523	1.000	不显著	-2.958	0.087	不显著
67	2.128	0.932	不显著	-3.177	0.042	显著
68	0.424	1.000	不显著	-0.054	1.000	不显著
78	-1.508	1.000	不显著	2.804	0.141	不显著

表 6-5 角速度两两比较结果

ij	X 轴 角 速 度			Y 轴 角 速 度		
	标准检验统计量	调整后 P 值	显著性	标准检验统计量	调整后 P 值	显著性
12	-3.562	0.010	显著	-2.912	0.101	不显著
13	-0.685	1.000	不显著	-5.176	0.000	显著
14	-0.604	1.000	不显著	-6.351	0.000	显著
15	-0.129	1.000	不显著	-2.502	0.345	不显著
16	0.848	1.000	不显著	-2.829	0.131	不显著
17	-1.331	1.000	不显著	-0.830	1.000	不显著
18	1.193	1.000	不显著	-1.755	1.000	不显著
23	2.569	0.286	不显著	-2.855	0.121	不显著
24	3.050	0.064	不显著	-3.900	0.003	显著
25	3.686	0.006	显著	0.383	1.000	不显著
26	4.587	0.000	显著	-0.088	1.000	不显著
27	1.997	1.000	不显著	1.912	1.000	不显著
28	4.487	0.000	显著	0.749	1.000	不显著
34	0.142	1.000	不显著	-0.594	1.000	不显著
35	0.602	1.000	不显著	3.128	0.049	显著
36	1.492	1.000	不显著	2.640	0.232	不显著
37	-0.586	1.000	不显著	4.254	0.001	显著
38	1.762	1.000	不显著	3.120	0.051	不显著
45	0.511	1.000	不显著	4.176	0.001	显著
46	1.499	1.000	不显著	3.581	0.010	显著
47	-0.790	1.000	不显著	5.285	0.000	显著
48	1.777	1.000	不显著	3.969	0.002	显著
56	1.037	1.000	不显著	-0.445	1.000	不显著
57	-1.284	1.000	不显著	1.538	1.000	不显著

续 表

ij	X 轴角速度			Y 轴角速度		
	标准检验统计量	调整后P值	显著性	标准检验统计量	调整后P值	显著性
58	1.371	1.000	不显著	0.420	1.000	不显著
67	-2.182	0.815	不显著	1.890	1.000	不显著
68	0.444	1.000	不显著	0.788	1.000	不显著
78	2.385	0.478	不显著	-0.946	1.000	不显著

从检验表格可以看出，在 X 轴加速度和 Y 轴加速度的两两比较上，大部分 p 值均小于 0，说明大部分驾驶员在加速度的控制上存在差异。而角速度的检验表中，X 轴角速度、Y 轴角速度只在部分驾驶个体间存在差异。为直观表达哪些驾驶员间存在差异，图 6-8、图 6-9 给出了驾驶员各项指标成对比较的结果图，其中圆点的值代表该组的平均秩次，连接线代表两两比较的结果。黑色连接线代表在统计学上两组间无显著差异，黄色代表两组之间在统计学上具有显著性差异。

从图 6-8 和图 6-9 显示的结果可以看出，驾驶员两两之间的差异性主要体现在加速度上，角速度之间的差异并不明显。

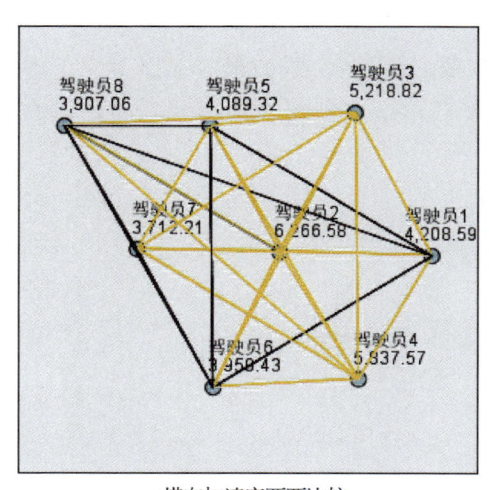
横向加速度两两比较

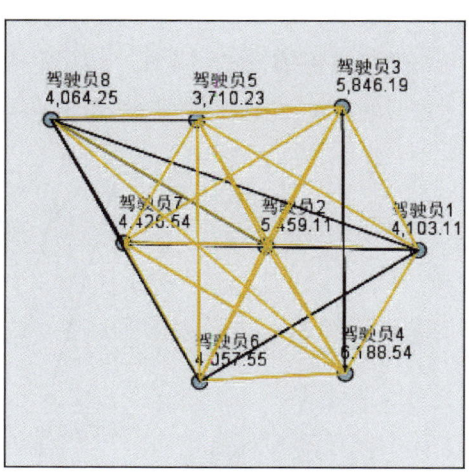
纵向加速度两两比较

图 6-8　加速度两两比较结果

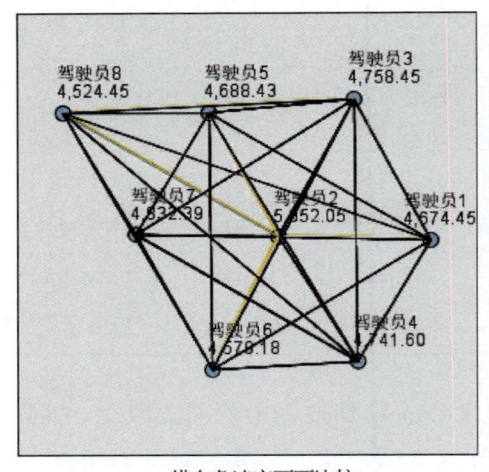
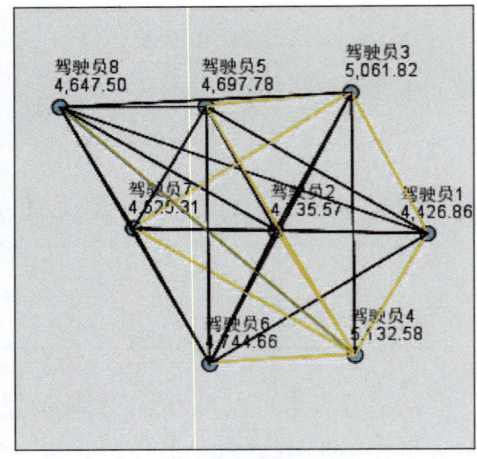

横向角速度两两比较　　　　　　　　纵向角速度两两比较

图 6-9　角速度两两比较结果

3) 基于 DTW(Dynamic Time Warping)的相似性检验

从统计学上进行差异性检验只是对驾驶行为参数的分布进行检验,从分布上判断驾驶员之间是否存在差异。而对采集到的数据来说,仅从均值、方差和分布上对驾驶参数进行检验,丢失了其驾驶参数的时间特性。因此,在统计学差异性分析结果的基础上,将按等间隔输出的驾驶参数视为时间序列,对其进行相关性分析,来判别驾驶员间的差异。

若按照传统方法,如图 6-10 中的红线所示,将实线波形的 a 点对应于虚线波形的 b′点,以此计算出的距离会导致分析结果存在一定偏差。而动态时

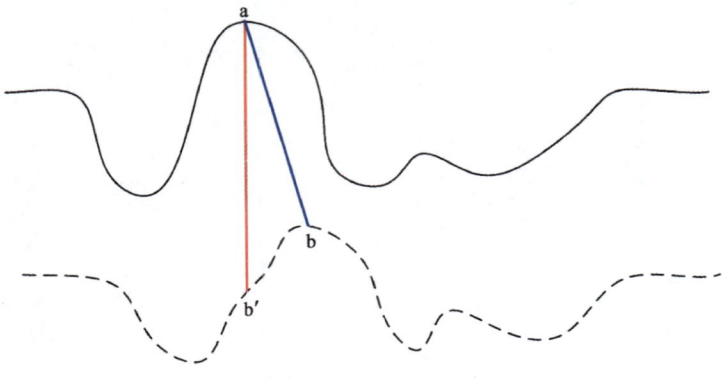

图 6-10　动态时间规整示意图

间规整(DTW)可以通过对时间序列进行拉伸或压缩,从而找到两个波形对齐的点,图 6-10 中实线波形的 a 点对应于虚线波形的 b 点,以此计算出的距离作为比较两个时间序列的相似性更为合理。

DTW(动态时间规整)是语音识别中解决信号长短不一匹配问题的经典算法,它的核心是利用动态规划的思想,通过点与点之间的映射关系,寻找长度不一的两个序列之间距离最小的匹配路径。DTW 通过拉伸或者规整其中一个序列的时间轴,消除两者在时间轴上的差别,并使得与另一个序列的时间轴的重叠度达到最大,从而达到时序数据的失真度最小,以此计算两个序列之间的距离,实现的长度不一序列相似度比较的目的。

利用 DTW 计算每名驾驶员每次驾驶的参数数据与其他所有样本之间的距离,取其平均值作为衡量序列之间相似性的距离。经过计算,驾驶员 X 轴加速度、Y 轴加速度、X 轴角速度与 Y 轴角速度的 DTW 距离结果如表 6-6~表 6-9 所示。

表 6-6 X 轴加速度 DTW 距离

ID	1	2	3	4	5	6	7	8
1	**0.826**	1.279	2.279	3.099	2.099	3.262	4.251	3.172
2	1.279	**0.514**	2.11	2.689	1.829	2.778	4.279	4.159
3	2.279	2.11	**0.126**	3.505	5.947	5.682	5.209	3.611
4	3.099	2.689	3.505	**2.404**	2.774	3.3	3.317	3.584
5	2.099	1.829	5.947	2.774	**0.093**	0.431	1.167	2.078
6	3.262	2.778	5.682	3.3	0.431	**0.2**	0.717	1.105
7	4.251	4.279	5.209	3.317	1.167	0.717	**0.257**	0.675
8	3.172	4.159	3.611	3.584	2.078	1.105	0.675	**0.134**

表 6-7 Y 轴加速度 DTW 距离

ID	1	2	3	4	5	6	7	8
1	**0.289**	1.314	1.299	1.130	1.590	1.277	2.223	3.063
2	1.314	**0.459**	1.105	1.401	1.735	2.267	2.818	3.895

ID	1	2	3	4	5	6	7	8
3	1.299	1.105	**0.113**	1.051	1.963	1.436	1.656	2.133
4	1.130	1.401	1.051	**0.945**	1.255	1.164	2.042	2.892
5	1.590	1.735	1.963	1.255	**0.152**	0.433	1.440	2.678
6	1.277	2.267	1.436	1.164	0.433	**0.216**	1.208	1.729
7	2.223	2.818	1.656	2.042	1.440	1.208	**0.653**	0.893
8	3.063	3.895	2.133	2.892	2.678	1.729	0.893	**0.172**

表 6-8 X 轴角速度 DTW 距离

ID	1	2	3	4	5	6	7	8
1	**25.930**	68.139	79.917	160.425	51.899	58.351	69.760	60.270
2	68.139	**51.250**	85.608	150.260	100.499	79.260	93.759	113.344
3	79.917	85.608	**30.691**	154.647	78.572	64.077	53.844	44.176
4	160.425	150.260	154.647	**112.437**	140.536	130.430	122.699	113.612
5	51.899	100.499	78.572	140.536	**25.717**	44.758	61.689	80.984
6	58.351	79.260	64.077	130.430	44.758	**28.955**	49.707	54.664
7	69.760	93.759	53.844	122.699	61.689	49.707	**33.031**	40.762
8	60.270	113.344	44.176	113.612	80.984	54.664	40.762	**19.568**

表 6-9 Y 轴角速度 DTW 距离

ID	1	2	3	4	5	6	7	8
1	**27.502**	96.775	115.218	189.735	60.838	68.891	71.863	71.967
2	96.775	**79.820**	112.582	177.171	127.285	93.073	95.542	132.305
3	115.218	112.582	**37.459**	159.381	103.459	84.625	62.073	72.637
4	189.735	177.171	159.381	**129.222**	163.194	157.376	152.333	139.481
5	60.838	127.285	103.459	163.194	**35.913**	52.725	63.023	81.787
6	68.891	93.073	84.625	157.376	52.725	**40.007**	53.239	60.902

续　表

ID	1	2	3	4	5	6	7	8
7	71.863	95.542	62.073	152.333	63.023	53.239	**33.224**	39.782
8	71.967	132.305	72.637	139.481	81.787	60.902	39.782	**27.673**

从表 6-6~表 6-9 可以看出,不论是 X 轴加速度、Y 轴加速度,还是 X 轴角速度、Y 轴角速度,驾驶员自身之间的距离均为最小,说明驾驶员与自身数据之间的相似性最高。不同驾驶员之间的距离均大于自身的距离,说明不同驾驶员之间在驾驶行为上存在一定差异,驾驶员对驾驶行为有显著影响。

从整体上来看,8 号驾驶员在 X 轴加速度、Y 轴加速度、X 轴角速度、Y 轴角速度的离散型都较大,跟车的驾驶记录和时频中也反映出该驾驶员相对于其他驾驶员的行驶较为激进;但其与自身的距离均较小,说明每次驾驶的相似性较高,说明其个人驾驶习惯较为明显。相对于较为稳定的 5 号驾驶员来说,其各项指标的分散都较为集中,说明其驾驶较为稳定,其各项指标与自身的距离相对于其他驾驶员来说也较小,其驾驶较为谨慎且稳定。因此不论是驾驶参数表现为集中或离散的驾驶员,其在行驶过程中数据都会表现出较强的相似性,说明驾驶员个体在驾驶过程中会表现出属于其自身且区别于其他个体的驾驶特征。

6.3　驾驶行为频域特性分析

在车辆行驶的过程中,驾驶员手、脚部肢体动作通过车辆传动机构转化为机械运动,借助相应车辆传动机构上加装的辅助机构及传感器,即可获得车辆运动的时间序列,因此将可其视为一个信号以量化驾驶员的驾驶行为信息。考虑交通流的随机性(如路况、交通和天气等)与驾驶员自身生理特性的不确定性(如视觉、听觉和感知意图等),驾驶员操纵车辆的行为可被描述为随机变量或随机过程。随机信号不能以确定的数学关系式描述,而且其特征需要大量样本统计后才能呈现出来,因此对随机信号的分析和处理通常采用概率统计方法对其进行描述,如数学期望、方差、自相关函数、互相关函数等。

通常所测得的信号都是一组时间序列,而信号处理中最常用的一种方法便是时域分析,即根据信号的时间历程记录分析信号的组成和特征量。时域分析主要的数字特征有：

（1）数学期望（均值），反映了信号变化的中心趋势,也称为直流分量。

$$\mu_x = \lim_{\gamma \to \infty} \frac{1}{T} \int_0^T x(t) \, \mathrm{d}t \qquad (6-3)$$

（2）方差,用来表明信号各可能值对其平均值的偏离程度,反映了信号绕均值的波动程度,是随机信号取值分散性的度量。

$$\sigma_x^2 = \lim_{\gamma \to \infty} \frac{1}{T} \int_0^T (x(t) - \mu_x)^2 \, \mathrm{d}t \qquad (6-4)$$

（3）概率密度函数,表示瞬时信号落在不同幅值强度区域内的概率情况。

$$P[x < x(t) \leq x + \Delta x] = \lim_{\gamma \to \infty} \frac{T_x}{T} \qquad (6-5)$$

（4）自相关函数,反映了随机信号在不同时刻的内在联系。

$$R_x(\tau) = \lim_{\gamma \to \infty} \frac{1}{T} \int_0^T x(t) x(t+\tau) \, \mathrm{d}t \qquad (6-6)$$

（5）互相关函数,反映了描述两个随机信号在任意两个不同时刻的取值之间的相关程度。

$$R_{xy}(\tau) = \lim_{\gamma \to \infty} \frac{1}{T} \int_0^T x(t) y(t+\tau) \, \mathrm{d}t \qquad (6-7)$$

为了通过所测得的信号了解观测对象的动态行为,往往需要频域信息,频域内的计算方法能将十分复杂的曲线转化为频率域内的分布,形成相位和幅度组合在一起的频域曲线,根据得到的曲线分析隐藏在其中的信息。频域分析中较为常用的是通过傅里叶变换把信号分解成若干单一的谐波分量来研究,从而获得信号的频率结构和各谐波幅值和相位信息。但由于随机信号是具有概率性质的随机变量,其样本函数不存在傅里叶变换,因此不能直接利用傅里叶变换分析。而功率谱密度是随机信号在频域的描述,因而多用功率谱密度作为随机信号的频域分析工具。

由维纳-辛钦定理可得,对于一个平稳随机过程,$\mu_x = 0$ 时(不为 0 时可调节零点),当 $\tau \to \infty$ 时自相关函数趋于 $\mu_x^2 = 0$,所以自相关函数满足绝对可积的条件,其傅里叶变换为：

$$S_x(\omega) = \int_{-\infty}^{+\infty} R_x(\tau) e^{-j\omega\tau} d\tau \tag{6-8}$$

$$R_x(\tau) = \frac{1}{2\pi} \int_{-\infty}^{+\infty} S_x(\omega) e^{j\omega\tau} d\omega \tag{6-9}$$

式中　$S_x(\omega)$——信号的功率,代表单位频带上所具有的功率。

功率谱又分为自功率谱密度和互功率谱密度分析,分别与自相关函数和互相关函数构成傅里叶变换对,因此定义为 $S_x(\omega)$ 为自功率谱密度,$S_{xy}(\omega)$ 为互功率谱密度。

$$S_{xy}(\omega) = \int_{-\infty}^{+\infty} R_{xy}(\tau) e^{-j\omega\tau} d\tau \tag{6-10}$$

自谱和互谱都是频率的函数,其用图形表达出来就成为谱图。由于谱图具有直观、易于分析和比较的优点,且对应不同的目的谱图有各种不同的表达形式,因而其在故障诊断中有广泛的应用。通过分析信号的频谱特征,观察谱图中谱线的变化,如：读取谱图峰值频率及其谱值、以频率窗口的平均高度或谱面积作为特征值等来进行故障诊断。因此可以将采集的驾驶员速度、加速度等时间序列数据转换成功率谱曲线,通过研究谱密度曲线,辨别驾驶员的驾驶特征,提取相应的特征参数。

6.3.1　加速度频域特征

从不同驾驶员的加速度频域曲线即图 6-11 可以看出,驾驶员的加速度的频域成分主要集中在低频部分,主要因为,单车试验在无外界干扰的情况下,道路为直线结合大半径的曲线,驾驶员不会出现频繁的加减速行为,因此加速度的主要成分集中在低频段。而从不同驾驶员之间的频域结构来看,即使驾驶员的频域结构都以低频为主,但是不同驾驶员间其低频成分所对应的幅值不同,表明驾驶员在加速度操控上存在一定差异。

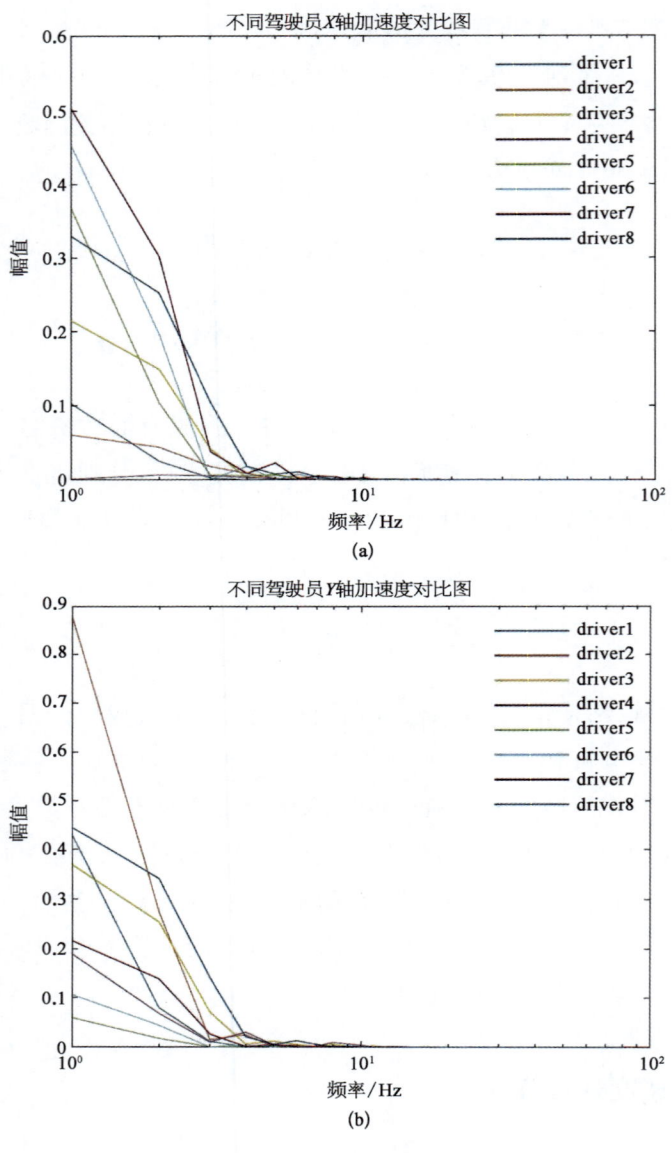

图 6-11 加速度频域结构
（a）横向加速度频域结构；(b) 纵向加速度频域结构

以同一路段驾驶员 A 和驾驶员 B 的 3 次驾驶数据为例，如图 6-12 和图 6-13 所示。从图形可以直观地看出在相同道路环境下，驾驶员的 X 轴加速度、Y 轴加速度其频域结构分布较为相似，体现了驾驶员在相同环境下会表现出其各自的驾驶倾向或驾驶习惯。驾驶员 A 在横向摆动时的幅值大于驾驶

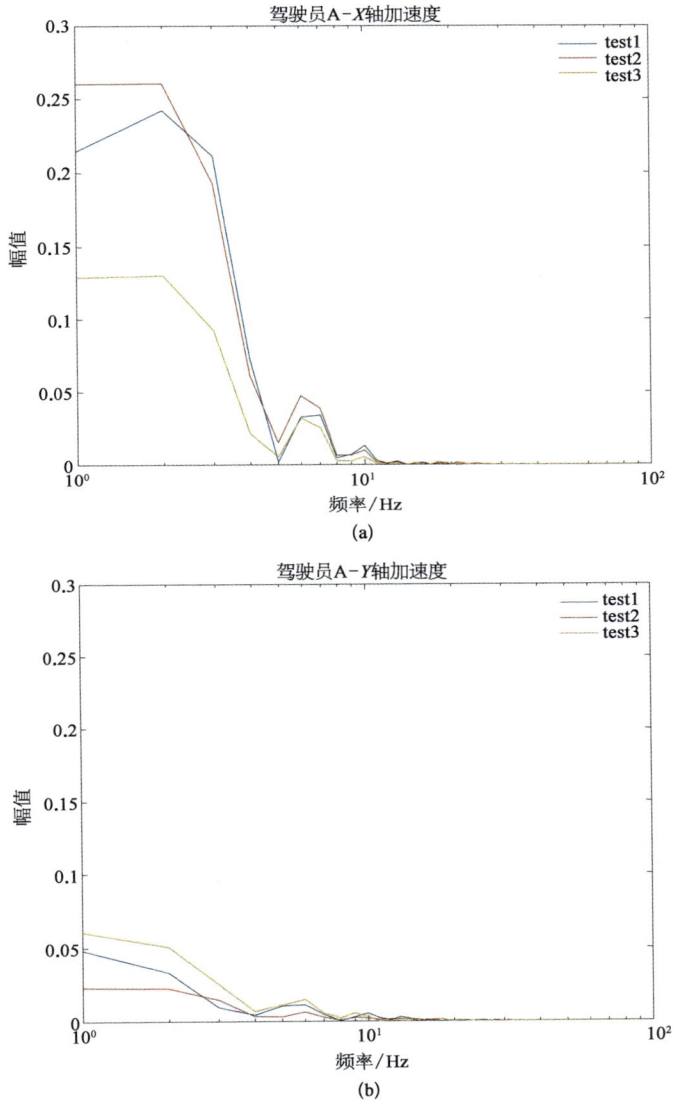

图 6-12　驾驶员 A 加速度频域结构
(a) 横向加速度频域结构；(b) 纵向加速度频域结构

员 B，且在幅值随频率不断降低后，中间部分出现一个小波峰，在 10 Hz 左右出现更小的波峰，说明该驾驶员在驾驶过程中在横向方向上不断进行调整。相对于驾驶员 A，驾驶员 B 的横向加速度频域结构并未出现明显的波峰，说明该驾驶员在横向方向上调整较小。

对于纵向加速度，驾驶员 A 的幅值较小，且其频域曲线较为平缓，说明驾

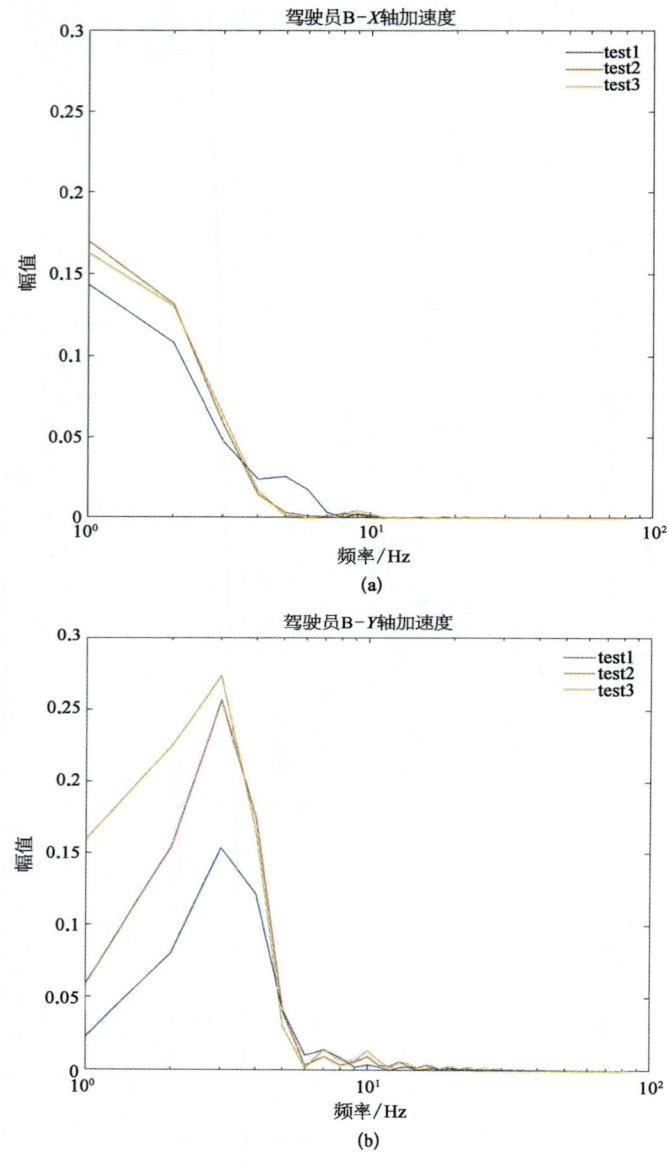

图 6-13 驾驶员 B 加速度频域结构
（a）横向加速度频域结构；（b）纵向加速度频域结构

驶员在纵向加减速上整体幅度变化较小，习惯维持一个较为稳定的速度。而驾驶员 B 的 3 次纵向加速度均出现明显的波峰，说明该驾驶员在驾驶过程中出现频繁的加减速，相对于驾驶员 A，驾驶员 B 在纵向速度上有较大调整，以实现其按照较高速度行驶的期望。

6.3.2 角速度频域特征

从图 6-14 可以看出,相对于加速度,角速度的频域结构较为复杂,在低

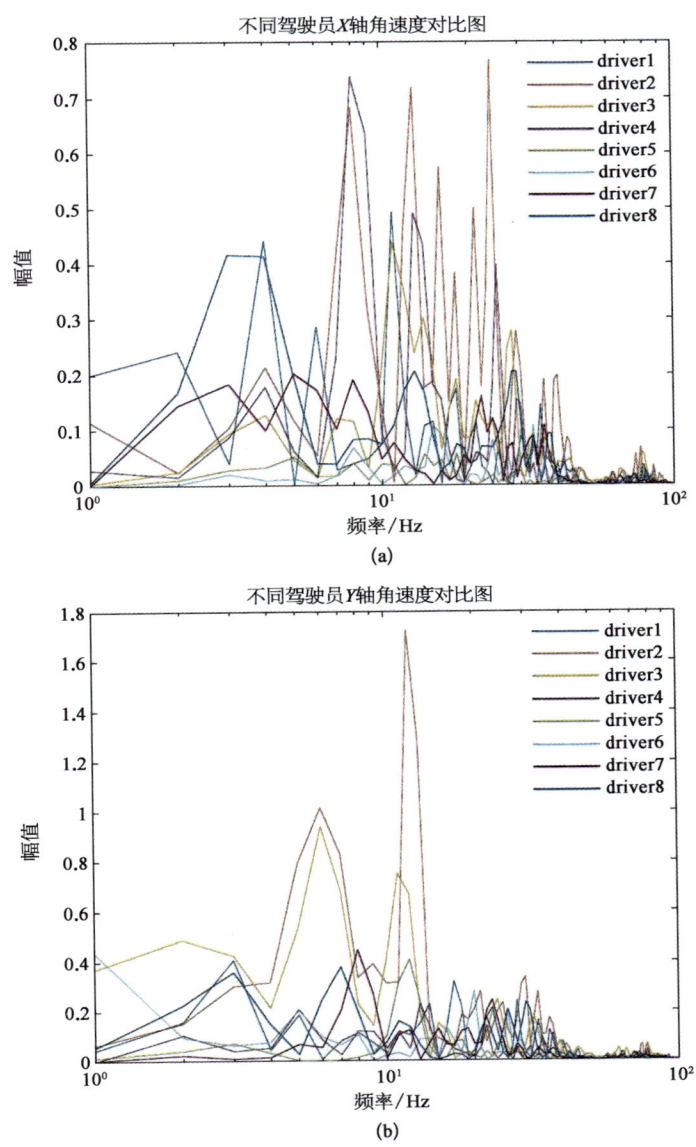

图 6-14 角速度频域结构
(a) 横向角速度频域结构;(b) 纵向角速度频域结构

频部分、高频部分均有一定的频率成分出现。这主要因为相对于加速度,驾驶员在驾驶过程中会不断调整方向盘来修正自己的行驶轨迹,因此在角速度的频域结构中会出现部分的高频成分。驾驶员的角速度频域曲线较为杂乱,因此难以直观地从角速度的频域结构上对驾驶员进行区分。

同样,对驾驶员自身的驾驶数据进行对比分析。但是从角速度的频域结构图 6-15 和加速度频域结构图 6-16 来看,虽然同一驾驶员在相同路段的

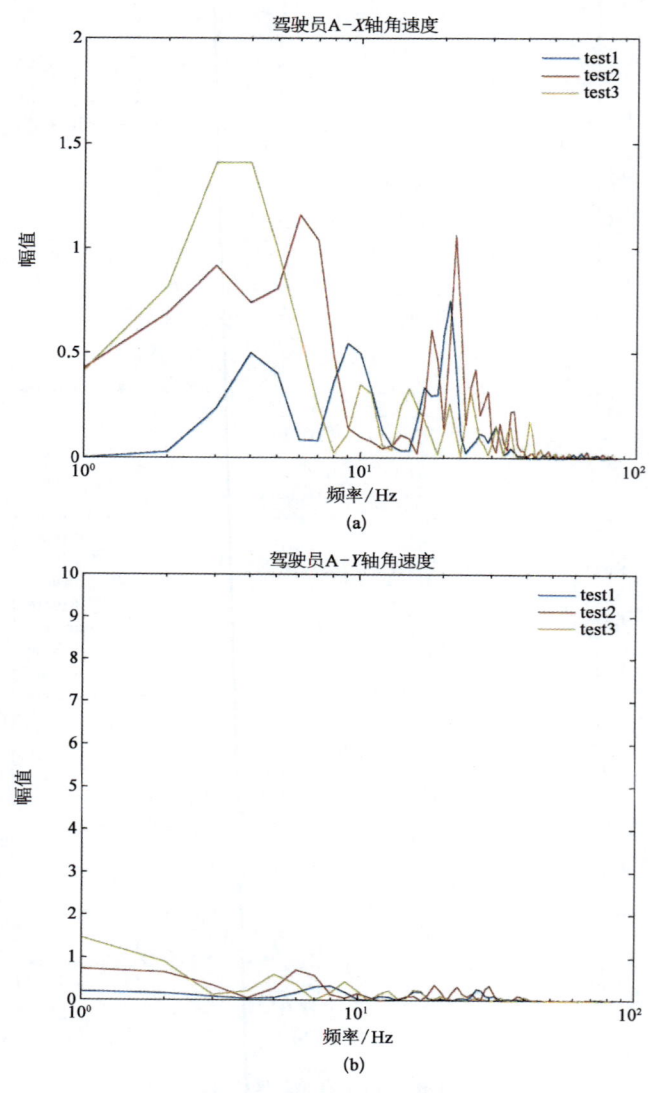

图 6-15 驾驶员 A 角速度频域结构
(a) 横向角速度频域结构;(b) 纵向角速度频域结构

驾驶过程中角速度的变化趋势会表现出部分的相似性，其一致性特征不如加速度指标明显。

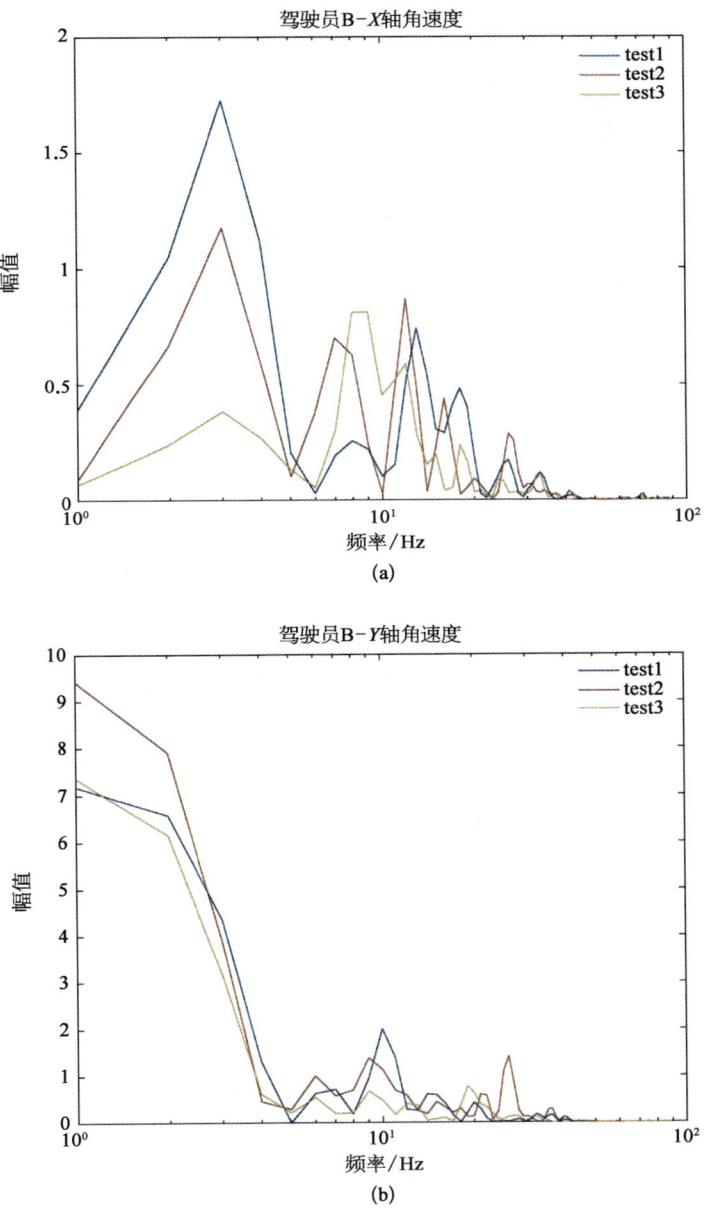

图 6-16　驾驶员 B 加速度频域结构
（a）横向角速度频域结构；（b）纵向角速度频域结构

6.3.3 差异性分析

为了进一步检验驾驶个体间的差异性,对每次测试的驾驶数据进行相关性分析。若驾驶员自身数据间相关性较高,而与其他驾驶员相关性较低,则可以认为驾驶个体在行驶过程中具有个人驾驶特征,不同的驾驶员个人特征存在差异。相关系数计算公式如下所示:

$$R_x(m) = \frac{1}{N}\sum_{i=0}^{N-1} x(i)x(i+m) \tag{6-11}$$

$$\rho = \frac{\sum_{i=1}^{2N-1} R_{sj}(i)R_x(i)}{\sqrt{\sum_{i=1}^{2N-1} R_{sj}^2(i) \sum_{i=1}^{2N-1} R_x^2(i)}} \tag{6-12}$$

式中 $x(i)$——信号某一时刻的状态;
N——信号的采样点数。

计算同一段试验路段同一个驾驶员的驾驶数据的相关系数,取其平均值作为自相关系数;计算同一段试验路段不同驾驶员的驾驶数据的相关系数,取其平均值作为互相关系数,结果如图 6-17 和图 6-18 所示。

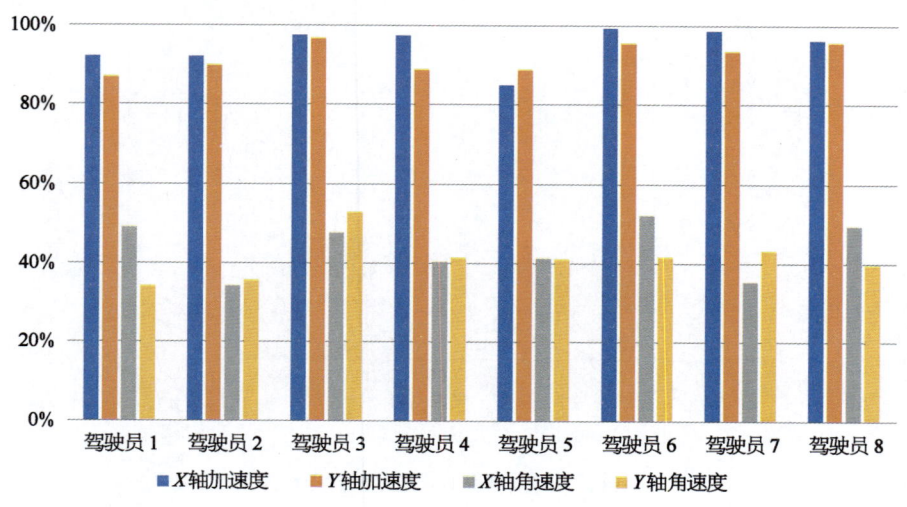

图 6-17 驾驶员自相关系数

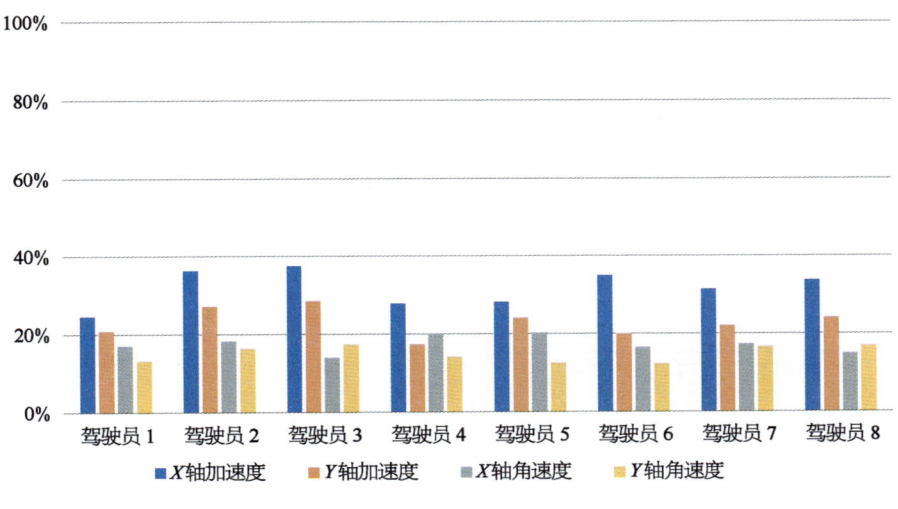

图 6-18 驾驶员互相关系数

从自相关和互相关系数的分析结果可以看出,驾驶员自身之间 X、Y 轴加速度相关程度较高,说明在相同试验条件下的重复驾驶过程中,驾驶员在横向摆动和纵向加减速上具有较高的相似性,表明驾驶员具有固定的开车习惯。而在互相关系数中,X、Y 轴加速度的相关程度均较低,说明不同驾驶员之间特征不尽相同。X、Y 轴角速度自相关系数相比于加速度较低,主要是由于相对于加速度,角速度受到道路线形的制约,差异性不如加速度明显。因此相比于角速度,加速度更能表征驾驶员的驾驶特性。但不论是 X 轴速度还是 Y 轴角速度,其自相关系数仍高于互相关系数,仍能表明个体的个性化行为和不同个体间的差异性。

6.4 驾驶行为时频特性分析

经典的傅里叶变换方法虽然可以获取驾驶行为信号的频域结构,但是由于傅里叶变换是一种全局变换,信号的频率成分丢失了时间上的局部特性,无法给出信号各频率成分出现在哪些时间段上。而小波变换是一种信号的时频分析方法,它具有多分辨率分析的特点,而且在频域上均具有表征信号局部时间特征的能力。它通过伸缩平移运算对信号(函数)逐步进行多尺度细化,最终达到高频处时间细分、低频处频率细分,能自动适应时频信号分析的要求,从而可聚焦到信号的任意细节。

为实现信号在频域能够细分,同时防止信号过度失真,选取 symlets 小波基对驾驶行为信号进行 5 层小波分解,如图 6-19 所示。

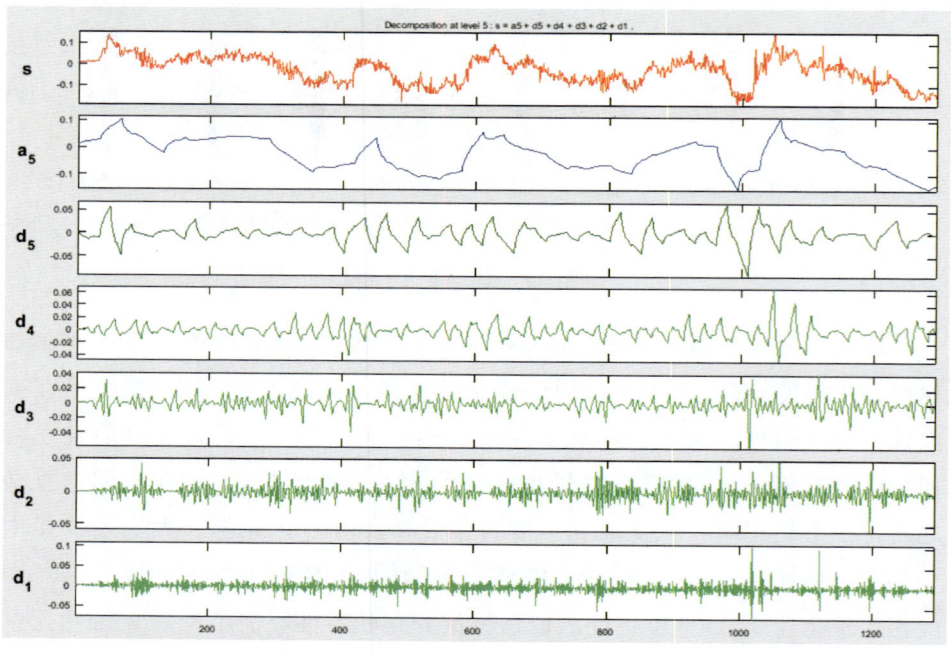

图 6-19　5 层小波分解示意图

同时对每层系数的分布进行统计,得到每个驾驶员的小波系数的直方图图 6-20~图 6-23。从直方图可以看出,两名驾驶员在加速度、角速度信号的总体分布和每层小波系数上均存在差异。

运用离散小波分析将信号进行不同频率的层次分解后,得到了信号在时频域中的分布情况,引用信息论中的熵理论,对信号的复杂性进行定量估计,将不同驾驶员的驾驶信号在时频分布上的差异量化为不同时频区间的能量分布的差异。小波分析中,小波能量熵为常用指标,其具有优良的特征表述能力,在脑电信号、电力信号和故障信号分析等领域中都有广泛的应用。计算得到每名驾驶员每层系数的能量熵如表 6-10 和表 6-11 所示。

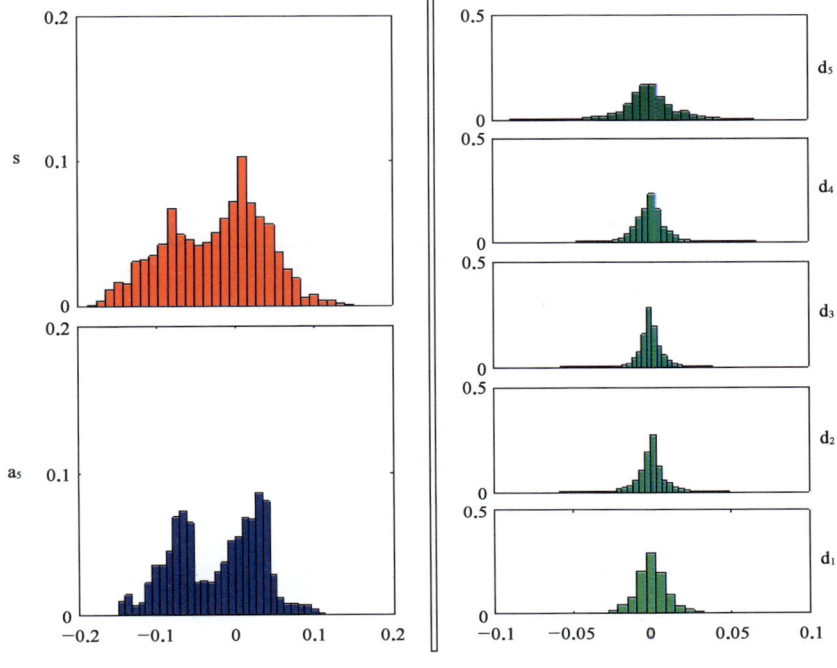

图 6-20　Y 轴加速度小波分解图(驾驶员 A)

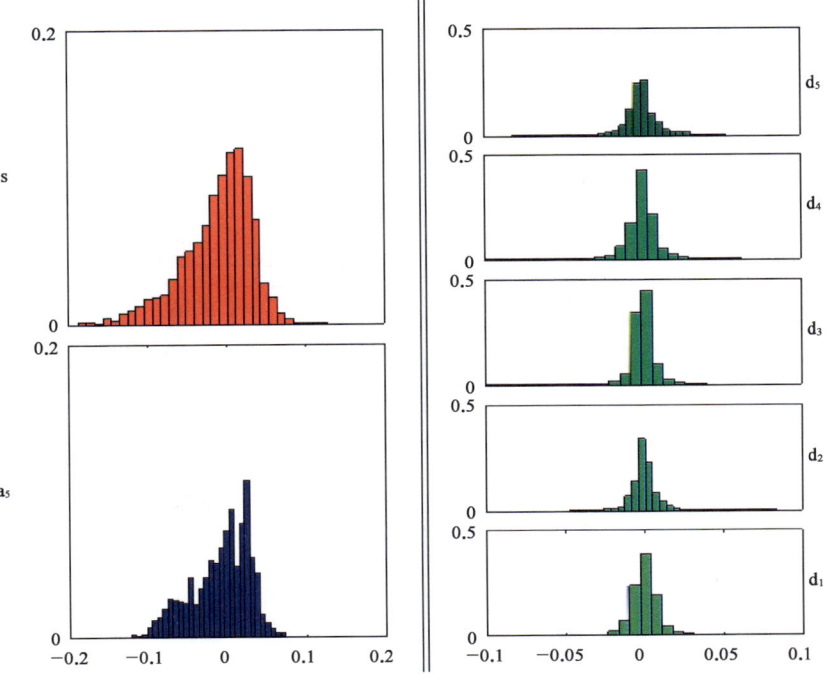

图 6-21　Y 轴加速度小波分解图(驾驶员 B)

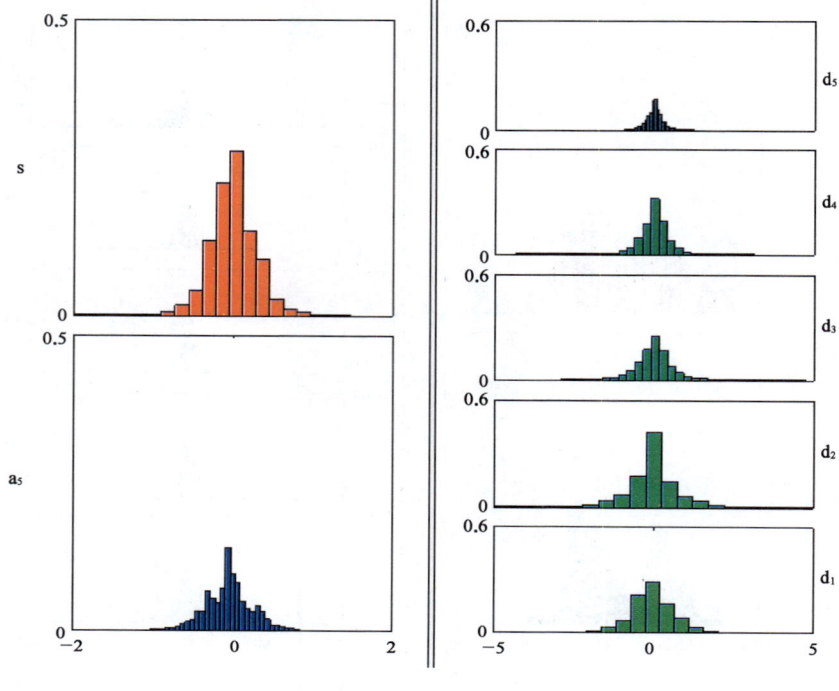

图6-22 X轴角速度小波分解图(驾驶员A)

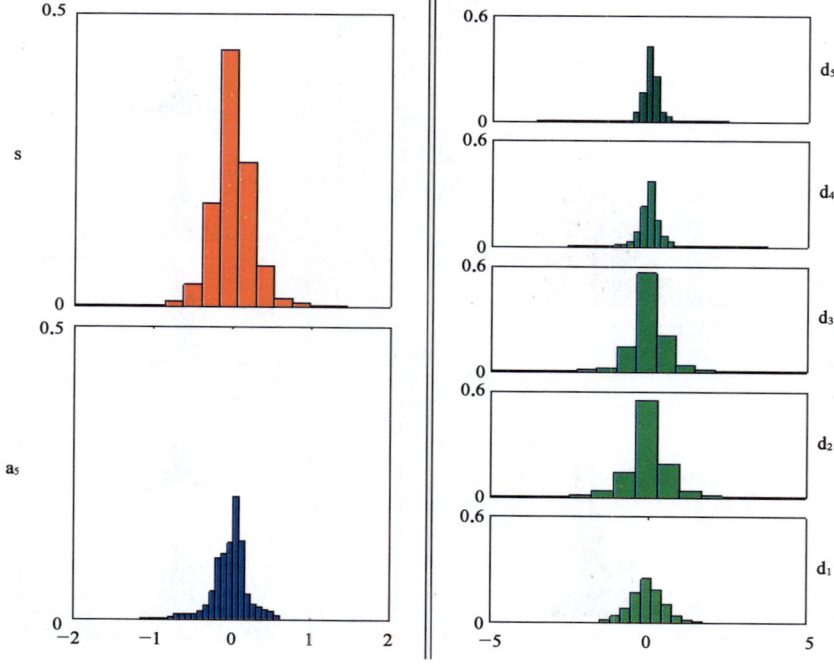

图6-23 X轴角速度小波分解图(驾驶员B)

表 6-10　小波分解能量熵（X 轴加速度）

驾驶员	a1	d1	d2	d3	d4	d5
1	19.817	0.895	0.358	0.369	0.246	0.732
2	20.856	0.893	0.573	0.440	0.789	1.903
3	15.573	0.672	0.382	0.364	0.694	1.488
4	29.768	1.234	0.650	0.773	1.108	2.906
5	29.768	0.773	0.347	0.212	0.590	1.257
6	34.545	0.984	0.390	0.293	0.399	1.091
7	33.646	0.887	0.495	0.443	0.965	1.817
8	17.167	0.845	0.331	0.237	0.550	1.216

表 6-11　小波分解能量熵（Y 轴加速度）

驾驶员	a1	d1	d2	d3	d4	d5
1	15.979	0.687	0.368	0.444	0.516	0.735
2	22.673	0.759	0.612	0.712	1.089	2.032
3	16.564	0.573	0.349	0.275	0.401	0.601
4	12.740	0.908	0.492	0.848	1.168	1.683
5	8.866	0.799	0.471	0.355	0.812	1.871
6	15.901	0.914	0.568	0.377	0.502	1.318
7	18.983	0.841	0.572	0.533	0.984	1.703
8	27.697	0.797	0.441	0.298	0.630	1.970

表 6-12　小波分解能量熵（X 轴角速度）

驾驶员	a1	d1	d2	d3	d4	d5
1	53.256	132.733	73.218	92.675	75.948	47.063
2	60.896	89.804	20.534	97.725	87.529	56.858
3	57.589	90.725	32.130	82.793	82.137	54.267

驾驶员	a1	d1	d2	d3	d4	d5
4	59.317	161.590	105.569	133.670	85.052	68.164
5	77.525	152.430	122.660	115.516	91.101	57.202
6	77.469	125.153	67.420	111.020	87.610	50.880
7	76.623	120.566	61.983	89.780	82.448	62.086
8	45.915	64.932	35.350	28.427	48.379	28.249

表6-13 小波分解能量熵(Y轴角速度)

驾驶员	a1	d1	d2	d3	d4	d5
1	88.985	147.319	102.999	111.440	67.121	57.495
2	86.338	74.360	29.887	93.940	98.855	68.679
3	85.299	105.799	81.561	96.191	89.570	51.583
4	64.918	154.099	104.085	92.859	79.461	77.584
5	65.028	152.255	115.937	119.057	100.210	68.044
6	75.505	98.148	87.723	121.840	102.428	73.708
7	70.320	69.693	61.836	104.391	75.558	55.033
8	53.075	74.996	55.366	67.090	71.734	65.563

从表6-12和表6-13的结果可以看出,驾驶员角速度的能量主要集中在细节系数a1层上,对应的为低频部分。结果表明角速度在各层系数上均有能量分布,角速度在高低频域均有含有频域成分。频域分布结构与傅里叶结果分析一致。

第 7 章

基于人工智能的不良驾驶行为识别

本章基于无人机视频中提取正常交通流情况下公路平直路段中的车辆轨迹数据,提出了一种危险驾驶行为的自动识别方法。考虑了车辆类型对于驾驶行为的影响,基于碰撞风险评价指标对驾驶员的跟驰行为和变道行为进行风险分析,为危险驾驶行为的识别提供样本标记;在此基础上,利用离散小波变换及统计分析等方法提取轨迹变量的特征参数作为识别模型的输入,并通过提取关键特征参数,实现实时、有效的危险驾驶行为识别。

7.1 基于聚类的驾驶行为分类方法

驾驶风格指的是驾驶员的习惯性驾驶方式。大量的研究表明,驾驶风格与交通事故之间存在密切联系,研究发现外向型人格及情绪不稳定性与事故发生率呈正相关关系;随后的研究发现,外向型、不宜人性、责任性与激进驾驶、愤怒驾驶和焦虑驾驶风格有关。不同驾驶风格的驾驶员在超车、变道、跟驰等行为方面存在明显差异。激进的驾驶风格与交通冲突之间呈现强相关性,激进型驾驶员发生交通事故的概率是正常驾驶员的 4 倍以上。目前大多采用专家的主观经验方法通过驾驶行为判断驾驶风格,缺乏对驾驶行为的客观分析。驾驶行为的相关参数可以直观体现驾驶风格,通过对驾驶行为的分类和识别,可以实现危险驾驶行为的判断。

聚类方法是一种基于统计学的分类方法,常用的聚类方法包括层次法、划分法、密度法等。通过聚类方法可以实现客观的驾驶行为特征参数的分类,相比于专家主观经验判断,聚类方法能够提供有力的理论支撑。

聚类分析又称群分析,它是研究(样品或指标)分类问题的一种统计分析方法,同时也是数据挖掘的一个重要算法,是将分类对象按照一定规则进行分类,同类别中的对象在某种意义上倾向于彼此相似,不同类中的对象倾向于彼此不相似。根据聚类的原理,可以分为相似性衡量方法和类间距离方法。

7.1.1 相似性衡量

聚类分析以相似性为基础,在一个聚类中的模式之间比不在同一聚类中的模式之间具有更多的相似性。不同类别之间的相似性衡量可分为直接法与间接法,直接法指的是求取数据的相似性,间接法是对数据进行特征提取,提取特征的相似性。通常相似性衡量的方法可分为距离、相似系数、核函数、DTW 等。

距离可以分为欧氏距离、标准欧式距离、马氏距离、布洛克距离、明考夫斯基距离、杰卡德距离,切比雪夫距离,如表 7-1 所示。

表 7-1 距离方法介绍

名称	公式	特点
欧氏距离	$d(x, y) := \sqrt{(x_1-y_1)^2+(x_2-y_2)^2+\cdots+(x_m-y_n)^2} = \sqrt{\sum_{i=1}^{n}(x_i-y_i)^2}$	对异常值敏感
标准欧式距离	$d_{12} = \sqrt{\sum_{k=1}^{n}\left(\dfrac{x_{1k}-x_{2k}}{s_k}\right)^2}$	不受变量单位不同及变异性大的影响
马氏距离	$D(X) = \sqrt{(X-\mu)^T S^{-1}(X-\mu)}$	不受量纲影响,考虑到各变量间的相关性,夸大微小变量的作用,需要不同类的先验知识
布洛克距离	$d_{12} = \sum_{k=1}^{n}\|x_{1k}-x_{2k}\|$	欧几里得空间的坐标系上两点所形成的线段对轴产生的投影距离总和
明考夫斯基距离	$d_{12} = \sqrt[3]{\sum_{k=1}^{n}\|x_{2k}-x_{3k}\|^2}$	多个距离度量公式的概括性表述,$p=1$:布洛克距离,$p=2$:欧氏距离,$p\rightarrow\infty$:切比雪夫距离
杰卡德距离	$J_g(A, B) = 1 - J(A, B) = \dfrac{\|A\cup B\|-\|A\cap B\|}{\|A\cup B\|}$	未考虑数值的大小,衡量集合差异度
切比雪夫距离	$D_{\text{Chebyshev}}(p, q) := \max_i(\|p_i-q_i\|)$	坐标数值差绝对值的最大值,物流应用较多

相似系数：指的是夹角余弦[式(7-1)]与相关系数[式(7-2)]。相关系数的应用非常广泛，其优势在于不受线性变换的影响，可轻松地转换为距离。

$$\rho_{XY} = \frac{Cov(X,Y)}{\sqrt{D(X)}\sqrt{D(Y)}} = \frac{E((X-EX)(Y-EY))}{\sqrt{D(X)}\sqrt{D(Y)}} \quad (7-1)$$

$$\cos(\theta) = \frac{\sum_{k=1}^{n} x_{1k}x_{2k}}{\sqrt{\sum_{k=1}^{n} x_{1k}^2}\sqrt{\sum_{k=1}^{n} x_{2k}^2}} \quad (7-2)$$

核函数：核函数 K 是定义在矩阵上的二元函数，本质上可反映 x 与 y 的距离，其功能是将数据在低维投影至高维空间。

DTW：计算两个不同长度的向量之间的距离，也可以对向量中不同时间段内的数据作匹配，可用在时间序列的分析中。

7.1.2　类间距离计算

聚类的目标是对不同对象间的相似性进行衡量，将其进行分类，基于距离的聚类算法可分为最短距离法、最长距离法、类平均距离法、重心法、中间距离法、离差平方和法，类间距离计算如表 7-2 所示。

表 7-2　类间距离计算介绍

最短距离法	$d(r,s) = \min(dist(x_{ri}, x_{sj})), i \in (1, \cdots, n_r), j \in (1, \cdots, n_s)$	不适合分离得很差的对象聚类
最长距离法	$d(r,s) = \max(dist(x_{ri}, x_{sj})), i \in (1, \cdots, n_r), j \in (1, \cdots, n_s)$	受异常值影响
类平均法	$d(r,s) = \frac{1}{n_s n_r}\sum_{i=1}^{n_r}\sum_{i=1}^{n_s} dist(x_{ri}, x_{sj})$	可利用所有分类对象的信息，计算量大
重心法	$d(r,s) = \|\bar{x}_r - \bar{x}_s\|_2 \quad \bar{x}_r = \frac{1}{n_r}\sum_{i=1}^{n_r} x_{ri}$	采取平均值作为重心，受异常值干扰程度较轻
中间距离法	$d(r,s) = \|\tilde{x}_r - \tilde{x}_s\|_2 \quad \tilde{x}_r = \frac{1}{2}(\tilde{x}_p + \tilde{x}_q)$	避免按类的大小加权
离差平方和法	$d(r,s) = \sqrt{\frac{2n_r n_s}{(n_r + n_s)}}\|\bar{x}_r - \bar{x}_s\|_2$	对异常值较敏感，异常值的影响被放大多倍

7.1.3 聚类方法

聚类的方法可分为：层次法、划分法、密度法、网格法、模型法等。本书仅对层次聚类与 K-means 聚类方法进行简单介绍。

1）层次聚类

层次聚类(hierarchical clustering)，是通过一系列相继的合并或分割进行，有分裂法与凝聚法，其思想是通过计算两类样本的相似性，对所有样本中最为相似的两个数据点进行组合，并反复迭代这一过程。

过程：将 n 个样本各自作为一类，并规定样本之间的距离与类间距离计算准则，将距离最近的两类合并为新类，计算新类与其他类的距离，反复迭代这一过程，直至所有样本合为一类。基于聚类树确定样本的分类数，目前无统一定义，应从实用的角度出发，选择合适的分类数。

2）K-means 聚类

K-means 聚类算法采用距离作为相似性的评价指标，即两个对象的距离越近，其相似度就越大。该算法认为簇是由距离较近的对象组成，把紧凑且独立的簇作为最终目标。以 k 为聚类参数，把 n 个对象分成 k 个簇，使簇内具有较高的相似度，而簇间的相似度较低。该算法效率较高，可适用于大规模低维数据聚类分析，但其需指定聚类目标数 k。

过程：随机选择 k 个对象，每个对象初始地代表了一个簇的平均值或中心；对剩余的每个对象，根据其与各簇中心的距离，将它赋给最近的簇；然后重新计算每个簇的平均值，反复迭代此过程，直至聚类重复次数完成或准则函数收敛。按预先设定的分类目标数将 n 个对象分成 k 类。

7.2 不良跟驰行为风险标记

7.2.1 跟驰样本提取

本文使用的驾驶轨迹数据来自无人机视频采集。无人机视频拍摄的地点为上海市曹安公路—绿苑路交叉口以北的平直路段,视频覆盖长度为 250 m 左右;平直路段为双向八车道公路,单向四车道中包含 1 条左转车道、1 条右转直行车道及 2 条直行道。数据采集时段为晴朗的工作日平峰时段。

本研究采用自主研发的视频处理软件,提取视频中的车辆轨迹数据,提取频率为 10 Hz,提取的数据包括车辆的编号、坐标数据、速度、加速度、车辆类型、纵向位置、横向位置和前车编号等。视频软件的提取界面如图 7-1 所示。

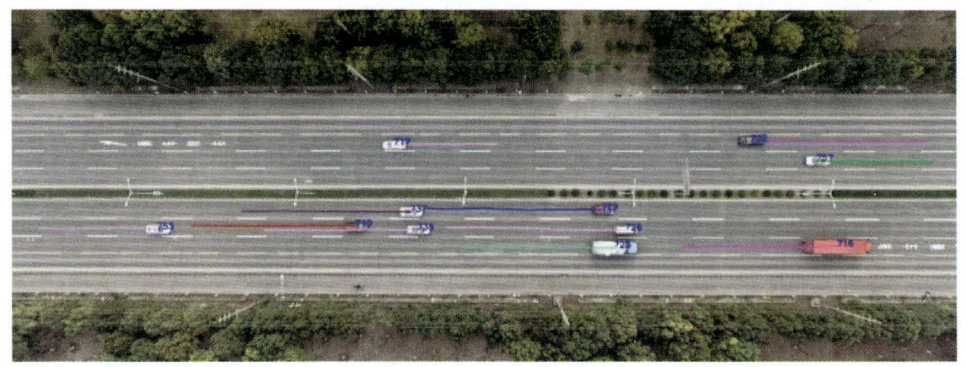

图 7-1 无人机视频提取界面

选取 370 对处于跟驰驾驶和变道驾驶状态,共 20 万条左右的驾驶轨迹数据。轨迹数据的提取和处理步骤如下:

(1) 从提取数据中可直接获取本车编号、速度、加速度、坐标数据,以及前车编号。

(2) 根据以下条件判断并提取车辆跟驰样本:

根据坐标数据判断前后车的车间距离(即前车后端与后车前端的距离)在 120 m 范围之内;车辆的跟驰速度在 30 km/h 以上;车辆的跟驰时长在 10 s 以上。

本文提取了满足以上条件的车辆作为跟驰样本进行研究。

(3) 提取车辆的跟驰数据后,对目标车辆在同一时刻下的前车的速度、加速度等数据进行匹配,得到跟驰车辆之间的相对速度、相对距离等变量。

为保证数据提取的精度,对比行驶车辆的实际速度(利用传感器直接测得)与提取速度(无人机视频),其差值在 6.4% 范围之内。

7.2.2 风险度量指标

驾驶员在驾驶过程中受自身驾驶技巧、驾驶经验和内在因素的影响,准确评估驾驶员的驾驶行为是危险驾驶行为识别的基础。本文采用碰撞风险评价指标对驾驶行为进行评价。危险驾驶行为与碰撞事故具有直接的关联,因此根据碰撞风险评估驾驶员的驾驶行为是可靠并合理的。相比于速度、加速度等驾驶轨迹数据,碰撞风险参数更能表征驾驶行为的差异化。本文基于碰撞风险参数提出了一种新的危险驾驶行为评价方法。通过碰撞风险评价指标测评驾驶员在驾驶过程中的碰撞风险变化趋势,确定其驾驶行为的危险程度。本文选取驾驶过程中发生碰撞危险的风险评价指标包括以下两个:

(1) 碰撞时间倒数(inversed time to collision, ITTC)。自动防碰撞系统或驾驶辅助系统等大多采用碰撞时间作为警告标准。但是针对前后车运动速度保持相同水平的状态,碰撞时间(TTC)无法评价其风险,而碰撞时间倒数可以用来评价碰撞风险。TTC 表示当前情况下,本车与前车保持相对速度不变,发生碰撞的预计时间,如式(7-3)所示。其中 t_{TTC} 代表 TTC,x_r 和 v_r 分别表示前后车辆的相对距离和相对速度。x_p 和 x_f 分别表示前车车尾和后车车头的位置,且 $x_p > x_f$。v_p 和 v_f 分别表示前车和后车的速度。当前后车的间距很小时,TTC 的值很大,为了控制参数的范围,本文采用 TTC 的倒数 ITTC 描述碰撞风险,用 t_{ITTC} 表示,如式(7-4)所示。ITTC 的数值越大,车辆碰撞的风险越大。

$$t_{TTC} = -x_r/v_r = -(x_p - x_f)/(v_p - v_f) \qquad (7-3)$$

$$t_{ITTC} = 1/t_{TTC} = -(v_p - v_f)/(x_p - x_f) \qquad (7-4)$$

(2) 车头时距(time to headway, THW)。车头时距是另一个用来评价驾驶风险的常用参数,适用于所有的交通环境。车头时距描述的是本车保持当前速度的情况下,到达此时前车位置所需要的时间,如式(7-5)所示,其中,t_{THW} 表示 THW。在稳定跟驰中,该参数决定了驾驶员的潜在碰撞风险。THW 越小,潜在碰撞风险越大。

$$t_{THW} = x_r/v_f = (x_p - x_f)/v_f \qquad (7-5)$$

7.2.3 车辆轨迹比较

本文分别对大车和小车的车辆轨迹特征参数进行分析,针对跟驰行为下的 7 个特征指标和变道行为下的 8 个特征指标计算其均值与方差,并对各项指标的均值进行配对样本 t 检验,结果见表 7-3。

表 7-3 跟驰状态下的小车和大车轨迹变量统计值及 t 检验结果

变量	变量描述	小车 均值	小车 方差	大车 均值	大车 方差	P 值
v	车辆速度/(m·s^{-1})	9.741	3.616	7.436	2.468	0.000
a	车辆加速度/(m·s^{-2})	0.025	1.491	0.001	1.440	**0.365**
v_{diff}	前后车辆速度差/(m·s^{-1})	-0.044	1.610	0.090	1.639	0.000
d	前后车辆间距/m	17.905	9.305	19.990	11.178	0.000
t_{THW}	车头时距/s	1.941	1.125	2.973	2.099	0.000
t_{ITTC}	碰撞时间倒数/s^{-1}	0.002	0.178	0.004	0.196	**0.547**
t_{MMTC}	修正碰撞裕度/s	1.959	1.240	3.016	2.201	0.000

配对样本 t 检验的结果表明,在跟驰状态下,相比大车跟驰的状态,小车的跟驰速度更快(9.741 m/s),而且为获得更大速度平均以 0.025 m/s^2 不断加速,车速变化范围更大(3.616 m/s),与前车的间距较小(17.905 m)。这是因为小车的机动性能更加灵活,在紧急状态下通过急制动等操作可以一定程度地避免碰撞,所以小车驾驶员会采取更加激烈的驾驶行为进行跟驰。相对而言,大车的机动性能较差,在紧急状态下更容易产生碰撞事故。所以大车为保证行车安全,往往会保持较为稳定的低速跟驰(7.436 m/s),通常保持与前车有一定的速度差(0.090 m/s),与前车的间距更大(19.990 m)。大车在行驶过程中的碰撞风险指标 THW、ITTC、MTC 比小车更大,说明大车为保持安全行驶,与前车保持更加安全的时距。不同车辆类型下的加速度和碰撞时间倒数指标差异性并不明显。

通过差异性分析可以发现,大车和小车驾驶员的驾驶轨迹具有明显的差异性,车辆类型对于驾驶行为具有显著的影响。所以,在进行危险驾驶行为标记和识别的过程中,需要考虑车辆类型因素。

7.2.4 不良跟驰行为的划分和标记

ITTC 与 THW 指标的概率分布如图 7-2 和图 7-3 所示。根据概率分布可得,ITTC 的累积分布函数的 25% 分位数为 1.5 s,THW 累积分布函数的 95% 分位数为 0.28 s^{-1} 即 3.5 s。欧洲的道路管理部门通常将 2 s 的 ITTC 作为安全数值,低于 2 s 将会引起驾驶员的不适和紧张,因此本文采用 2 s 作为 ITTC 的阈值。根据相关研究,通常采用 3~4 s 范围内的 THW 阈值作为划分

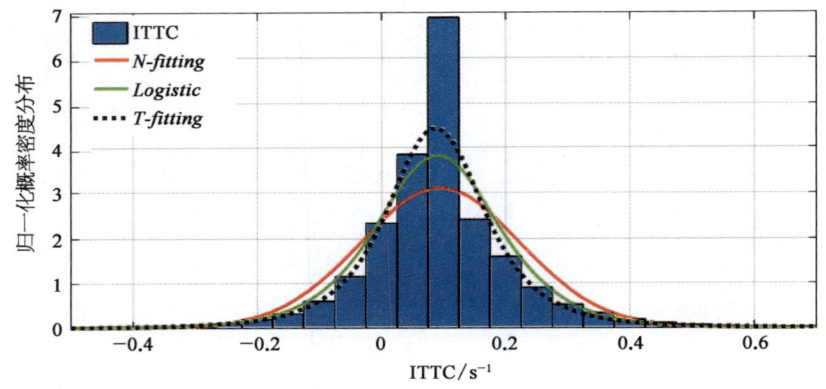

图 7-2 ITTC 的概率密度分布

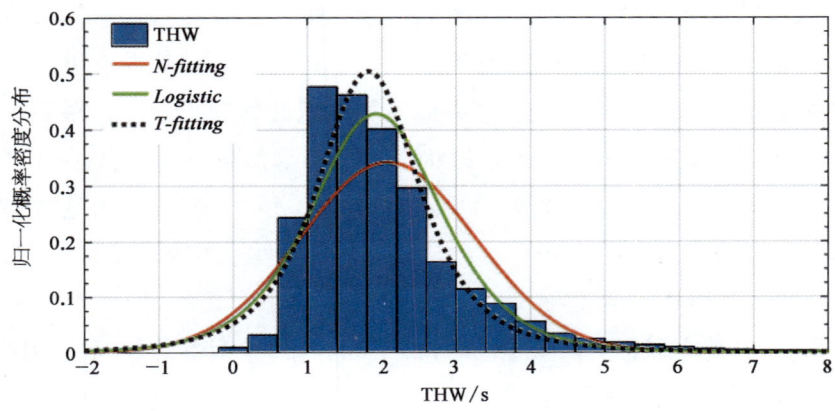

图 7-3 THW 的概率密度分布

不良行为的标准，本文采用 3.5 s 作为划分不良跟驰的阈值。

$ITTC_H$ 和 $ITTC_L$ 分别表示跟驰驾驶过程中前后车的 ITTC 高于和低于阈值 2 s。THW_H 和 THW_L 分别表示跟驰驾驶过程中前后车的 THW 高于和低于阈值 $1/3.5\ s^{-1}$，本书利用 ITTC 和 THW 的阈值将车辆的驾驶轨迹进行划分，确定驾驶轨迹的风险变化，进而确定跟驰行为是否不良。风险指标与风险程度的对应关系如表 7-4 所示。

表 7-4 风险指标与风险程度描述

风险指标组合	风险描述	风险程度
$ITTC_H, THW_L$	前车保持低速，前后车时距较大	安全
$ITTC_H, THW_H$	前车保持低速，前后车时距较小	低风险
$ITTC_L, THW_L$	前车保持高速，前后车时距较大	高风险
$ITTC_L, THW_H$	前车保持高速，前后车时距较小	危险

通过对跟驰驾驶行为轨迹进行分析，发现安全和高风险两个风险等级的轨迹占比是最大的，超过 80%。通过对比发现，安全跟驰状态下车辆速度总体水平较低，速度稳步上升，且减速操作较少，与前车保持相对较大的速度差，从而保持与前车车距较大；高风险跟驰状态下的车辆速度总体较快，减速操作较多，且与前车的速度差距较小、车距较小，说明驾驶员与前车处于高速跟驰的状态，且为了保持车距而经常制动，驾驶风险较高。

针对每个跟驰驾驶样本而言，其在驾驶过程中风险等级是不断变化的，通过统计分析可以得到每个样本中 4 种风险等级的轨迹占比。本文基于驾驶轨迹风险比例，对跟驰样本进行最终标记；即利用 K-means 算法将跟驰样本划分为两个类别。结合专家评价的方法，将跟驰驾驶样本最终标记为安全跟驰和不良跟驰。通过标记跟驰驾驶样本，为智能识别模型提供训练和测试数据。值得注意的是，由于大车、小车的驾驶行为轨迹存在一定差异性，K-means 算法将分别针对大车、小车的驾驶风险度量指标进行聚类。

针对以上提取的 370 对跟驰行为样本，通过聚类进行风险标记。结果表明，安全跟驰行为样本有 246 人，其安全、低风险、高风险和危险等 4 个风险等级的轨迹平均占比为 45.5%、5.6%、37.5% 和 11.4%；不良跟驰行为样本有 124 人，其 4 种风险等级的轨迹平均占比为 7.4%、1.3%、77.8% 和 13.5%。

7.3 不良跟驰行为识别模型

7.3.1 不良跟驰行为谱建立

不良驾驶行为谱的含义是，在特定环境和场景下，车辆驾驶行为的风险度量指标的变化矩阵，能够反映该跟驰驾驶行为的风险变化情况。驾驶员的跟驰驾驶行为会受到外部环境因素的影响，所以在建立不良跟驰驾驶行为谱的过程中，不能忽略外部环境因素的影响。只有外部环境相似的情况下，车辆的不良跟驰驾驶行为谱才具有可比性。也就是说，在不同的驾驶环境中，相同的跟驰驾驶轨迹也具有不同的风险等级，无法直接比较驾驶轨迹。所以，驾驶环境因素是建立驾驶行为谱的重要组成部分。

驾驶环境因素主要包括天气状况、道路环境和交通环境等因素。其中，天气状况包括晴天、阴天、雨天、雪天等因素。道路环境包括道路类型、车道数、车道宽度、有无中央隔离等因素。交通环境因素包括限速值、交通流量等。外部环境因素组成了驾驶车辆的特定驾驶环境，也是不良跟驰驾驶行为谱的重要组成部分。

在特定的驾驶环境中，跟驰驾驶行为的风险度量指标能够直观地描述不同驾驶员的跟驰驾驶行为的碰撞风险。基于跟驰驾驶轨迹数据计算跟驰过程中多个风险度量指标，从而构成了风险度量矩阵。风险度量矩阵与驾驶环境因素共同组成了不良跟驰驾驶行为谱。

风险度量矩阵 Mp 由驾驶行为的风险度量指标所构成。通过无人机高空视频拍摄的方法采集跟驰驾驶行为中的轨迹数据，计算跟驰行为中的风险度量指标，从而形成风险度量矩阵 Mp。针对第 p_i 辆车而言，其风险度量矩阵表示如下：

$$M_{p_i} = \begin{cases} MOR_1(t_1) & MOR_2(t_1) & MOR_3(t_1) \\ MOR_1(t_2) & MOR_2(t_2) & MOR_3(t_2) \\ MOR_1(t_3) & MOR_2(t_3) & MOR_3(t_3) \\ \vdots & \vdots & \vdots \\ MOR_1(t_n) & MOR_2(t_n) & MOR_3(t_n) \end{cases} \quad (7-6)$$

式中　t_n——数据采集和提取的单位时间步长；

　　　MOR_1、MOR_2、MOR_3——跟驰行为的风险度量指标。

本书中所建立的不良跟驰驾驶行为谱中所采用的风险度量指标包括在8.2.2节中具体介绍的两个风险度量指标之外，还包括碰撞裕度MTC(margin to collision)。MTC描述的是当处于前车突然制动时，后车也立刻制动，前车和后车发生碰撞的概率，如式(7-7)所示。

$$t_{MTC} = (-x_r + d_p)/d_f = (-x_r - v_p^2/2a_p)/(-v_f^2/2a_f) \quad (7-7)$$

式中　t_{MTC}——碰撞裕度MTC；

　　　a_f、a_p——前车和后车的加速度，通常定义为0.7 G；

　　　d_f、d_p——前车和后车按照0.7 G减速度至停车时的制动距离。

除了跟驰行为，驾驶员还存在不良变道、频繁加减速和压线行驶等不良驾驶行为。针对各种不良驾驶行为，同样可以从驾驶轨迹数据中提取风险度量指标，形成更加完整的风险度量矩阵和不良驾驶行为谱。

7.3.2　行为谱关键参数提取方法

本文提取不良跟驰驾驶行为谱中的风险度量指标的关键参数，作为识别不良跟驰行为的输入变量。驾驶行为谱中的3个风险度量指标能够通过视频数据提取和自然驾驶试验直接获得，数据采集成本低，具有更加广泛的应用前景；而且能够直接描述车辆跟驰行为的特性，更直观地体现驾驶员跟驰行为的风险特征。本文分别采用离散傅里叶变换和统计方法分别提取不良跟驰驾驶行为谱的关键参数，作为不良跟驰行为的识别模型的输入，并比较两种特征提取方法的准确程度。

离散傅里叶变换(discrete Fourier transform, DFT)能够将轨迹数据的时间序列转换成频域的信号数据。给定的时间序列($x_1, x_2, \cdots, x_N$)的离散傅里叶变换为N个独立的谐波分量(DFT_0, DFT_1, DFT_{N-1})，如式(7-8)所示。

$$DFT_k = \sum_{n=0}^{N-1} x_n e^{\left(-\frac{2\pi i}{N}kn\right)} \quad (7-8)$$

式中　k——任意整数；

　　　n——信号周期。

通过 DFT 提取风险度量指标 $MOR_1 \sim MOR_3$ 的前 10 个离散傅里叶系数作为驾驶模式的关键参数，相比于时序信号，频域信号更能提取出变量的特征。

统计方法提取最大值、最小值、均值、标准差和 85%分位数等 5 个统计变量能够最大限度地提取出不良跟驰驾驶行为谱的风险度量指标的分布特征，同样能够作为不良跟驰行为识别的关键参数。统计变量在驾驶行为的研究中应用广泛，且识别模型的准确率较高。

7.3.3 机器学习算法

1）支持向量机

支持向量机（SVM）是一个监督型机器学习算法，通过样本数据训练能够区分识别不同类型的样本。SVM 是一种二分类模型，其目的是寻找一个超平面来对样本进行分割，最终转化为一个凸二次规划问题来求解。对于包含 n 个特征向量的线性可分样本而言，x_i 为样本第 i 个特征向量，y_i 为 x_i 的类标记，训练数据的样本点可以表示为 $\{x_i, y_i\}$，$i = 1, \cdots, n$，$y_i \in \{1, -1\}$。超平面定义如下：

$$w^* \cdot x_i + b = 0 \quad (7-9)$$

式中　w^*——超平面的法向量；

b——偏移量。

对于线性可分的样本数据而言，分类的决策函数表示如下：

$$y_i = sign(w^* \cdot x_i + b) \quad (7-10)$$

最大间隔分离超平面由以下约束最优化公式决定：

$$\min \ \|w\|^2/2 \quad (7-11)$$

应用拉格朗日对偶性，通过求解对偶问题得到原始问题的最优解：

$$\min_{\alpha} \frac{1}{2} \sum_{i=1}^{n} \sum_{j=1}^{n} \alpha_i \alpha_j y_i y_j (x_i \cdot x_j) - \sum_{i=1}^{n} \alpha_i \quad (7-12)$$

部分样本数据是非线性可分的，需要通过核函数，将训练样本从原始的空间映射到更高维度的空间，将其变得线性可分。对偶问题变换为：

$$\min_{\alpha} \frac{1}{2} \sum_{i=1}^{n} \sum_{j=1}^{n} \alpha_i \alpha_j y_i y_j K(x_i \cdot x_j) - \sum_{i=1}^{n} \alpha_i$$
$$\text{s.t.} \sum_{i=1}^{n} \alpha_i y_i = 0, \ 0 \leqslant \alpha_i \leqslant C \tag{7-13}$$

式中　α_i ——拉格朗日乘子；

C ——惩罚参数,是调和误分类点的个数和最小间隔之间关系的系数。

多项式核函数和径向基是常用的核函数。

2) 随机森林

随机森林算法是一个包含多个决策树的分类算法,以决策树为基学习器构建 Bagging 集成的基础上,将随机属性引入到决策树的训练过程中。随机森林对训练样本进行有放回的抽样,得到多个训练集；然后从候选特征中随机抽取 n 个特征作为备选,从这些特征中确定最好划分样本的特征；用每个样本训练决策树,最终通过多决策树投票来进行最终的决策。

3) 多层感知器

多层感知器算法是一个具有多隐层的前馈神经网络,由输入层、隐藏层和输出层组成,各层神经元之间由权值和输出信号连接。多层感知器具有通过训练样本进行特征学习的能力。在训练过程中,将多层感知器与训练数据反复训练,不断调整权值直到达到目标的偏差。

4) K 最近邻法

K 最近邻法算法的核心思想是,如果一个样本数据的特征空间中,其 K 个最相近的样本大多属于某一类,那么该样本也属于该类。该算法一般利用欧式距离或曼哈顿距离来测量样本之间的间距。该算法的思路简单,易于理解和实现；但是当样本不平衡时,容易发生误判。

7.3.4　智能识别的流程

基于机器学习算法的不良跟驰行为智能识别流程如下：

步骤 1：利用"k-Fold"交叉验证的方法,对样本数据进行测试集和训练集的划分,即每次训练的过程中,选择单个子样本集作为测试集,其余 k-1 个样本集作为训练集,进行模型的训练和优化,确保训练集中包含安全和不良跟驰驾驶状态。

步骤 2：为避免不同轨迹参数之间存在单位量纲不同的影响，消除各指标之间的差异性，对样本数据进行归一化处理。

步骤 3：利用网格搜索法对 SVM 等机器学习算法的参数进行最优化处理。

步骤 4：将提取的关键参数输入机器学习算法，分别对安全跟驰和不良跟驰行为进行智能识别。

步骤 5：模型性能评估。

7.3.5　识别结果

利用离散傅里叶变换和支持向量机算法，基于不良跟驰驾驶行为谱，进行不良跟驰行为识别，结果如表 7-5 所示。从表 7-5 可以看出，基于 DFT 分别提取不良跟驰驾驶行为谱中风险度量指标 MOR_1 和 MOR_2 的关键参数后，不良跟驰行为识别准确率分别为 87.00% 和 87.80%。基于双源风险度量指标的关键参数的不良跟驰行为识别准确率分别为 84.10%、88.10% 和 84.10%。基于 3 个风险度量指标的不良跟驰总识别准确率达到 89.10%。这说明融合风险度量指标的关键参数识别效果更好。

表 7-5　基于 DFT-SVM 的不良跟驰行为识别结果

轨迹特征	召回率		正确率		准确率
	安全	不良	安全	不良	
MOR_1	83.90%	92.30%	87.90%	93.10%	**87.00%**
MOR_2	86.60%	92.30%	83.90%	91.50%	**87.80%**
MOR_3	65.40%	67.32%	72.51%	73.18%	70.14%
MOR_1+MOR_3	79.50%	88.90%	84.80%	93.70%	84.10%
MOR_1+MOR_2	86.60%	94.00%	85.80%	94.80%	**88.10%**
MOR_2+MOR_3	77.70%	88.89%	84.50%	95.40%	84.10%
$MOR_1+MOR_2+MOR_3$	84.80%	95.70%	87.20%	96.60%	**89.10%**

基于统计分析方法提取关键参数的 SVM 算法的不良跟驰行为识别结果如表 7-6 所示。基于统计分析提取单源风险度量指标 MOR_1 和 MOR_2 的关键参数后，不良跟驰识别准确率分别为 80.50% 和 78.60%，相比于表 7-5 的

DFT,统计分析提取的关键参数识别准确率降低。基于多源风险度量指标的关键参数识别准确率均所有下降,分别为 71.10%、82.20% 和 68.10%。基于 3 个风险度量指标的识别准确率达到 83.20%。与 DFT 方法相比,统计分析方法在提取多源风险度量指标的关键参数时不够可靠。

表 7-6 基于统计分析和 SVM 的不良跟驰行为识别结果

轨迹特征	召回率		正确率		准确率
	安全	不良	安全	不良	
MOR_1	77.10%	85.80%	91.10%	86.40%	**80.50%**
MOR_2	90.70%	71.00%	74.70%	87.10%	78.60%
MOR_3	70.50%	82.90%	78.20%	66.90%	68.10%
MOR_1+MOR_3	55.40%	81.20%	78.50%	77.20%	71.10%
MOR_1+MOR_2	83.90%	85.50%	87.90%	84.70%	**82.20%**
MOR_2+MOR_3	69.60%	76.10%	78.00%	69.50%	68.10%
$MOR_1+MOR_2+MOR_3$	87.50%	88.00%	88.30%	83.10%	**83.20%**

在利用 SVM 方法进行不良跟驰行为识别时,3 种类型的风险度量指标(MOR_1、MOR_1+MOR_2、$MOR_1+MOR_2+MOR_3$)相比于其他变量的识别准确率更好。因此,基于这 3 种组合,将 DFT 方法提取的关键参数作为输入,分别利用随机森林、深层感知器和 K 最近邻算法进行不良跟驰行为识别。识别结果如表 7-7~表 7-9 所示。

(1)从表 7-7 可以看出,随机森林算法进行不良跟驰识别的过程中,基于风险度量指标的关键参数,不良跟驰行为的召回率、正确率和总体识别的准确率都高于其余两种算法,识别准确率最高可达 87.6%。

表 7-7 基于随机森林的不良跟驰行为识别

轨迹特征	召回率		正确率		准确率
	安全	不良	安全	不良	
MOR_1	92.6%	75.4%	87.9%	84.1%	86.7%
MOR_1+MOR_2	92.2%	77.0%	88.6%	83.6%	87.0%
$MOR_1+MOR_2+MOR_3$	93.0%	77.0%	88.7%	85.1%	87.6%

表 7-8 基于深层感知器的不良跟驰行为识别

轨迹特征	召回率		正确率		准确率
	安全	不良	安全	不良	
MOR_1	87.7%	72.2%	85.9%	75.2%	82.4%
MOR_1+MOR_2	87.3%	73.8%	86.6%	75.0%	82.7%
$MOR_1+MOR_2+MOR_3$	85.7%	73.8%	86.4%	72.7%	81.6%

表 7-9 基于 K 最近邻算法的不良跟驰行为识别

轨迹特征	召回率		正确率		准确率
	安全	不良	安全	不良	
MOR_1	93.4%	57.9%	81.1%	82.0%	81.3%
MOR_1+MOR_2	93.0%	60.3%	81.9%	81.7%	81.9%
$MOR_1+MOR_2+MOR_3$	93.9%	67.5%	84.8%	85.0%	84.8%

（2）表 7-8 和表 7-9 分别为深层感知算法和 K 最近邻算法的不良跟驰行为识别结果。由此可知，深层感知算法识别不良跟驰行为的召回率分别为 72.2%、73.8% 和 73.8%，相比于 K 最近邻算法更高，表明深层感知算法能够更准确地识别不良跟驰行为。深层感知器算法识别不良跟驰行为的正确率分别为 75.2%、75.0% 和 72.7%，相比于 KNN 算法更低，说明深层感知器算法更易将安全跟驰误判为不良跟驰。深层感知器算法对不良跟驰行为的识别准确率最高为 82.7%，而 K 最近邻算法可达 84.8%，说明后者的算法总体表现能力更好。

综上所述，相比于深层感知算法和 K 最近邻算法，随机森林算法的识别结果更加准确。而 SVM 算法识别不良跟驰行为的表现是最优的。

7.4 不良变道行为风险标记

本文选取跟驰驾驶和变道驾驶行为进行分析。轨迹数据的提取和处理步骤如下：

（1）软件可每隔 0.1 s 提取车辆编号、横向和纵向速度、加速度、车辆长宽、所在车道编号、位置信息和前车编号等数据；

（2）通过前后车 ID 和时间配对，计算前后车的车间距离、车头时距、碰撞时间等参数；

（3）提取 600 辆车的轨迹数据，将每个 ID 的轨迹数据分割为多个连续的行为，包括跟驰、变道、自由驾驶等；

（4）提取处于变道的轨迹部分，并确定变道时刻 t，提取时刻 t 前后 5 s 的车辆状态数据，以 10 Hz 为分辨率，时刻 t 前后 5 s 已能全部包含变道执行阶段。

根据数据提取方法，获得变道执行开始时刻、变道结束时刻和跟驰状态，将每位驾驶员的驾驶轨迹进行分割，变道状态的标记为 1，基于对驾驶轨迹的分割结果对每个驾驶行为进行风险评价，确定其危险程度，进而综合评价，作为危险驾驶行为识别的标签。本文从轨迹数据中提取 256 个变道行为样本进行研究。变道样本的时间长度为 10 s。

7.4.1 风险度量指标

本研究采用碰撞裕度 MTC 来进行变道行为的风险标识。MTC 描述的是当处于前车突然制动时，后车也立刻制动，前车和后车发生碰撞的概率，如式（7-14）所示。本书在碰撞裕度 MTC 的基础上进行修正，采用修正碰撞裕度（modified margin to collision，MMTC）描述的是当前车突然制动时，为避免发生碰撞，后车驾驶员进行制动操作之前的反应时间，如式（7-14）所示，其中 t_{MMTC} 表示修正碰撞裕度 MMTC。MMTC 越小，说明驾驶员在较短的反应时间内就需要进行制动操作，对其驾驶技能的要求很高，产生的碰撞风险越大。MMTC 能够评估潜在的碰撞风险。

$$t_{\mathrm{MMTC}} = (-x_r + d_p - d_f)/v_f = (-x_r - v_p^2/2a_p + v_f^2/2a_f)/v_f \quad (7-14)$$

7.4.2 车辆轨迹比较

本文分别对大车和小车的车辆轨迹特征参数进行分析，针对变道行为下的 8 个特征指标计算其均值与方差,并对各项指标的均值进行配对样本 t 检验,结果见表 7‑10。

表 7‑10 变道状态下的小车和大车轨迹变量统计值及 t 检验结果

变量	变量描述	小车 均值	小车 方差	大车 均值	大车 方差	P值
v_{lat}	横向速度/(m·s^{-1})	0.595	0.430	0.564	0.718	**0.782**
v_{ver}	纵向速度/(m·s^{-1})	10.456	2.230	8.326	3.389	0.000
d_1	原始车道车辆和前车的间距/m	24.979	12.987	16.153	12.277	0.000
v_{diff1}	原始车道车辆和前车的速度差/(m·s^{-1})	−1.093	2.305	−0.476	1.551	0.001
d_2	原始车道车辆和目标车道前车的间距/m	20.315	24.759	28.417	36.334	0.006
v_{diff2}	原始车道车辆和目标车道前车的速度差/(m·s^{-1})	0.755	1.977	1.037	2.080	**0.106**
d_3	原始车道车辆和目标车道后车的间距/m	24.704	16.667	14.820	12.338	0.000
v_{diff3}	原始车道车辆和目标车道后车的速度差/(m·s^{-1})	−0.235	3.342	0.395	2.086	0.004

在变道状态下,小车和大车在横向速度上的差异并不明显。与大车相比,小车的纵向速度更大,在与本车道前车保持较大距离(24.979 m)、较小速度差(−1.093 m/s)时就会选择变道,选择的目标车道的车辆间距(20.315 m)虽小,但是速度相差较大(0.755 m/s),说明小车为追求更高的车速,会更容易频繁变道。相比之下,大车在变道过程中更加谨慎,当与本车道前车间距较小(16.153 m)、车速接近(−0.476 m/s)的时候选择变道,选择的目标车道的前车车距(28.417 m)更大,车速更大(1.037 m/s),这样在变道的过程中就避免了碰撞事故的发生。

通过差异性分析可以发现,大车和小车驾驶员的驾驶轨迹具有明显的差异性,车辆类型对于驾驶行为具有显著的影响。所以,在进行危险驾驶行为标记和识别的过程中需要考虑车辆类型因素。针对大车和小车的碰撞风险参数 ITTC 分布呈现的差异性并不明显,所以在进行危险驾驶行为评价的时候,无法体现出车辆因素对于驾驶行为的影响。

图 7-4(a)、(b)、(c)分别表示在变道过程中,原始车道车辆与前车、目标车道前车及目标车道后车的碰撞风险参数 MMTC 的分布。变道过程中,考虑本车与前车、目标车道前车、目标车道后车之间的碰撞风险,在变道的相关研究中是普遍认同的。在变道过程中,如果车辆发生侧面碰撞,那么说明车辆之间必然存在前后端碰撞的风险。所以本文采用这 3 个碰撞风险参数 MMTC 对变道过程的综合风险进行评价。原始车道处于变道状态的小车车辆与本车道前车之间的 MMTC 均值为 1.97 s,方差为 3.69 s^2;大车车辆的 MMTC 均值为 3.09 s,方差为 2.77 s^2,两者之间的差异值为 36.35%。原始车道处于变道状态的小车车辆与目标车道前车的 MMTC 均值为 1.68 s,方差为

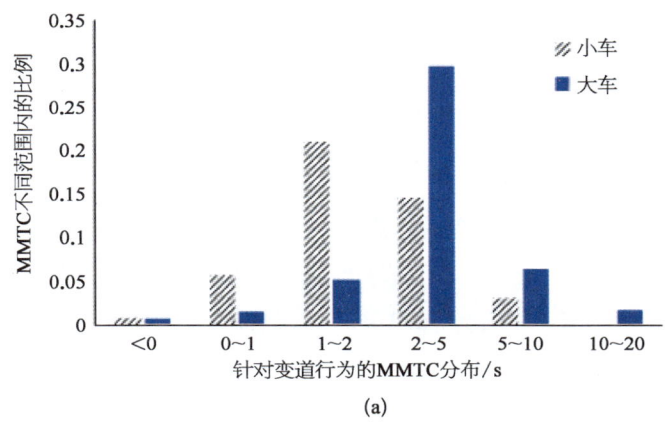

(a)

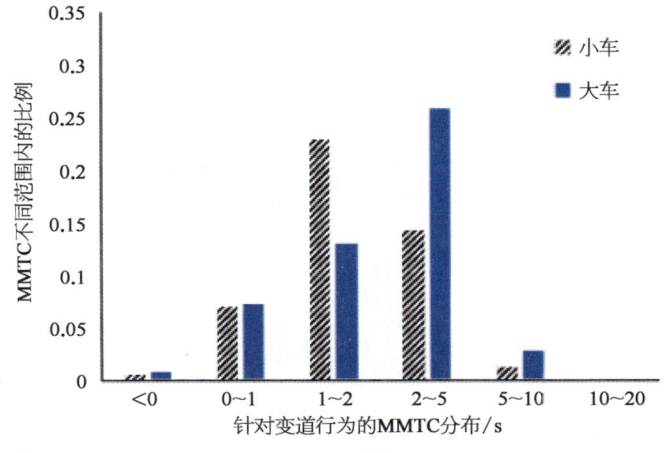

(b)

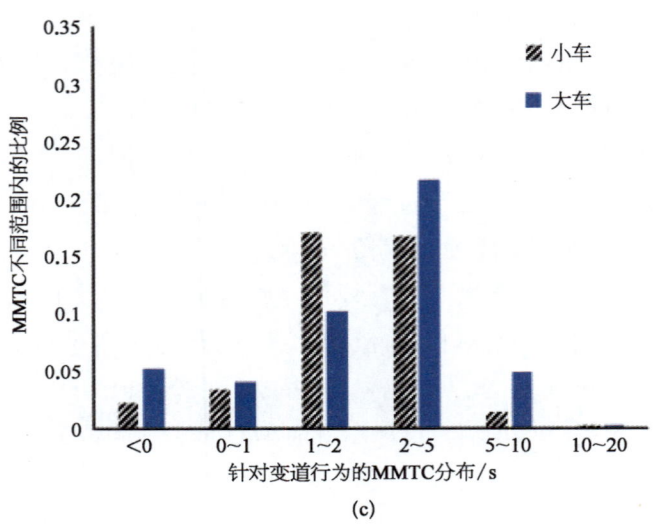

图 7-4 驾驶行为标记
(a) 变道准备中本车和前车的 MMTC；(b) 原始车道本车和目标车道前车的 MMTC；
(c) 原始车道本车和目标车道后车的 MMTC

$1.61\ s^2$；大车车辆的 MMTC 均值为 $2.51\ s$，方差为 $1.85\ s^2$，两者之间的差异值为 33.07%。原始车道处于变道状态的小车车辆与目标车道后车的 MMTC 均值为 $2.06\ s$，方差为 $6.82\ s^2$；大车车辆的 MMTC 均值为 $2.31\ s$，方差为 $2.79\ s^2$，两者之间的差异值为 12.14%。从整体看，大车车辆在驾驶过程中保持相对较大的 MMTC，减少碰撞风险。

基于变道过程中，目标车辆与原车道前车、目标车道前车及目标车道后车这 3 辆车之间的风险关系，本文利用 K-均值对 MMTC 风险值进行聚类，从而实现对变道行为的风险标记，分类结果见表 7-11。

表 7-11 小车和大车的驾驶行为风险标记结果

车辆类型	驾驶行为	风险标记	样本数	MMTC 聚类中/s
小车	变道	安全 危险	129 89	[0.19,0.20,0.77] [0.18,0.18,0.03]
大车	变道	安全 危险	26 12	[0.12,0.46,0.55] [0.48,0.01,0.01]

7.5 不良变道行为识别模型

7.5.1 关键参数提取方法

本文分别提取表 7-3 中的轨迹变量的时域特征和频域特征,作为识别模型的输入变量,实现危险变道行为的精确识别。本文利用统计方法提取轨迹变量的最大值、最小值、均值、标准差和 85% 分位数这 5 个时域特征,与频域特征进行对比。通过离散小波变换(discrete wavelet transform,DWT)将轨迹变量的时间序列转换成频域信号,提取频域信号中的离散小波系数作为危险驾驶行为识别的关键特征参数。离散小波系数包括小波近似系数 cA_x 和细节系数 cD_x,都可作为关键特征参数输入危险驾驶行为识别模型。基于 3 层小波分解的近似系数所复构的速度信号与原始速度信号的对比如图 7-5 所示。可以发现,随着小波分解的层数增加,复构的小波越加平滑。DWT 算法中的分解层数会影响频域信号特征的提取结果。

为了解不同特征参数个数对识别模型的影响程度,选择危险驾驶行为判别最优特征参数,本文针对变道行为,采用 SVM-REF 算法对时域和频域提取的特征参数进行排序,如表 7-12 所示。通过 SVM-REF 算法可知,针对变道行为,时域特征中车辆的纵向速度 v_{ver}、本车道内的前后车间距 d_1 和速度差 v_{diff1} 更能体现出变道行为的危险程度;在频域特征中细节系数 cD_x 更能体现出变道行为的特性。

表 7-12 针对跟驰行为和变道行为的关键特征参数排序

排 序	时 域 特 征	频 域 特 征
1	$v_{ver-Mean}$	$cD_1(v_{ver})$
2	v_{ver-SD}	$cD_2(v_{ver})$
3	d_{1Min}	$cD_5(d_1)$
4	d_{1Mean}	$cD_3(d_2)$

续表

排　序	时域特征	频域特征
5	d_{1SD}	$cD_4(d_2)$
6	$v_{diff1-Min}$	$cA_1(v_{diff1})$
7	$v_{diff1-Mean}$	$cA_4(v_{diff1})$
8	$v_{diff1-SD}$	$cA_1(v_{diff2})$

注：$cA_2(v)$ 代表跟驰速度 v 的二层小波系数；$cD_1(v_{ver})$ 代表变道过程中纵向速度的一层细节系数。

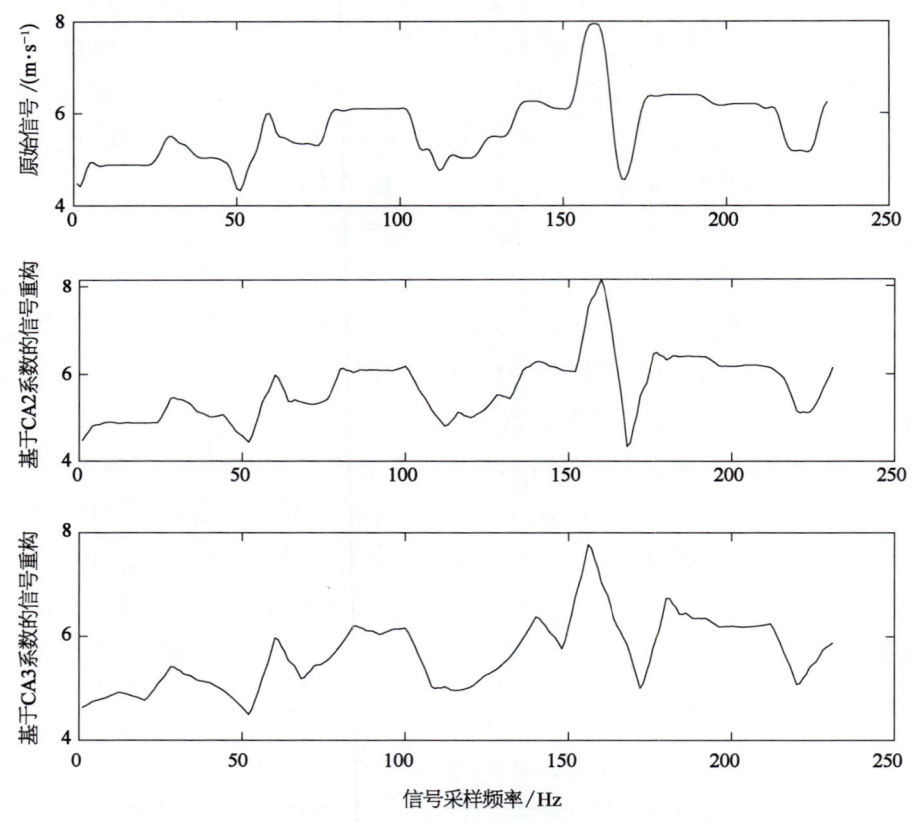

图 7-5　基于不同 DWT 系数的信号重构

7.5.2　机器学习算法

LGBM 算法是由微软于 2017 年提出的，比 Xgboost 更强大、速度更快的机器学习模型,性能上有很大的提升。与传统算法相比具有的优点包括低内存使用、更高的准确率、可处理大规模数据等。利用深度限制的按叶子生长(leaf-wise)算法代替了传统的按层生长(level-wise)决策树生长策略,提升精度的同时避免过拟合危险。其中,LGBM算法的关键参数,可以通过差分进化算法(differential evolution algorithm,DE)进行优化,结果如表7-13所示。

表7-13 基于差分进化算法的LGBM算法结构优化

参　数	参　数　描　述	范　围	最优化结果
关键参数	学习率(Learning rate)	(0.001,0.1)	0.06
学习控制参数	叶子的最小数据量(Min data in leaf)	(10,50)	44.53
	单棵树的最大叶子数(Number leaves)	(10,50)	26.89
	树的最大深度(Max depth)	(5,20)	6.84
	样本采样比(Bagging fraction)	(0.5,1)	0.74
	特征采样比(Feature fraction)	(0.5,1)	0.81
	L1正则化系数(Lambda l1)	(0,10)	1.04
	L2正则化系数(Lambda l2)	(0,10)	3.05
	分裂的最小增益(Min gain to split)	(0.001,0.1)	0.07
	叶结点的最小权重(Min child weight)	(0.001,100)	2.81

7.5.3 智能识别的流程

基于LGBM的驾驶员危险驾驶状态判别模型的判别流程如下:

步骤1:利用"留一法"对模型进行测试集和训练集的划分,即每次训练的过程中,选择当前单个样本作为测试集,其余样本作为训练集,确保训练集中包含安全型和危险型驾驶状态。

步骤2:为避免不同轨迹参数之间存在单位量纲不同的影响,消除各指标之间的差异性,采用min-max标准化方法对样本数据进行归一化处理。

$$x' = (x - x_{\min})/(x_{\max} - x_{\min}) \tag{7-15}$$

式中　x'——归一化后的值；

　　　x——样本原始值；

　　　$x_{\min}$——样本最小值；

　　　$x_{\max}$——样本最大值。

步骤3：利用SMOTE(synthetic minority oversampling technique)方法，对危险小样本数据进行过采样处理，消除样本不平衡的影响。

步骤4：通过DE对LGBM算法进行优化，得到优化之后的LGBM算法的结构初始值，如表7-13所示。

步骤5：利用LGBM分别对大车和小车的变道行为进行风险识别。并在此基础上确定驾驶员是否为危险型变道行为。

步骤6：模型性能评估。

7.5.4　识别结果

在进行危险变道行为识别的过程中，分别选择前n(4~10)个指标作为危险驾驶行为判别的输入指标，为对比不同数量特征参数下的危险变道行为识别模型的性能，针对测试集数据，分别采用识别率、精确率、召回率对特征指标的模型性能进行评价。

从表7-14和表7-15可以看出，频域特征在变道行为的风险识别率普遍优于时域特征。对于小车而言，随着特征参数的增加，模型的识别率越高，最高可达87.25%。对于大车而言，由于受到样本数量的限制，所以识别率并不会随着输入特征参数的增加而增加，最高识别率为89.74%。

表7-14　基于时域特征的变道行为风险识别

车辆类型	特征个数	时域特征		
		精确率	召回率	识别率
小车	4	75.00%	79.17%	70.58%
	6	75.00%	79.17%	70.58%
	8	71.18%	71.80%	71.00%
	10	81.74%	81.92%	82.12%

续 表

车辆类型	特征个数	时 域 特 征		
		精确率	召回率	识别率
大车	4	75.00%	79.17%	73.68%
	6	75.00%	79.17%	73.68%
	8	75.00%	79.17%	73.68%
	10	75.00%	79.17%	73.68%

表 7-15 基于频域特征的变道行为风险识别

车辆类型	特征个数	频 域 特 征		
		精确率	召回率	识别率
小车	4	77.63%	78.44%	77.75%
	6	83.46%	83.87%	84.00%
	8	85.24%	85.63%	85.75%
	10	86.85%	86.92%	**87.25%**
大车	4	76.47%	94.20%	89.74%
	6	76.47%	94.20%	89.74%
	8	76.47%	94.20%	89.74%
	10	76.47%	94.20%	**89.74%**

第 8 章
创新成果与技术展望

8.1 创新成果

8.1.1 道路交通环境与驾驶行为同步采集装备

研发了一款复杂交通场景下的高精度道路交通环境与驾驶行为同步采集装备。该装备由32线激光扫描仪、雷视一体信息采集设备、位移传感器、模数转换I/O联网模块、工控机和蓄电池等构成。其中雷视感知一体机2台,分布放置在车架前向与后向,用于感知前后车辆信息;32线激光雷达2个,分别放置在支架和两侧,用于车辆两侧车辆相关信息;位移传感器3个,分别用于车辆驾驶员制动、加速踏板的位移及方向盘转向(通过缠绕在转向杆上实现)。该装备可高精度采集本车和周边车辆的运动状态、定位,以及驾驶员的操控行为,通过GPS时间戳实现各设备采集数据的同步。

同时研发了一套低成本数据采集系统,该系统由GPS、三轴加速度传感器、视频采集主摄像头、副摄像头、数据存储模块等部件组成。通过开发数据提取软件把之前存储的avi格式的文件解压出大地坐标信息、车辆速度信息、三轴加速度信息和道路环境视频信息,通过结合使用halcon图像识别软件中的内置函数,对车辆前方道路环境中的视觉曲率、有无开口、标志标线、周边视野、路侧防护、视点情况与路面条件等信息进行定性分级评价。该装备成本低,适用于数据精度要求相对较低的场合,也便于大规模开展数据采集试验。

成果创新性与先进性

(1)面向复杂交通场景,开发一款适合各类车型的高精度道路交通环境与驾驶行为同步采集装备。该装备具有以下特点和优点：

① 数据采集全面。适用于复杂场景下交通环境和驾驶行为的数据采集。该装备通过前后雷视一体设备可感知前后多车道车辆、非机动车及行人，两侧的激光扫描仪可感知相邻车道的车辆。通过 GPS+INS 的数据融合可以采集本车的速度、加速度、轨迹等信息。通过安装在加速踏板、制动踏板和方向盘转轴上的位移传感器可采集驾驶员的操控行为。

② 适应性广。该设备不需要接入车辆的 OBD 及 CAN 总线获取试验车辆的相关数据，不需要知道车辆的数据通信协议，因而与车辆品牌及型号无关。通过配套支架的安装可应用到营运车辆（大客或大货）和小车的数据采集。

③ 感知精度高。激光雷达采集到的点云坐标精度为 ± 3 cm，雷视道路多维感知一体机的测距精度为 ± 0.1 m $\sim \pm 0.25$ m，GPS 模块的差分定位误差不超过 0.01 m，速度误差不超过 0.08 m/s。

（2）针对小汽车，开发了基于双目视觉的低成本交通环境数据采集系统。

当前基于激光雷达、毫米波雷达等技术的交通环境数据采集系统存在设备昂贵、安装使用学习成本较高、数据后处理复杂等问题，在短时间内难以普及推广，从而大大限制了交通环境数据的采集能力。为此，课题基于双目视觉技术，提出了一种广泛适用的交通环境三维数据采集技术。包含标定、视差计算和点云生成 3 个主要步骤。与国外相关技术相比较，本技术具有以下优点和特点：

① 在标定阶段，首先使用张正友标定法标定图像畸变，然后使用 Bouguet 法进行双目相机极线矫正，确保双目图像中，同一点有相同横坐标。该方法速度快且仅需执行一次，只需少量标定图像即可完成精度较高的标定。

② 在视差计算阶段，提出使用 SGBM 算法求解视差与 ORB 特征点匹配修正平滑的视差计算方法，在不显著提高计算量的同时提高了原有 SGBM 算法的准确性。

③ 在点云生成阶段，根据计算的视差结果、相机参数和车辆姿态，还原图像中对应点的三维空间位置，形成带有颜色的密集三维点云，同时根据目标视差大小，对于可靠性较低的点进行滤波处理。

8.1.2 基于高空悬拍视频处理的交通行为数据采集技术

针对无人机俯拍交通视频，提出了一种适用于路段及交叉口全对象的轨迹和运动参数自动采集方法。方法包含前景提取、目标匹配跟踪和轨迹后处理3个主要步骤。在前景提取阶段，提出了结合 ViBe 与 GMM 的前景提取方法；在目标匹配跟踪阶段，提出了基于 KLT 光流的轮廓-目标匹配算法 OPC，解决了由目标间短暂遮挡造成的轨迹中断问题；在轨迹后处理阶段，通过轨迹分离修正与坐标转换实现对目标运动状态的提取，并根据目标属性进行分类。经检验，系统提取的机动车、非机动车和行人轨迹准确率分别为 88.89%、86.00% 和 83.33%，速度准确率为 91.71%。

成果创新性与先进性

当前基于视频的交通行为数据采集存在检测效率、准确率偏低，适应性差，提取目标类型单一，对遮挡停滞现象鲁棒性差等问题。为此，课题基于计算机视觉技术，提出了一种适用于交叉口全对象的轨迹和运动参数自动采集技术。包含前景提取、目标匹配跟踪和轨迹后处理3个主要步骤。与国外相关技术相比较，本技术具有以下优点和特点：

① 在前景提取阶段，以 ViBe 为基础，提出了与 GMM 相结合的前景提取方法，在保留 ViBe 强大的背景差分能力的同时，解决了 ViBe 首帧残留造成的"虚假前景"现象，同时兼顾了检测效率与检测准确率，对目标停滞现象鲁棒性强。

② 在目标匹配跟踪阶段，提出了基于 KLT 光流的轮廓-目标匹配算法，算法根据 OPC 匹配的情形不同分为 5 种情况讨论，解决了由目标间短暂遮挡造成的轨迹中断问题。

③ 在轨迹后处理阶段，通过轨迹分离和特征点修正进一步优化所提取的轨迹，并基于透视变换原理将图像坐标转换为真实坐标，从而实现对目标速度和加速度的提取。最后根据交通对象的行为和属性(速度、图像面积)对目标进行分类。

8.1.3 驾驶行为谱模型及特征值提取方法

关于交通行为谱理论,在不同道路场景不同气象环境下分析了各类行为的特征规律,从车辆表现出来的行为与外界环境两方面出发,搭建了交通行为谱研究的体系架构,明确了交通行为与环境两方面的具体构成指标,其中交通行为指标进一步划分为单一车辆指标和多车之间的交互指标,环境指标主要包括气象环境、交通环境和道路环境三大类。在此基础上,明确了两种典型交通行为(跟驰与变道)的交通行为谱特征参数。考虑到交通行为与交通安全的关系密切,从不良跟驰、蛇形驾驶、车速不稳定和不良变道这四个方面出发,建立不良交通行为谱的判定方法,为不良交通行为的判定提供理论依据。

成果创新性与先进性
本研究基于多种先进的数据采集方法,包括自然驾驶、无人机视频拍摄、模拟仿真等,获取了大量典型场景条件下不同类型交通行为的特征规律。更加全面深入地针对我国交通行为特性开展了研究,提出了交通行为谱理论和不良交通行为的判别方法。

创新性:本研究系统性地提出了交通行为谱的研究架构与思路,明确了包含的内容与指标及特征参数的计算方法,为将来系统性地开展我国交通行为方面的研究提供理论支撑。在此基础上,考虑不良跟驰、蛇形驾驶、车速不稳定和强行变道这四个方面的因素,提出了不良交通行为谱建立方法和判定指标,对不良交通行为的识别提供理论依据。

先进性:与传统的交通行为研究相比较,本研究系统地提出了交通行为谱的研究架构与方法,对交通行为发生时所处的环境特征进行分类别定量化描述,为系统全面地开展我国交通行为的研究提供理论指导。

8.1.4 不良驾驶行为量化判别方法与辨识理论

本研究分析了高速公路、国省干道、城市道路和低等级道路等道路特点,总结了所占比例较高的几种不良驾驶行为,包括车辆跟驰过近、违规超车、蛇形驾驶(横向摆动)、车道侵占、速度不稳定、不良变道和强行插入等。针对以上不良驾驶行为,分别提出了对应的不良驾驶行为风险参数。通过分析和建模,提出了驾驶行为谱特征值和特征值阈值确定方法,从而判断驾驶员的整体驾驶行为的不良程度。

同时,在驾驶行为谱建立的基础上,结合人工智能算法,提出了基于人工智能方法的不良驾驶行为辨识理论、框架和模型,为高效率、高精度地识别不良驾驶行为提供了理论和应用指导。该模型以驾驶行为谱中风险度量参数的关键特征值作为输入,并对两种提取方法的有效性和可靠性进行对比分析,其中关键特征值可由时域或频域方法提取。在此基础上,利用 t-SNE、PCA 等方法对关键参数进行降维,进而提高模型的识别效率。本研究分别采用了支持向量机、集成式学习算法、决策树等人工智能算法进行不良驾驶行为特征的学习和训练,最终达到 90% 以上的识别精度。

成果创新性与先进性

(1) 提出了驾驶行为谱条的基本结构,建立了不良驾驶行为谱的判断标准,填补了相关领域的技术空白。当前不良交通行为的评价存在相对主观的问题,为此,课题基于风险特征参数指标,量化了驾驶过程中包括过近跟驰、危险变道、左右摆动、车道偏移等不良驾驶行为的风险指标,在此基础上提出了驾驶行为谱条的概念,填补了相关领域的技术空白。

(2) 本研究将人工智能算法应用到不良驾驶行为识别中,实现了高精度、实时的不良驾驶行为识别。与之前的模型相比,在输入变量、特征提取等方面具有创新性和先进性。提出以风险度量参数作为不良驾驶行为识别的输入变量,提高识别的准确度。本研究提取了不良驾驶行为风险度量参数的时域和频域特征,作为识别模式的输入。

8.2 技术展望

传统的交通流监测系统、视频监控系统、电子收费系统等为交通决策者提供了集计的、低颗粒度的交通行为数据。而随着汽车移动物联网技术的发展,车载终端通过车内的传感器获得实时的车辆运行和行驶状态信息,并与其他车辆、路侧设备和通信网络进行信息传输,为交通系统监控者提供前所未有的个体化的、高精度、高纬度、多源的驾驶行为数据。交通安全科学面临从传统数据分析方法到大数据时代的科研方法与科学范式的大转变。

2018 年,国家发改委发布了《智能汽车创新发展战略》(征求意见稿);工信部制定了《车联网(智能网联汽车)产业发展行动计划》。国内各大汽车企业与科技企业纷纷布局自动驾驶汽车产业。自动驾驶的三大关键步骤是感知、预测、控制。其中如何预测人类驾驶员的驾驶行为,以及如何模仿人类驾驶员的驾驶风格是关键技术难点。有研究表明,美国加利福尼亚州涉及自动驾驶汽车与人类驾驶汽车的碰撞事故中,有 57% 的事故原因是自动驾驶车辆行为异于人类致使人类驾驶员对其行为预判失误;而自动驾驶汽车未能准确预测人类驾驶员的不良驾驶行为也是另一大事故原因。新的交通技术发展也为驾驶行为研究提出了新的课题。

1) 更综合性的驾驶行为谱体系

道路交通系统是一个"人-车-路-环境"构成的耦合系统,交通安全需要系统中各个要素之间的相互协调才能得以保证,而人是造成交通事故的最主要因素。如图 8-1 所示,当驾驶员存在某种长期或短期的不良驾驶状态时,

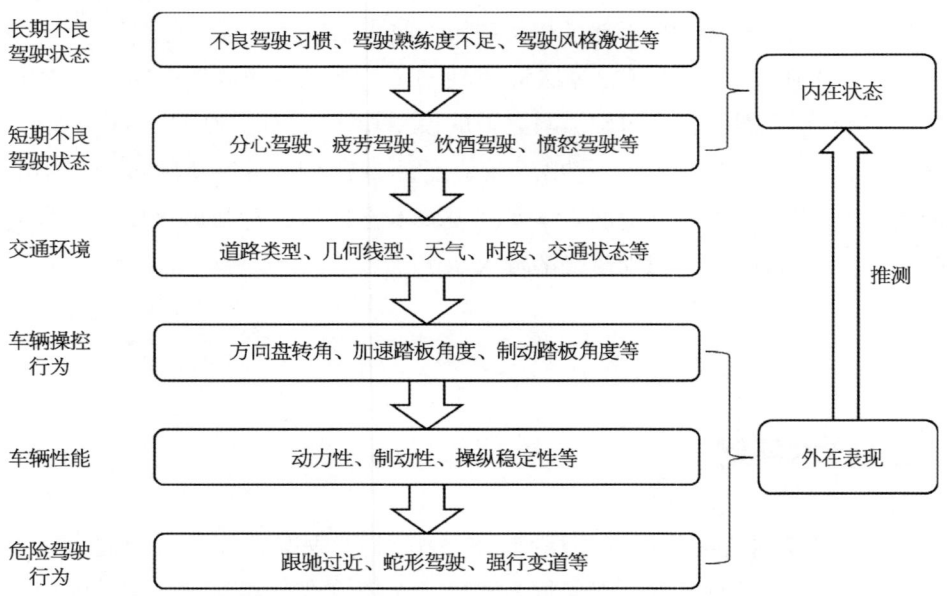

图 8-1 不良驾驶状态与危险驾驶行为的传递链

在特定的交通环境下,驾驶员对车辆的操控行为通过车辆性能传递,对外界展现为某种危险驾驶行为。综合驾驶行为谱体系通过观测驾驶员外在表现出的危险驾驶行为、车辆操控行为特征,结合交通环境信息,对驾驶员的内在驾驶状态进行推测,包括长期和短期的不良驾驶状态,从而获取驾驶员的反应时间、驾驶技巧、驾驶稳定性、驾驶风险偏好等参数,为驾驶行为预测、驾驶风险评估、交通流仿真等技术应用提供数据支撑。

2)人机混驾环境下的驾驶行为决策、环境感知与理解

随着自动驾驶技术的发展与实际应用,社会必将经历人机混驾阶段。人类驾驶员与无人驾驶的意图理解、行为决策、交互乃至责任划分,都是未来驾驶行为研究的重点方向。目前的自动驾驶系统具有测量精确,不疲劳、不走神的优点,但是其智能水平较低,环境理解困难,难以应对复杂路况;人类驾驶员的优点是具备高水平的环境语义理解能力。自动驾驶系统可以借助对周围人类驾驶员的行为观测与学习,提高环境感知能力与避障能力。

参考文献

[1] 孙绍荣.理性行为与非理性行为[M].上海:上海财经大学出版社,2007.
[2] 石建军,李晓莉.交通行为控制的对象及其特性分析[J].交通运输工程与信息学报,2011,9(2):8-12.
[3] 胡琴.有限理性与行为决策[J].商场现代化,2009(7):42.
[4] 张玉,王俊骅,吴佳华.驾驶行为表征指标体系构建[J].道路交通科学技术,2015(1):44-46.
[5] JEFF Y. OBD 接口能获取的车辆数据具体有哪些? https://www.zhihu.com/question/21971688,2014.4.
[6] 陈晨.城市道路驾驶员生态驾驶行为评估方法研究[D].北京:北京工业大学,2016.
[7] 赵聪.驾驶行为数据监测与评估系统的设计与实现[D].重庆:重庆大学,2015.
[8] 任静文.基于智能手机终端的驾驶行为风格检测[D].成都:电子科技大学,2014.
[9] 徐静俭.对 Eyelink 和 Tobii 两种眼动仪测量性能的比较试验[D].华东师范大学,2009.
[10] 顾柏园,王荣本,余天洪,等.基于视觉的前方车辆探测技术研究方法综述[J].公路交通科技,2005,22(10):114-119.
[11] ANDREONE L, ANTONELLO P, BERTOZZI M, et al. Vehicle detection and localization in infra-red images[C]// The IEEE, International Conference on Intelligent Transportation Systems, 2002. Proceedings. IEEE, 2002:141-146.
[12] 庞成.基于测距雷达和机器视觉数据融合的前方车辆检测系统[D].南京:东南大学,2015.
[13] WANG C C, THORPE C, SUPPE A. LADAR-based detection and tracking of moving objects from a ground vehicle at high speeds[C]// Intelligent Vehicles Symposium, 2003. Proceedings. IEEE. IEEE, 2003:416-421.
[14] STEUX B, LAURGEAU C, SALESSE L, et al. Fade: a vehicle detection and tracking system featuring monocular color vision and radar data fusion[C]// Intelligent Vehicle Symposium. IEEE, 2003:632-639 vol.2.
[15] 邹博维.基于多传感器的车辆局部交通环境感知[D].吉林:吉林大学,2013.
[16] NEALE V L, DINGUS T A, KLAUER S G, et al. An overview of the 100-car naturalistic study and findings[C]// International Technical Conference on the Enhanced Safety of Vehicles. 2005:787.
[17] DINGUS T A. The 100-Car Naturalistic Driving Study, Phase II-Results of the 100-Car Field Experiment[J]. DOT HS 810593, 2006.
[18] OLSEN, ERIK C. B., et al. "Analysis of Distribution, Frequency, and Duration of Naturalistic Lane Changes." Proceedings of the Human Factors and Ergonomics Society Annual Meeting, vol. 46, no. 22, 2002, pp. 1789-1793.
[19] ZHAO D, PENG H, NOBUKAWA K, et al. Analysis of mandatory and discretionary lane change behaviors for heavy trucks[J]. Ann Arbor, 2014.
[20] 刘瑞,马志雄,武彪,等.驾驶员驾驶行为的统计学特性[J].同济大学学报(自然科学版),2019,47(6):832-841.

[21] 王雪松,朱美新,邢祎伦.基于自然驾驶数据的避撞预警对跟车行为影响[J].同济大学学报(自然科学版),2015,44(7):1045-1051.
[22] 孙显营,熊坚.车辆驾驶模拟器的发展综述[J].Summarization of Deve loping v ehicle Driving Simulator,(6):48-50.
[23] CHEN C, ZHANG X. Moving Vehicle Detection Based on Union of Three-Frame Difference[M]// Advances in Electronic Engineering, Communication and Management Vol. 2. Springer Berlin Heidelberg, 2012:459-464.
[24] 聂小燕.基于分层光流场的运动车辆检测与跟踪[J].试验技术与管理,2012,29(11):50-53.
[25] LI X, LIU D. Object Detection and Tracking Using Spatiotemporal Wavelet Domain Markov Random Field in Video. [C]// International Conference on Computational Intelligence and Security. IEEE, 2010:165-170.
[26] PRASAD S, SINHA S. Real-time object detection and tracking in an unknown environment[C]// Information and Communication Technologies. IEEE, 2011:1056-1061.
[27] 宋晓琳,王文涛,张伟伟.基于 LBP 纹理和改进 Camshift 算子的车辆检测与跟踪[J].湖南大学学报,2013,40(8):52-57.
[28] 任春燕.机动车驾驶人驾驶行为不确定性建模与仿真[D].合肥:合肥工业大学,2015.
[29] 赵晓华,荣建,张兴俭.危险驾驶行为特征提取及识别[M].北京:人民交通出版社,2015.
[30] CHEN S W, FANG C Y, TIEN C T. Driving behaviour modelling system based on graph construction[J]. Tramsportation Research Part C Emerging Technologies, 2013, 26(1):314-330.
[31] 万平,吴超仲,林英姿,等.基于驾驶行为多元时间序列特征的愤怒驾驶状态检测[J].吉林大学学报(工学版),2017:1-10.
[32] 彭金栓,詹盛,徐磊,等.基于神经网络和贝叶斯滤波器的危险驾驶行为识别[J].武汉理工大学学报,2013(11):85-89.
[33] 张维,王文军,成波.驾驶人不良驾驶行为的识别方法[C].2011第十四届汽车安全技术学术会议论文集.2011.
[34] EBOLI L, MAZZULLA G, PUNGILLO G. Combining speed and acceleration to define car users' safe or unsafe driving behaviour[J]. Transportation Research Part C Emerging Technologies, 2016,68:113-125.
[35] 王雪松,李艳.基于自然驾驶数据的驾驶员变道特征分析[J].交通信息与安全,2016(1):17-22.
[36] 杨殿阁,何长伟,李满,等.基于支持向量机的汽车转向与换道行为识别[J].清华大学学报(自然科学版),2015(10):1093-1097.
[37] HOU Y, EDARA P, SUN C. Modeling Mandatory Lane Changing Using Bayes Classifier and Decision Trees[J]. IEEE Transactions on Intelligent Transportation Systems, 2014, 15(2):647-655.
[38] 祝俪菱,刘澜,赵新朋,等.基于支持向量机的车辆驾驶行为识别研究[J].交通运输系统工程与信息,2017(1):91-97.
[39] LI G, LI S E, CHENG B, et al. Estimation of driving style in naturalistic highway traffic using maneuver transition probabilities[J]. Transportation Research Part C, 2017, 74:113-125.
[40] 毛科俊,赵晓华,刘小明,等.基于脑电分析的驾驶疲劳预报研究[J].人类工效学,2009(4):25-29.
[41] COETZER R C A G. Eye detection for a real-time vehicle driver fatigue monitoring system:Intelligent Vehicles Symposium (Ⅳ), 2011 IEEE, Baden, 2011[C]. IEEE.

[42] BERGASA L M, NUEVO J, SOTELO M A, et al. Real-Time System for Monitoring Driver Vigilance[J]. IEEE Transactions on Intelligent Transportation Systems, 2006, 7 (1): 63-77.

[43] LIU T, YANG Y, HUANG G B, et al. Driver distraction detection using semi-supervised machine learning. IEEE Trans Intell Transp Syst 2016; 17(4): 1108-1120.

[44] CHANDRASIRI N P, Nawa K and Ishii A. Driving skill classification in curve driving scenes using machine learning. J Mod Transp 2016; 24(3): 196-206.

[45] MOLCHANOV P, GUPTA S, KIM K, et al. Multi-sensor system for driver's hand-gesture recognition. In: IEEE international conference and workshops on automatic face and gesture recognition, Ljubljana, Slovenia, 4-8 May 2015, pp. 1-8. IEEE.

[46] WU M, ZHANG S, DONG Y. A novel model-based driving behavior recognition system using motion sensors. Sens 2016; 16(10): 1746.

[47] FERNANDEZ S, ITO T. Driver classification for intelligent transportation systems using fuzzy logic. In: IEEE international conference on intelligent transportation systems, Rio de Janeiro, Brazil, 1-4 Nov. 2016, pp. 1212-1216. IEEE.

[48] WANG W, XI J. A rapid pattern-recognition method for driving styles using clustering-based support vector machines. In: American Control Conference, Boston, MA, USA, 6-8 July 2016, pp. 5270-5275. IEEE.

[49] YAN C, COENEN F, YUE Y, et al. Video-based classification of driving behavior using a hierarchal classification system with multiple features. Int J Pattern Recognit Artif Intell 2016; 30(5): 1-33.

[50] MURPHEY Y L, MILTON R, KILIARIs L. Driver's style classification using jerk analysis. In: IEEE workshop on computational intelligence in vehicles and vehicular systems, Nashville, TN, USA, 30 March-2 April 2009, pp. 23-28. IEEE.

[51] HIGGS B, ABBAS M. Segmentation and clustering of car-following behavior: recognition of driving patterns. IEEE Trans Intell Transp Syst 2015; 16(1): 81-90.

[52] MAHMUD S M S, FERREIRA L, HOQUE M S, et al. Application of proximal surrogate indicators for safety evaluation: a review of recent developments and research needs. IATSS Research, 2017, 41(4): 153-163.

[53] KITAJIMA S, TAKATORI O, ENOKIDA S, et al. Estimation of driver's dangerous states of rear-end collision based on driver video recorder data and ordinary driving data. In: Proceedings of automotive engineers of Japan, 2009; No. 97-109, pp. 89-97.

[54] Japan Society of Traffic Engineers. Traffic Engineering Handbook. 2005.

[55] UNO N, IIDA Y, ITSUBO S, et al. A microscopic analysis of traffic conflict caused by lane-changing vehicle at weaving section. In: Proceedings of the 13th mini-EURO conference on handling uncertainty in the analysis of traffic and transportation systems, 2003.

[56] OKAMURA M, FUKUDA A, MORITA H, et al. Impact evaluation of a driving support system on traffic flow by microscopic traffic simulation. Adv Transp Stud 2011; Special Issue: 99-102.

[57] BERNDT H, EMMERT J, DIETMAYER K. Continuous Driver Intention Recognition with Hidden Markov Models [C]// International IEEE Conference on Intelligent Transportation Systems. IEEE, 2008: 1189-1194.

[58] YANG G, LIN Y, BHATTACHARYA P. A driver fatigue recognition model based on information fusion and dynamic Bayesian network[J]. Information Sciences, 2010, 180 (10): 1942-1954.

[59] MOLCHANOV P, GUPTA S, KIM K, et al. Multi-sensor system for driver's hand-gesture recognition[C]// IEEE International Conference and Workshops on Automatic Face and Gesture Recognition. IEEE, 2015: 1-8.

[60] WANG H, ZHANG C, SHI T, et al. Real-Time EEG-Based Detection of Fatigue Driving Danger for Accident Prediction[J]. International Journal of Neural Systems, 2015, 25(2): 498-369.

[61] WANG K, XUE Q, XING Y, et al. Improve aggressive driver recognition using collision surrogate measurement and imbalanced class boosting[J]. International journal of environmental research and public health, 2020, 17(7): 2375.

[62] 薛清文,蒋愚明,陆键. 基于轨迹数据的危险驾驶行为识别方法[J]. 中国公路学报, 2020,33(6): 84-94.

[63] MARTINEZ C M, HEUCKE M, WANG F Y, et al. Driving Style Recognition for Intelligent Vehicle Control and Advanced Driver Assistance: A Survey[J]. IEEE Transactions on Intelligent Transportation Systems, 2017, PP(99): 1-11.

[64] WANG W, XI J, CHONG A, et al. Driving Style Classification Using a Semi-supervised Support Vector Machine[J]. IEEE Transactions on Human-Machine Systems, 2017.

[65] ZHANG C, PATEL M, BUTHPITIYA S, et al. Driver Classification Based on Driving Behaviors[C]// International Conference on Intelligent User Interfaces. ACM, 2016: 80-84.

[66] WU M, ZHANG S, DONG Y. A Novel Model-Based Driving Behavior Recognition System Using Motion Sensors[J]. Sensors, 2016, 16(10): 1746.

[67] 何民,荣建,任福田. 判定跟驰状态的研究[J]. 公路交通科技,2001(4): 74-78.

[68] CHANDLER R E, HERMAN R, MONTROLL E W. Traffic dynamics: studies in car following[J]. Operations research, 1958,2(6): 165-184.

[69] CHEN D, LAVAL J, ZHENG Z, et al. A behavioral car-following model that captures traffic oscillations[J]. Transportation Research Part B, 2012, 46(6): 744-761.

[70] PARIOTA L, GALANTE F, BIFULCO G N. The impact of the leading vehicle type on car-following behaviours: International Conference on MODELS and Technologies for Intelligent Transportation Systems, 2015[C].

[71] XING H, ZHANG L, LIU Y. Effect of altruistic scenarios for individual car-following behavior[J]. Journal of Tsinghua University(Science and Technology), 2018: 1-6.

[72] LI S, WANG J, LI K, et al. Modeling and verification of heavy-duty truck drivers' car-following characteristics[J]. International Journal of Automotive Technology, 2010, 11(1): 81-87.

[73] LI X, LUO X, HE M, et al. An improved car-following model considering the influence of space gap to the response[J]. Physica A: Statistical Mechanics and its Applications, 2018, 509: 536-545.

[74] RUI J, HU M B, ZHANG H M, et al. On some experimental features of car-following behavior and how to model them[J]. Transportation Research Part B, 2015,80: 338-354.

[75] WANG X, ZHU M, XIN W. Impacts of Collision Warning System on Car-following Behavior Based on Naturalistic Driving Data[J]. Journal of Tongji University (Natural Science), 2016(7): 1045-1051.

[76] 张磊,李升波,王建强,等. 基于神经网络方法的集成式驾驶员跟车模型[J]. 清华大学学报: 自然科学版,2008,48(11): 1985-1988.

[77] 袁伟,付锐,马勇,等. 基于高速实车驾驶数据的驾驶人跟车模型研究[J]. 汽车工程,2015(6): 679-685.

[78] SARVI M. Heavy commercial vehicles-following behavior and interactions with different vehicle classes[J]. Journal of Advanced Transportation, 2013, 47(6): 572-580.

[79] ASAITHAMBI G, BASHEER S. Analysis and Modeling of Vehicle Following Behavior in Mixed Traffic Conditions[J]. Transportation Research Procedia, 2017, 25: 5094-5103.

[80] TREIBER M, KESTING A, HELBING D. Delays, inaccuracies and anticipation in microscopic traffic models[J]. Physica A Statistical Mechanics & Its Applications, 2006, 360(1): 71-88.

[81] XU T, CAO S, MA Z, et al. Reaction Time and Headway in Car-Following Flow[J]. Journal of Southwest Jiaotong University, 2013(1): 173-177.

[82] SAYER J R, MEFFORD M L, HUANG R W. THE EFFECTS OF LEAD-VEHICLE SIZE ON DRIVER FOLLOWING BEHAVIOR: IS IGNORANCE TRULY BLISS? [J]. Driving Assessment the Second International Driving Symposium on Human Factors in Driver Assessment Training & Vehicle Design, 2003.

[83] SAIFUZZAMAN M, ZHENG Z. Incorporating human-factors in car-following models: A review of recent developments and research needs[J]. Transportation Research Part C, 2014, 48: 379-403.

[84] 齐莹菲,柳本民,郭忠印.高速公路雾天安全管理系统[J].同济大学学报(自然科学版),2007(1): 61-66.

[85] 林雨,方守恩.灾害性天气环境下高等级公路车速管理[J].自然灾害学报,2007,16(5): 96-99.

[86] 蒋锐,郭忠印,李振楠.恶劣天气条件下车辆换车道的安全模型[J].同济大学学报(自然科学版),2011,39(4): 529-533.

[87] 赵亮,刘浩学,王磊,等.恶劣天气下驾驶人生理反应与行车安全关系[J].中国公路学报,2016,29(11): 147-152.

[88] 程国柱,李惠,徐亮.积雪路面特性分析及其造成驾驶员行车紧张性评价[J].吉林大学学报(工),2011,41(2): 355-359.

[89] AOUDE G S, HOW J P. Using support vector machines and bayesian filtering for classifying agent intentions at road intersections[EB/OL]. Massachusetts Institute of Technology, Tech. Rep. ACL09-02, 2009: http://hdl.handle.net/1721.1/46720.

[90] TAKANO W, MATSUSHITA A, IWAO K, et al. Recognition of human driving behaviors based on stochastic symbolization of time series signal[C]. IEEE/RSJ International Conference on Intelligent Robots & Systems, 2008, 3970(1): 167-172.

[91] FITZSIMMONS E J, KVAM V, SOULEYRETTE R R, et al. Determining vehicle operating speed and lateral position along horizontal curves using linear mixed-effects models[J]. Traffic Injury Prevention, 2013, 14(3): 309-321.

[92] KUMAGAI T, MOTOYUKI A. Prediction of Human Driving Behavior Using Dynamic Bayesian Networks[J]. IEICE Transactions on Information & Systems, 2006, E89-D(2): 857-860.

[93] 赵玮,徐良杰,冉斌,等.基于 Adaptive Lasso 及 RF 算法的冰雪天气交通事故分析[J].中国安全科学学报,2017,27(2): 98-103.

[94] 高静如.雾对高速公路运营危害性评价研究[J].重庆交通大学学报(自然科学版),2013(2): 248-251.

[95] 丁小平,戴娟莉,王建军,等.雾区高速公路交通安全影响规律研究[J].公路,2010(6): 152-158.

[96] HAWKINS R K. Motorway traffic behaviour in reduced visibility conditions[J]. Vision in Vehicles II. Second International Conference on Vision in Vehicles. 1988.

[97] BROOKS J O, GRYGIER J, BURROUGHS B, et al. Speed choice and driving performance in simulated foggy conditions[J]. Accident Analysis and Prevention, 2011, 43(3): 698-705.

[98] HOOGENDOORN R G, TAMMINGA G, HOOGENDOORN S P, et al. Longitudinal driving behavior under adverse weather conditions: adaptation effects, model performance and freeway capacity in case of fog[J]. IEEE: 450-455.

[99] 陈秀锋,曲大义,刘尊民,等.基于驾驶模拟器的雾天驾驶行为特性研究[J].武汉理

工大学学报(交通科学与工程版),2013(4): 763-766.

[100] 赵佳. 基于驾驶模拟试验的雾天对驾驶行为影响的研究[D]. 北京:北京交通大学,2012.

[101] PRETTO P. The perception and production of speed during self-motion: evidence for non-optimal compensation mechanisms[J]. 2008.

[102] CAVALLO V. Perceptual Distortions When Driving in Fog[M]. Shanghai: [s. n.], 2002: 965-972.

[103] 张文斌,王博,吴超仲. 雾天高速公路限速模型研究[J]. 西部交通科技,2010(1): 21-24.

[104] BROUGHTON K L M, SWITZER F, SCOTT D. Car following decisions under three visibility conditions and two speeds tested with a driving simulator[J]. Accident Analysis and Prevention, 2007. 39(1): 106-116.

[105] WILLE M, DEBUS G. Regulation of speed and time-headway in traffic[J]. Traffic and Elsevier Science Ltd. 2005: 327.

[106] 袁春岭,徐华兵,孙山,等. 能见度变化下道路车速特性与安全措施分析[J]. 交通科技与经济,2013(1): 6-11.

[107] SAFFARIAN. Why do drivers maintain short headways in fog? A driving-simulator study evaluating feeling of risk and lateral control during automated and manual car following [J]. Ergonomics, 2012. 55(9): 971-985.

[108] CARO S, CAVALLO V, BOER E, et al. The influence of fog on motion discrimination thresholds in car following[J]. 4th International Symposium on Human Factors in Driver Assessment, Training, and Vehicle Design. 2007: 446-451.

[109] BOER E R, CARO S, CAVALLO V, et al. A cybernetic perspective on car following in fog[J]. Proceedings of the fourth international driving symposium on human factors in driver assessment, training and vehicle design. 2007: 9-12.

[110] HOGEMA J, HORST R. Driving behaviour under adverse visibility conditions[J]. TOWARDS AN INTELLIGENT TRANSPORT SYSTEM. PROCEEDINGS OF THE FIRST WORLD CONGRESS ON APPLICATIONS OF TRANSPORT TELEMATICS AND INTELLIGENT VEHICLE-HIGHWAY SYSTEMS, NOVEMBER 30-3RD DECEMBER 1994, PARIS. VOLUME 4. 1994.

[111] 骆勇,魏朗. 雾天与高速公路交通安全[J]. 人类工效学,1999(1): 34-36,72.

[112] 覃国添. 道路交通综合改善研究——以深圳市为例[D]. 上海:同济大学,2004.

[113] 胡思涛,王雪梅,朱艳茹. 团雾天气下高速公路交通事故特征分析[J]. 交通信息与安全,2014,32(4): 69-73.

[114] 袁媛,周宁芳,李崇银. 中国华北雾霾天气与超强 El Nino 事件的相关性研究[J]. 地球物理学报,2017,60(1): 11-21.

[115] 钟连德,荣建,周荣贵,等. 城市快速路与高速公路交通流特性的对比分析[J]. 公路交通科技,2005,22(1): 48-51.

[116] 王殿海. 交通流理论[M]. 北京:人民交通出版社,2001.

[117] 吕岸,胡振程,陈慧. 基于高斯混合隐马尔科夫模型的高速公路超车行为辨识与分析[J]. 汽车工程,2010,32(7): 630-634.

[118] 涂辉招,李振飞,孙立军. 驾驶模拟器运动系统对自由驾驶行为的影响分析[J]. 同济大学学报(自然科学版),2015,43(11): 1696-1702.

[119] Roess R P, Prassas E S. The Future of the Highway Capacity Manual[M]// The Highway Capacity Manual: A Conceptual and Research History. 2014.

[120] 何民,荣建,任福田. 判定跟驰状态的研究[J]. 公路交通科技,2001,18(4): 74-78.

[121] HAYWARD J C. Near-miss determination through use of a scale of danger[J]. Highway Research Record, 1972.

[122] 侯海晶,金立生,关志伟,等. 驾驶风格对驾驶行为的影响[J]. 中国公路学报, 2018,31(4):22-31.
[123] 帅斌,种鹏云. 基于决策者风险偏好的危险货物运输路径优化问题研究[J]. 铁道货运,2011,29(1):9-13.
[124] 张浩然,韩正之,李昌刚. 支持向量机[J]. 计算机科学,2002,29(12):135-137.
[125] MINDERHOUD M M, BOVY P H. Extended time-to-collision measures for road traffic safety assessment[J]. Accident: analysis and prevention, 2001, 33(1): 89-97.
[126] HIRST S, GRAHAM R. The format and presentation of collision warnings[M]. 1997.
[127] HOGEMA J H, JANSSEN W H. EFFECTS OF INTELLIGENT CRUISE CONTROL ON DRIVING BEHAVIOR: A SIMULATOR STUDY; proceedings of the Intelligent Transportation: Realizing the Future Abstracts of the Third World Congress on Intelligent Transport Systems, F, 1996[C].
[128] SASPH O. Driver Heterogeneity in Car Following and its Impact on Modeling Traffic Dynamics[J]. Transportation Research Record, 2007.
[129] GAO L, MENG X, XU H. Freeway Work Zone Rear-End Conflict Study Based on Two Traffic Conflict Indicators[J]. American Society of Civil Engineers, 2013, 558-563.
[130] QIAO S, SHEN D, WANG X, et al. A Self-Adaptive Parameter Selection Trajectory Prediction Approach via Hidden Markov Models[J]. IEEE Transactions on Intelligent Transportation Systems, 2015, 16(1): 284-296.